Kohlhammer

Alain Pagès

Die Dreyfus-Affäre

Wahrheiten und Legenden

aus dem Französischen von Fabian Scharf

Verlag W. Kohlhammer

Dieses Werk einschließlich aller seiner Teile ist urheberrechtlich geschützt. Jede Verwendung außerhalb der engen Grenzen des Urheberrechts ist ohne Zustimmung des Verlags unzulässig und strafbar. Das gilt insbesondere für Vervielfältigungen, Mikroverfilmungen und für die Einspeicherung und Verarbeitung in elektronischen Systemen.

Die Wiedergabe von Warenbezeichnungen, Handelsnamen und sonstigen Kennzeichen in diesem Buch berechtigt nicht zu der Annahme, dass diese von jedermann frei benutzt werden dürfen. Vielmehr kann es sich auch dann um eingetragene Warenzeichen oder sonstige geschützte Kennzeichen handeln, wenn sie nicht eigens als solche gekennzeichnet sind.

Es konnten nicht alle Rechtsinhaber von Abbildungen ermittelt werden. Sollte dem Verlag gegenüber der Nachweis der Rechtsinhaberschaft geführt werden, wird das branchenübliche Honorar nachträglich gezahlt.

Dieses Werk enthält Hinweise/Links zu externen Websites Dritter, auf deren Inhalt der Verlag keinen Einfluss hat und die der Haftung der jeweiligen Seitenanbieter oder -betreiber unterliegen. Zum Zeitpunkt der Verlinkung wurden die externen Websites auf mögliche Rechtsverstöße überprüft und dabei keine Rechtsverletzung festgestellt. Ohne konkrete Hinweise auf eine solche Rechtsverletzung ist eine permanente inhaltliche Kontrolle der verlinkten Seiten nicht zumutbar. Sollten jedoch Rechtsverletzungen bekannt werden, werden die betroffenen externen Links soweit möglich unverzüglich entfernt.

Umschlagabbildung: Émile Zola, ein Exemplar seines „J'accuse" in der Hand haltend, schwimmt zum anderen Rheinufer, wo ein preußischer Soldat auf ihn wartet (zeitgenössische Karikatur von Jean-Louis Forain).

Das französische Original erschien erstmals 2019 unter dem Titel *L'affaire Dreyfus: Vérités et légendes* (Perrin, ISBN 978-2-26207-494-4).

1. Auflage 2022

Alle Rechte der deutschen Übersetzung vorbehalten
© W. Kohlhammer GmbH, Stuttgart
Gesamtherstellung: W. Kohlhammer GmbH, Stuttgart

Print:
ISBN 978-3-17-041700-7

E-Book-Format:
pdf: ISBN 978-3-17-041701-4

Inhaltsverzeichnis

Vorwort 9

1 Gibt es mehrere Dreyfus-Affären? 15

2 Hatte die Anklage Beweise? 22

3 Welche Rolle haben die Schriftexpertisen gespielt? 31

4 Wird Zolas „J'accuse" der Dreyfus-Affäre gerecht? 39

5 Hat Clemenceau den Titel „J'accuse" vorgeschlagen? 46

6 Hat Félix Faure Émile Zolas „J'accuse" gelesen? 53

7 Haben die Dreyfusarden die Form der Petition erfunden? 59

8 Wurde Alfred Dreyfus von einem „jüdischen Syndikat" verteidigt? 64

9 Hat Édouard Drumont den Antisemitismus erfunden? 69

10 Hat Alfred Dreyfus auf der Teufelsinsel „Urlaub" gemacht? 76

11 Wurde Esterhazy von einer „verschleierten Dame" unterstützt? 83

12 Wurde die Dreyfus-Affäre wie ein Fortsetzungsroman wahrgenommen? 92

13 Hat Kaiser Wilhelm II. den *Bordereau* mit Anmerkungen versehen? 97

14 Waren Zola und Picquart die Helden der Dreyfus-Affäre? 103

15 Basierte das Engagement für Dreyfus auf Gefühlen? 113

16 Waren die Sozialisten Dreyfusarden? 119

17 Hat die öffentliche Meinung die Sache des Alfred Dreyfus unterstützt? 125

18 Welche Rolle haben die Tageszeitungen in der Dreyfus-Affäre gespielt? 133

19 Gab es eine vierte Dreyfus-Affäre? 139

20 Ist die Dreyfus-Affäre mit der Calas-Affäre vergleichbar? 145

21 Waren die Dreyfusarden in der Lage, über ihr Engagement zu berichten? 150

22 Hat sich die Literatur für die Dreyfus-Affäre interessiert? 156

23 Ist die Dreyfus-Affäre ein gutes Filmthema? 163

24 Wie hat Roman Polanski die Dreyfus-Affäre dargestellt? . 169

25 Gibt es in der Dreyfus-Affäre noch ungelöste Rätsel? 175

26 Musste Zola für sein Engagement sterben? 181

27 War es notwendig, für die Sache des Alfred Dreyfus zu kämpfen? 187

Chronologie der Ereignisse 194

Bibliografie 197
   Gedruckte Quellen 197
   Studien zur Geschichte der Dreyfus-Affäre 198
   Studien zu intellektuellen Kreisen und zur Frage
   des Antisemitismus 199
   Parallelgeschichten (über die „Geheimnisse"
   der Dreyfus-Affäre – siehe Kapitel 25) 200
   Analysen und Berichte von Zeitzeugen 201
   Korrespondenzen 202
   Literarische Adaptionen 203

Filmografie 205

Danksagung 209

Abbildungsnachweis 211

Vorwort

Die Dreyfus-Affäre ist eine französische Geschichte. Viele Jahre lang teilte sie Frankreich in Anhänger und Gegner der Sache des Alfred Dreyfus. Aber sie ist auch eine Angelegenheit, die unmittelbar internationale Auswirkungen hatte. Die Entwicklung der Presse ermöglichte es ihr, in ganz Europa, den Vereinigten Staaten und Lateinamerika bekannt zu werden. Überall auf der Welt fragten sich Frauen und Männer nach der Bedeutung dieses außergewöhnlichen Dramas, das auch dort heftige Debatten auslöste. Viele Bücher sind diesem Thema gewidmet.

Die deutsche Ausgabe dieses Buches bestätigt die internationale Dimension der Dreyfus-Affäre und ist Teil dieser Auseinandersetzung, die seit dem Ende des 19. Jahrhunderts andauert und sich bis heute fortsetzt. Ein weiterer Beleg für das immer wieder neu aufkeimende Interesse ist die breite Resonanz – in Frankreich und in vielen Ländern der Welt – auf den 2019 von Roman Polanski gedrehten Film über die Dreyfus-Affäre.

Es gibt mehrere Gründe für das anhaltende Interesse an der Dreyfus-Affäre. Der erste besteht offensichtlich in der Tatsache, dass sie uns ein – in mancherlei Hinsicht unübertreffliches – Vorbild an intellektuellem Engagement bietet. Sie ruft in uns die Erinnerung wach, wie sich eine große Zahl von Bürgern, von „Intellektuellen", um den Autor Émile Zola zusammenschloss, um im Januar 1898 die Veröffentlichung seines offenen Briefes „J'accuse" („Ich klage an") zu verteidigen. Sie erinnert uns an die grundlegende Anforderung, die in dem, was wir Engagement nennen, enthalten ist: Die Empörung eines individuellen Gewissens hat nur dann einen Sinn, wenn sie sich in der Öffentlichkeit ausdrückt; und wer sich für diesen Schritt entscheidet, muss dazu bereit sein, sich zu exponieren und die Annehmlichkeiten aufgeben, die ein der Forschung und der Reflexion gewidmetes Leben für gewöhnlich mit sich bringt.

Eine zweite Ursache der andauernden Resonanz besteht in der Geißel des Antisemitismus. Eine vergessen geglaubte Doktrin kommt dieser Tage mit Macht zurück. Sie stützt sich auf Bekundungen religiöser Intoleranz,

Vorwort

die sich in verschiedenen Formen äußern. Alte Begriffe, Themen, Beleidigungen treten wieder offen zutage. Zwischen dem Antisemitismus der 1890er Jahre und dem „neuen Antisemitismus" von heute kann eine Parallele gezogen werden. Deshalb ist es wichtig zu verstehen, was sich zur Zeit der Dreyfus-Affäre ereignet hat, als sich der alte christliche Antijudaismus in eine Ideologie der Ausgrenzung und des Rassismus verwandelte, die sich in der ersten Hälfte des 20. Jahrhunderts in Europa verbreitet hat.

Abb. 1: Émile Zola in seinem Arbeitszimmer in Paris (*Le Monde illustré*, 5. April 1890).

Als Antwort auf den Hass gegen den anderen befürwortet das Ideal des Säkularismus den Geist der Toleranz und strebt danach, die Bedingungen für die Ausübung der Religionsfreiheit im öffentlichen Raum zu definieren. Seine Grundsätze sind wiederum durch die Krise der Dreyfus-Affäre geprägt worden. Sie fanden eine Grundlage in den Zielen der Französischen Liga zur Verteidigung der Menschen- und Bürgerrechte, die im Februar 1898, kurz nach der Verurteilung Zolas durch das Pariser Schwurgericht, ins Leben gerufen wurde. Mit dem politischen Ausgang der Affäre – zum Zeitpunkt des Sieges des Linksbündnisses – haben zwei Gesetze sie ins republikanische Gewissen eingeschrieben: das Vereinsgesetz, das im Juli 1901 verabschiedet wurde und auf die Machteinschränkung der kirchlichen

Kongregationen abzielte, und das Gesetz von Dezember 1905, das die Trennung von Kirche und Staat durchgesetzt hat.[1]

Wenn wir weiter die Faktoren aufzählen, die der Dreyfus-Affäre Aktualität verleihen, stoßen wir zwangsläufig auf den Begriff des Justizirrtums und vor allem auf das, was in der Entstehung der Fehlurteile mit den Schriftexpertisen verbunden ist. Die Dreyfus-Affäre ist, wie wir wissen, zunächst ein Gerichtsverfahren, das mit der Analyse eines einzelnen Dokuments, eines Briefes, beginnt, der als *Bordereau*, als „Begleitschreiben" bezeichnet worden ist: Dieser Brief wurde fälschlicherweise Dreyfus zugeschrieben und hat im Dezember 1894 zu seiner Verurteilung geführt. Es ist erstaunlich, dass im heutigen Justizwesen, neben den ausgefeilten technischen Mitteln zur Identifikation eines Täters auch die Schriftexpertise noch immer einen wichtigen Platz einnimmt. Sie behauptet sich mit wenigen Veränderungen so, wie sie zum Zeitpunkt der Dreyfus-Affäre durchgeführt wurde: mit einem naiven Vertrauen in ihre heuristischen Kräfte. Und sie wird wieder in zahlreichen rätselhaften Justizfällen eingesetzt, begleitet mit denselben Unsicherheiten, demselben Sich-Vortasten und manchmal denselben absurden Schlussfolgerungen.

Schließlich muss die Rolle der Presse erwähnt werden. Diese beeinflusst die Entwicklung von Gerichtsverfahren durch ihre Analysen, durch die Untersuchungen, die sie in der Lage ist anzustellen, oder umgekehrt durch Meinungskampagnen, die mit den Ängsten der Menschen spielen und denjenigen zum Schuldigen machen, der sich schutzlos der Öffentlichkeit ausgesetzt sieht. Von der Presse und ihrem Vorgehen bei der Inszenierung eines Ereignisses bietet die Dreyfus-Affäre entgegengesetzte Perspektiven. Sie erlaubte, dass sich alle Register des journalistischen Schreibens entfalten: vom Geschrei derer, die einzig und allein darauf abzielten, die Gemüter zu erregen, bis zu den zahlreichen Stimmen, die sich im Namen der Wahrheitssuche zu Wort meldeten. Die Dreyfus-Affäre brachte die ersten Elemente jenes Informationssystems hervor, in dem wir uns noch heute befinden. Charakteristisch sind hierfür die Verzerrung der Wahrheit und die Manipulation der Fakten, wie sie etwa in den sozialen Netzwerken

---

[1] Das auf Französisch als „Bloc des gauches" bezeichnete Linksbündnis ist die Koalition aus Gemäßigten, Radikalen und Sozialisten, die Frankreich von Juni 1899 bis Januar 1906 unter dem Zeichen des Antiklerikalismus regierte.

praktiziert werden. Auf diese Weise kündigt die Dreyfus-Affäre das Mediensystem an, mit dem moderne Demokratien konfrontiert sind.

Es gibt viele gute Gründe, über das komplexe historische Ereignis der Dreyfus-Affäre Bilanz zu ziehen. Die vorliegende Darstellung lädt ein, die „Wahrheiten" konsequent von den „Legenden" zu trennen, die eine solche Geschichte mit sich bringt.

Auf den ersten Blick erscheint die Aufgabe einfach. Ein Fehler wurde begangen: Ein Unschuldiger, der Hauptmann Alfred Dreyfus, wurde verurteilt, wohingegen der wahre Schuldige ein Offizier namens Esterhazy war. Es genügt also, den Mechanismus dieses Missverständnisses zu untersuchen, ihn zu seinem Ursprung zurückzuverfolgen, um aufzuzeigen, wie die Wahrheit die Oberhand gewonnen hat – einem strahlenden Licht gleich, das die Finsternis der Ignoranz und der Vorurteile auslöscht. Es geht darum, sich von der Formel inspirieren zu lassen, die Zola in der Tageszeitung *Le Figaro* vom 25. November 1897, am Ende seines ersten Artikels zugunsten von Alfred Dreyfus, vorgeschlagen hat – eine Formel, die er in „J'accuse" einige Wochen später erneut aufgegriffen hat und die zum Schlachtruf im Kampf für Dreyfus wird:

„Die Wahrheit ist auf dem Vormarsch und nichts kann sie aufhalten."

Der lange Marsch zur Wahrheit wurde in der Tat vollbracht, wenngleich mit großer Langsamkeit. Nach seiner Verurteilung 1894 wurde Hauptmann Dreyfus erst 1899 die Wiederaufnahme seines Verfahrens gewährt. Erneut verurteilt (jedoch mit „mildernden Umständen"!) wurde er sogleich vom Staatspräsidenten begnadigt und es dauerte noch mehrere Jahre, bis er 1906 durch ein Urteil des Kassationsgerichtshofs schließlich für unschuldig befunden wurde.

Der Fortschritt hin zur Gerechtigkeit stieß ständig auf neue Hindernisse. Auf eine Wahrheit, die vom Lager derjenigen vorgebracht wurde, die Alfred Dreyfus unterstützten, folgte umgehend eine von der gegnerischen Seite vorgetragene Legende. Die Anfertigung von gefälschten Dokumenten steht insofern im Zentrum des historischen Prozesses der Dreyfus-Affäre.

Im Folgenden werden wir versuchen, zu verstehen, aus welchem Grund die öffentliche Meinung so lange hat missbraucht werden können. Aber es wird auch notwendig sein, zu zeigen, wie sich der Kampf der Dreyfusarden selbst durch Mythen oder heroische Konstrukte genährt hat, die es ihrem Engagement erst ermöglichten, seine Einheit zu finden.[2] Was ist eine Legende? Es handelt sich um eine Erzählung, die mit der Möglichkeit der Wahrheit spielt. Manchmal weicht sie absichtlich von ihr ab; manchmal schließt sie sich ihr an, schlägt jedoch einen Umweg ein, um sich dann wieder mit ihr zu vereinen. Wir müssen Legende und Wahrheit erforschen; nur so kann die Lüge von der besonders durch die Literatur genährten Legende getrennt werden.

Die große Anzahl von Episoden und außergewöhnlichen Wendungen lassen die Dreyfus-Affäre wie einen nicht enden wollenden Fortsetzungsroman erscheinen. Bereits die Zeitgenossen waren sich dessen bewusst. Als er am 25. November 1897 den Kampf aufnahm, rief Zola zu Beginn seines im *Figaro* veröffentlichten Artikels aus:

„Was für ein ergreifendes Drama, und was für großartige Figuren! Vor diesen Dokumenten einer solch tragischen Schönheit, die uns das Leben bringt, springt mein Schriftstellerherz vor leidenschaftlicher Bewunderung. Ich kenne nichts, das eine höhere Psychologie hätte."

Die Presse des späten 19. Jahrhunderts hat die Dreyfus-Affäre als Inspirationsquelle reichlich ausgeschöpft, da sie es verstand, auf diese Weise eine ständig wachsende Leserschaft für sich zu gewinnen.

Mehr als ein Jahrhundert ist vergangen ... Öffnen wir aufs Neue das imposante Buch der Dreyfus-Affäre, um einige seiner denkwürdigsten Seiten zu durchblättern.

---

[2] Als „Dreyfusarden" werden diejenigen bezeichnet, die sich für Alfred Dreyfus eingesetzt und die Wiederaufnahme seines Prozesses befürwortet haben.

1 Gibt es mehrere Dreyfus-Affären?

Am 1. November 1894 verkündete die Tageszeitung *La Libre Parole* von Édouard Drumont mit einem Titel in Großbuchstaben, der sich über die erste Seite erstreckte: „HOCHVERRAT". Und in der nächsten Zeile hieß es: „Verhaftung des jüdischen Offiziers A. Dreyfus."

Abb. 2: Alfred Dreyfus (um 1890) in der Uniform der französischen Artillerie. Sein Dienstgrad war der eines Hauptmannes (frz. „capitaine"). Er gehörte somit zu den „Subalternoffizieren".

Der Hauptmann Dreyfus war zwei Wochen zuvor, am 15. Oktober, verhaftet worden. Einige Meldungen seiner Verhaftung waren bereits in der Presse durchgesickert, allerdings nur in kurzen Zeitungsnotizen. Zum ersten Mal wurde der Name des mutmaßlichen Täters bekannt gegeben. Die Nachricht wurde in einem äußerst aggressiven Ton von der Zeitung des Antisemiten Édouard Drumont lanciert, die seit ihrer Gründung 1892 die Verurteilung der „jüdischen Macht" zu einem ihrer Lieblingsthemen auserkoren hatte. In wenigen Worten, die den Volkszorn befeuern sollten, vermittelte der Titel der *Libre Parole* die Botschaft, die sich verbreiten und an Bedeutung gewinnen sollte: In der Armee war ein Verräter entdeckt worden, und dieser Verräter war ein Jude ...

Als das Ereignis am 1. November 1894 zum Gegenstand des medialen Diskurses gemacht wird, beginnt die „Dreyfus-Affäre". Sie wird die öffentliche Meinung mehr als fünfzehn Jahre lang aufheizen und polarisieren.

Doch vorerst handelte es sich um einen einfachen Spionagefall, vergleichbar mit mehreren ähnlichen Fällen, über welche die Presse in den vorangegangenen Jahren bereits berichtet hatte, denen jedoch keine besondere Aufmerksamkeit geschenkt wurde. Einige Offiziere und Beamte hatten sich des Verrats schuldig gemacht, indem sie Deutschland Informationen zur Landesverteidigung geliefert hatten. Die Täter waren zu unterschiedlich hohen Strafen verurteilt worden. Aber diese Ereignisse hatten es nicht in die Schlagzeilen geschafft.

Warum also lief es mit Alfred Dreyfus anders? Es gibt mehrere Gründe für den Aufschrei in der Presse. Zunächst spielte dabei der Antisemitismus eine bedeutende Rolle. Bereits die Schlagzeile in der Zeitung *La Libre Parole* weist eindeutig in diese Richtung, indem sie die Wörter „Hochverrat" und „jüdischer Offizier" miteinander in Verbindung setzt. Die Redaktion der *Libre Parole* ergriff mit Freude die unerwartete Gelegenheit, die ihr die Ereignisse boten. Sie sah die Bestätigung dessen, was Drumont 1886 in *La France juive* (übersetzt: *Das verjudete Frankreich*, 1886–1887) verkündet hatte und seinen traurigen Ruhm begründete: Der Jude korrumpiert die Gesellschaft, in die er eindringt; er ist im Grunde ein Fremder in der ihn umgebenden Welt und kann sie nur verraten.

Die Legende des jüdischen Spions war der erzählerische Antrieb für die Chronik der Dreyfus-Affäre. Aber diese Erzählung wurde zunächst durch die enorme Masse an Fakten in Gang gesetzt, die ihr die aufeinander folgenden Gerichtsverfahren lieferten. Nachdem er 1894 verurteilt worden war, erreichte Alfred Dreyfus 1899 die Revision seines Prozesses durch

1 Gibt es mehrere Dreyfus-Affären?

einen in Rennes tagenden Kriegsrat. Er wurde erneut verurteilt, und es bedurfte einer zweiten Revision im Jahre 1906, damit seine Unschuld endgültig anerkannt wurde – insgesamt also drei Gerichtsverfahren. Aber es wäre falsch, sich nur auf die drei Gerichtsverhandlungen zu beschränken. Wir müssen auch das Verfahren gegen Esterhazy einbeziehen, das Anfang 1898 stattfand, nachdem dieser als der wahre Schuldige des Verbrechens, dessen Dreyfus bezichtigt wurde, identifiziert worden war; darüber hinaus den Strafprozess, der einige Wochen später, nach der Veröffentlichung des offenen Briefes „J'accuse" in der Tageszeitung *L'Aurore*, gegen Émile Zola angestrengt wurde. Berücksichtigen sollten wir auch die hiermit verbundenen Gerichtsverfahren, in denen sich einige der wichtigsten Akteure gegenüberstanden.

Die juristische Bühne verleiht der Dreyfus-Affäre eine doppelte narrative Dimension. Zur Berichterstattung der Ereignisse kommen die Dialoge aus den Gerichtsverhandlungen hinzu, die von der Presse aufgegriffen und bald in Bänden gesammelt und publiziert wurden.

Die Geschichte der Affäre besteht aus einem dramatischen Fortsetzungsroman und einem Theaterstück. Durch sie kommen außergewöhnliche Figuren zum Vorschein. Und sie bringt ein leidenschaftliches Publikum hervor, das begierig darauf ist, die ihm aufgegebenen Rätsel zu lösen.

Die Komplexität der Gerichtsverfahren und ihre zeitliche Streuung führen heute die meisten Historikerinnen und Historiker zu der Auffassung, dass *drei* Dreyfus-Affären unterschieden werden müssen. Wie die drei Akte eines großen Dramas.

Die „erste" Dreyfus-Affäre betrifft die Jahre 1894 bis 1896. Sie entspricht Alfred Dreyfus' Verurteilung, gefolgt von seiner Deportation nach Französisch-Guayana und der Gefangenschaft auf der Teufelsinsel, während in Paris die Wahrheit allmählich ans Licht kommt, indem der Name des wahren Täters, Esterhazy, ermittelt wird. Ende September 1894 fängt die Abteilung für Statistik – das Büro für Spionageabwehr der Armee, angeführt von Oberst Sandherr – einen Brief, den *Bordereau*, ab, der an den in Paris stationierten deutschen Militärattaché adressiert ist und die Versendung vertraulicher Dokumente erwähnt. Eine Untersuchung wird umgehend angestellt. Im Mittelpunkt des Verdachts steht Hauptmann Alfred Dreyfus, Offiziersanwärter beim Generalstab, der am 15. Oktober verhaftet wird. Obwohl die von Kommandeur Du Paty de Clam geführte gerichtliche

17

1 Gibt es mehrere Dreyfus-Affären?

Untersuchung keine zwingenden Beweise erbringen kann, beschließt der Kriegsminister, General Mercier, von der Schuld des Angeklagten überzeugt, ihn vor ein Militärgericht zu stellen. Am Ende eines Prozesses, der hinter verschlossenen Türen stattfindet, wird Alfred Dreyfus schuldig gesprochen und zur Abschiebung in eine befestigte Anlage verurteilt. Am 5. Januar 1895 wird er öffentlich auf dem großen Ehrenhof der Militärakademie degradiert und anschließend nach Französisch-Guayana, auf die Teufelsinsel, überführt. Im März 1896 ermittelt Major Georges Picquart, der neue Leiter der Spionageabwehr (der bald zum Oberstleutnant befördert werden soll), die Identität des wahren Täters, Esterhazy. Er versucht, seine Vorgesetzten, General de Boisdeffre und General Gonse, von der Notwendigkeit zu überzeugen, den begangenen Fehler zu korrigieren; aber er stößt auf Ablehnung und wird seines Postens enthoben. Er wird in ein Regiment entsendet, das in Tunesien stationiert ist. Seine Stelle wird mit seinem Stellvertreter, Major Henry, besetzt, mit dem er in Konflikt geraten war.

Die „zweite" Dreyfus-Affäre umspannt die Jahre 1897 bis 1900. Sie fasst die Ereignisse zusammen, die sich zwischen dem Zeitpunkt zugetragen haben, als die Frage von Dreyfus' Unschuld öffentlich aufgeworfen wird (November 1897) und dem politischen Ausgang der darauf folgenden Krise dank der Verabschiedung eines Amnestiegesetzes, das alle Fakten abdeckt (Dezember 1900). Im Juni 1897, während eines Urlaubsaufenthalts in Paris, vertraut Picquart seinem Kindheitsfreund und Rechtsanwalt Louis Leblois alles an, was er weiß. Leblois gibt diese Informationen an den Vizepräsidenten des Senats, Auguste Scheurer-Kestner, weiter, der sofort beschließt, sich für eine Revision des Dreyfus-Prozesses einzusetzen. Aber er scheitert mit seinen Bemühungen beim Staatspräsidenten, Félix Faure, sowie beim Kriegsminister, General Billot. Die Militärbehörden sind jedoch dazu gezwungen, eine Untersuchung über Esterhazy einzuleiten, dessen Name publik geworden war. Diese führt zur Einberufung eines Kriegsrates am 10. und 11. Januar 1898, der den schuldigen Offizier freispricht. Émile Zola reagiert mit der Veröffentlichung seines offenen Briefes „J'accuse" in der Tageszeitung *L'Aurore* am 13. Januar.

Der Schriftsteller wird darauf vom 7. bis zum 23. Februar vor das Pariser Schwurgericht gestellt und wegen Verleumdung zu einem Jahr Gefängnis verurteilt. Nachdem er die verschiedenen ihm zur Verfügung stehenden Rechtsmittel ausgeschöpft hat, ist er gezwungen, am 18. Juli ins Exil nach

England zu gehen. Doch die Ereignisse beginnen, sich zugunsten der Dreyfusarden zu wenden. Am 30. August sieht sich Oberstleutnant Henry gezwungen, dem Kriegsminister zu gestehen, dass er eine Fälschung angefertigt hatte, um Dreyfus zu belasten; er wird verhaftet und begeht am nächsten Tag Selbstmord in seiner Zelle der Festungsanlage Mont Valérien. Am 27. Oktober beginnt die Strafkammer des Kassationsgerichtshofs mit der Überprüfung des Revisionsantrags. Durch den Tod Félix Faures und die Wahl Émile Loubets zum Staatspräsidenten kann sie im Februar 1899 ihre Arbeit wieder aufnehmen und sich von den Fesseln befreien, die ihr auferlegt waren. Und am 3. Juni 1899 hebt sie schließlich das Urteil gegen Alfred Dreyfus auf, der an einen neuen Kriegsrat verwiesen wird. Sein Prozess wird am 7. August in der bretonischen Stadt Rennes eröffnet. Am 9. September wird Dreyfus auf skandalöse Weise erneut verurteilt und einige Tage später durch den Staatspräsidenten Émile Loubet begnadigt. Am Ende des folgenden Jahres setzt ein von der Nationalversammlung und vom Senat verabschiedetes Amnestiegesetz der schweren Krise, die das ganze Land erschüttert hat, zumindest vorübergehend ein Ende.

Die „dritte" Dreyfus-Affäre findet zwischen 1903 und 1906 statt. Sie besteht im Wesentlichen aus den rechtlichen Schritten, die es dem Beschuldigten ermöglichen werden, nach der Begnadigung durch den Präsidenten die Anerkennung seiner Unschuld endgültig zu erwirken. Eine Rede, die Jean Jaurès im April 1903 in der Nationalversammlung hält, belebt die Debatte wieder. Eine Untersuchung wird unter der Aufsicht des Kriegsministers, General André, durchgeführt. Einige Monate später verweist die Regierung den Fall an den Kassationsgerichtshof. Dieser eröffnet im März 1904 einen langwierigen Revisionsprozess, der den Inhalt des Gerichtsverfahrens vom Sommer 1899 wieder aufnimmt. Und am 12. Juli 1906 hebt er das Urteil des Gerichtshofes von Rennes auf und bestätigt, dass das Urteil gegen Alfred Dreyfus „irrtümlich und zu Unrecht" verhängt worden ist.

Am 12. September 1899, wenige Tage nach Abschluss des Prozesses von Rennes, veröffentlicht Émile Zola in der Tageszeitung *L'Aurore* einen Artikel, der eine Bilanz der vergangenen fünf Jahre zieht. Sein Artikel trägt den Titel „Le cinquième acte" („Der fünfte Akt"), denn ihm zufolge sei der Schlussakt, der die Auflösung einer Tragödie herbeiführt, immer noch nicht geschrieben, sondern nur auf ein unbestimmtes Datum verschoben worden. Die Dreyfus-Affäre sei ein „gigantisches Drama", welches „das

Universum ins Wanken" bringe und offenbar „von einem erhabenen Dramatiker inszeniert" werde, der gewillt sei, daraus „ein unvergleichliches Meisterwerk" zu machen ... „In diesem lebendigen Werk ist das Schicksal von Genialität beseelt, es ist irgendwo, treibt die Figuren an, bestimmt die Fakten in dem Sturm, den es entfesselt." Des Weiteren hebt der Artikel die Tatsache hervor, dass sich Dreyfus in der „schrecklichen" Lage befindet, dreimal verurteilt worden zu sein! Durch drei aufeinanderfolgende Kriegsräte: jenen von 1894, der ihn für schuldig befand; jenen von 1898, der Esterhazys Schuld nicht anerkennen wollte; und schließlich jenen von Rennes, der die Unerbittlichkeit der Militärjustiz noch in die Länge zog.

> „Ein erster Kriegsrat, von seiner Unkenntnis der Gesetze und seiner Unbeholfenheit irregeführt, verurteilt einen Unschuldigen. Ein zweiter Kriegsrat, der erneut durch ein dreistes Komplott aus Lug und Trug getäuscht werden konnte, spricht einen Schuldigen frei. Nachdem Licht in die Angelegenheit gebracht worden ist, als die höchste Gerichtsbarkeit des Landes ihm die Ehre zuteilwerden lässt, den Fehler zu beheben, wagt es ein dritter Kriegsrat, das Offensichtliche zu leugnen und den Unschuldigen erneut zu verurteilen."

Dreyfus hat drei Verurteilungen erdulden müssen: Christus, fügt Zola hinzu, sei nur ein einziges Mal verurteilt worden!

Dem Lyrismus Zolas, der in Dreyfus eine Christusgestalt erkennt, steht die Sichtweise eines Maurice Barrès und eines Léon Daudet gegenüber, die sich für den Antidreyfusismus entschieden haben und den Standpunkt eines kompromisslosen Nationalismus verteidigen, dem der Antisemitismus seine entscheidenden Argumente liefert.

Für Maurice Barrès spielt es keine Rolle, wie die Realität aussieht: Die Schuld des Angeklagten existiert bereits, weil sie aus dem Milieu, dem er angehört, abgeleitet werden kann. Auf das aufgeworfene Problem antwortet er mit einer endgültigen Formel, welche die ganze Logik antisemitischen Denkens zusammenfasst: „Dass Dreyfus zum Verrat fähig ist, schließe ich aus seiner Rasse." Léon Daudet stützt sich seinerseits auf ein Schauspiel, dessen Zeuge er geworden ist. Die Zeremonie der Degradierung des Hauptmanns im Hof der Pariser *École militaire* am 5. Januar 1895 hat seine Überzeugung geprägt. An diesem Tag sieht er inmitten der Menge einen „Automaten" zwischen seinen Wächtern laufen, der jeder Menschlichkeit beraubt ist und an dessen Schuld in seinen Augen nicht der geringste

Zweifel besteht. In einem Artikel, der gleich am nächsten Tag im *Figaro* veröffentlicht wird, schreibt er über den Verurteilten:

„Er hat kein Alter mehr. Er hat keinen Namen mehr. Er hat keine Gesichtsfarbe mehr. Er sieht aus wie ein *Verräter*. Sein Gesicht ist fahl, abgeflacht und klein, ohne jeden Anschein von Reue, mit Sicherheit fremd, ein Wrack aus dem Ghetto."

Und er fügt noch folgende Worte hinzu:

„Der Unglückliche war kein Franzose. Wir alle verstanden es aufgrund seiner Tat, seiner Erscheinung, seines Gesichtsausdrucks."

Dies erklärte am 1. November 1894 auch der Redakteur der Tageszeitung *La Libre Parole*, der sich über die Identität des Täters wunderte, dessen Name seine Zeitung gerade enthüllt hatte:

„Ein Trost ist uns sicher: Kein echter Franzose hat ein solches Verbrechen begangen!"

2   Hatte die Anklage Beweise?

Der Kriegsrat, der Alfred Dreyfus im Dezember 1894 verurteilte, stützte sich auf zwei Beweisstücke: den *Bordereau*, das Hauptbeweisstück für die Anklage, und eine Geheimakte, die für die Überzeugung der Richter ausschlaggebend war. Beide Beweise zeichneten sich durch ihre mangelnde Stichhaltigkeit aus.

Anatole France parodiert in seinem 1908 erschienenen Roman *L'île des pingouins* (*Die Insel der Pinguine*) auf beeindruckende Weise die Unfähigkeit der Militärbehörden, Alfred Dreyfus' Schuld zu beweisen. Greatauk, der Kriegsminister der Pinguinnation, ist besorgt über die Situation, in der er sich nach der Verhaftung und Verurteilung von Pyrot – alias Dreyfus – befindet. Er macht sich auf die Suche nach General Panther, der mit der Anklage betraut wurde.

„Der große Raum, in dem General Panther arbeitete, der früher noch kahl war, trug jetzt auf jeder Seite, vom Boden bis zur Decke, in tiefen Staufächern eine drei- bis vierfache Reihe von Akten jeder Größe und Farbe, unerwartete und monströse Archive, die in wenigen Tagen das Ausmaß von jahrhundertealten Dokumentensammlungen erreicht hatten."

Der Kriegsminister ist erstaunt über diese tiefgreifende Veränderung. Was ist ihr Grund? Panther antwortet „mit patriotischer Genugtuung", dass es sich um die gegen Pyrot gesammelten Beweise handelt: „Wir hatten keine, als wir ihn verurteilten", betont er und fügt hinzu: „Das haben wir seitdem gründlich nachgeholt." Während sich die beiden Männer unterhalten, geht die mühsame Arbeit des Archivierens weiter, als ob nichts sie aufhalten könnte.

„Greatauk sah eine lange Reihe von Trägern vom Treppenabsatz heraufkommen, die ihre schweren Haken mit Papieren in den Raum abluden, und er sah, wie sich der Aufzug mit einem Ächzen in Bewegung setzte, verlangsamt durch das Gewicht der Akten."

Doch der Minister ist besorgt. Er fragt seinen Untergebenen, ob unter den Beweisen „falsche" seien. Listig lächelnd erwiderte der andere, dass es

„geeignete" Beweise gäbe. Durch diese Formulierung beruhigt, sagt General Greatauk voller Zufriedenheit:

> „Es gibt geeignete, umso besser! Das sind die richtigen. Als Beweismittel sind gefälschte Dokumente in der Regel besser als echte, erstens, weil sie mit Absicht, für den Sachbedarf, auf Bestellung und nach Maß angefertigt wurden, und zweitens, weil sie präzise und passgenau sind. Sie sind auch deshalb vorzuziehen, weil sie den Geist in eine ideale Welt versetzen und ihn von der Realität ablenken, die in dieser Welt leider nie ungetrübt ist ..."

Die Parodie von Anatole France bringt uns zum Lachen und klingt gleichzeitig wahr. Auf der Jagd nach einer schwer fassbaren Identität versuchten Dreyfus' Ankläger, Beweise zu sammeln, in jeder Form. Und wie Greatauk bevorzugten sie am Ende falsche Beweise, gefälscht „um der Sache willen", weil diese sie in die „ideale Welt" versetzten, an die sie glauben wollten.

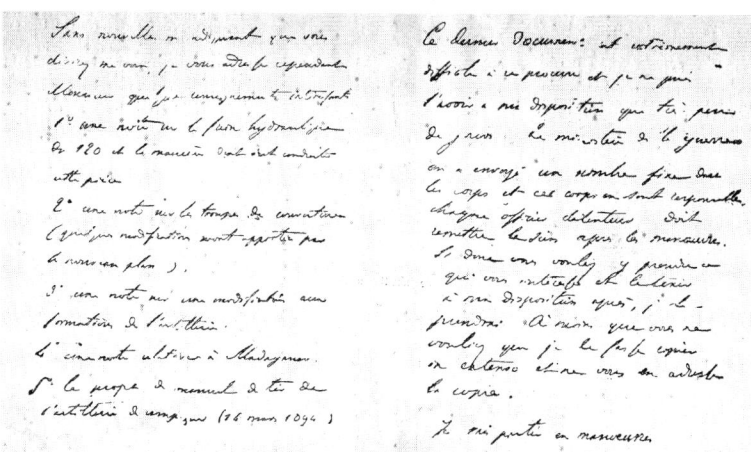

Abb. 3a: Rückseite des *Bordereaus* (*Le Monde illustré,* 18. Mai 1899).

Kommen wir zurück zu den Fakten. Was sind das für Dokumente? Zunächst einmal der *Bordereau*: Es handelt sich um einen Brief, der auf sehr dünnem Papier, einer Art Durchschlagpapier geschrieben wurde. Er erreichte Ende September 1894 das Geheimdienstbüro der Armee und war von einem französischen Agenten dem Papierkorb des deutschen Militärattachés Maximilian von Schwartzkoppen entnommen worden; er war bei seiner

2 Hatte die Anklage Beweise?

Beschlagnahmung teilweise zerrissen. Der Text dieses Briefes listet eine Reihe von Dokumenten auf:

„Ohne eine Nachricht, die darauf hindeutet, dass Sie mich zu sehen wünschen, sende ich Ihnen dennoch, Monsieur, einige interessante Informationen: 1. eine Notiz über die hydraulische Bremse des Modells 120 und die Art und Weise, wie diese Bremse gesteuert wurde; 2. eine Notiz über die Deckungstruppen (einige Änderungen werden durch den neuen Plan vorgenommen); 3. eine Notiz über eine Änderung der Artillerieformationen; 4. eine Notiz, die sich auf Madagaskar bezieht; 5. den Entwurf des Schießhandbuchs der Feldartillerie (14. März 1894)."

Der Verfasser des Briefes präzisiert in den folgenden Zeilen:

„Dieses letzte Dokument ist äußerst schwierig zu beschaffen, und ich habe es nur für sehr wenige Tage zur Verfügung. Das Kriegsministerium hat eine feste Anzahl an die Truppen geschickt und die Truppen sind für sie verantwortlich. Jeder Offizier, der eines hat, muss es nach den Manövern aushändigen. Wenn Sie also das, was Sie interessiert, entnehmen wollen und das Dokument danach zu meiner Verfügung halten, werde ich es wieder an mich nehmen. Es sei denn, Sie möchten, dass ich es *in extenso* kopieren lasse und Ihnen eine Kopie schicke. Ich werde ins Manöver ziehen."

Drei Dokumente betreffen die Artillerie. Zu den angebotenen Informationen gehören technische Verbesserungen an der Kurzwaffe 120: die Entwicklung einer hydropneumatischen Bremse zur Kontrolle des Rückstoßes beim Schießen. Die erwähnten „Deckungstruppen" sind diejenigen, die in den ersten Stunden der Generalmobilmachung an die Grenze gehen müssen. Was den Verweis auf Madagaskar betrifft, so bezieht er sich auf die Vorbereitungen für die militärische Expedition, welche die Insel im Jahr 1895 erobern sollte. Allerdings trifft dieser Text kaum auf das zu, was über Alfred Dreyfus bekannt ist. Dieser hat 1894 an keinem Manöver teilgenommen. Die abschließenden Bemerkungen scheinen unwahrscheinlich aus der Feder eines Offiziers, der, wie Dreyfus, ein Spezialist in Sachen Artillerie ist: Offenkundig hätte er keine Schwierigkeiten gehabt, das erwähnte „Schießhandbuch der Feldartillerie" zu beschaffen.

Im Jahr 1894 nahm die Öffentlichkeit keine Notiz vom *Bordereau*. Die Debatten des Kriegsrats fanden in geschlossenen Sitzungen statt. Edgar Demange, Dreyfus' Anwalt, verpflichtete sich, nichts über das Verfahren gegen seinen Mandanten preiszugeben. Aber es sollten Informationen durchsickern. Die armeefreundliche Tageszeitung *L'Éclair* fasste in ihrer Ausgabe vom 15. September 1896 den Inhalt des Textes zusammen, den sie als stichhaltigen Beweis präsentierte. Ein Faksimile erschien ein paar Wochen später in *Le Matin* vom 10. November. Später konnte es mit Nachdrucken von Esterhazys Handschrift vergleichen werden, sobald diese bekannt war, und in den Augen der Dreyfusarden bestand kein Zweifel mehr über die Identität der Person, die den *Borderau* verfasst hatte.

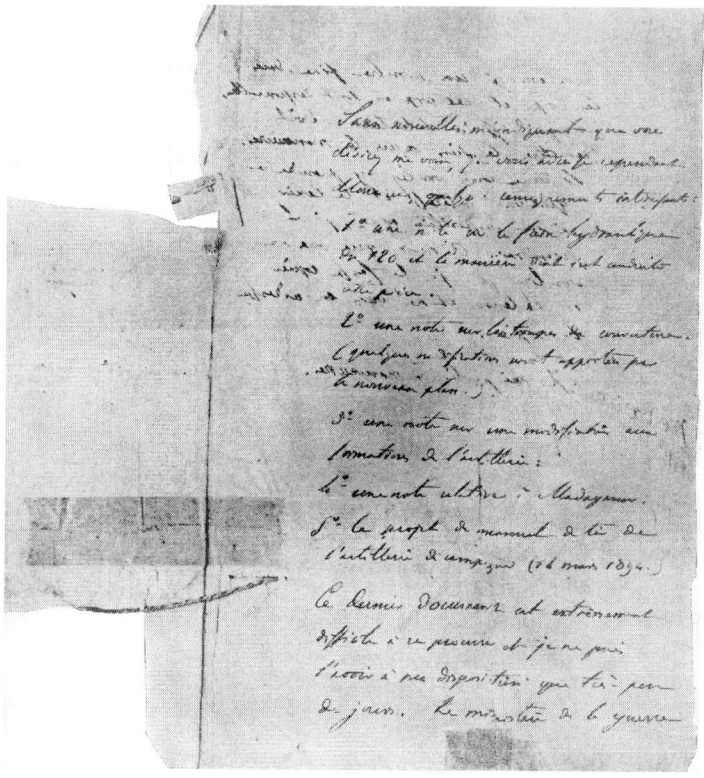

Abb. 3b: Vorderseite des *Bordereaus* (*La Vie illustrée*, 25. Mai 1899).

Im Dezember 1894 zögerten die Richter des Kriegsrats in Ermangelung entscheidender Beweisstücke, Alfred Dreyfus zu verurteilen, als ihnen im letzten Moment – illegalerweise – eine geheime, dem Verteidiger unbekannte Akte übermittelt wurde; und diese hat sie schließlich überzeugt.

Das Herzstück der Akte ist ein Brief, der als „Schurke D." bezeichnet wird. Wahrscheinlich aus dem Frühjahr 1894, adressiert von Schwartzkoppen an seinen italienischen Kollegen Alessandro Panizzardi, basiert er auf einer groben Syntax und ist mit Rechtschreibfehlern übersät. Unterzeichnet ist er mit dem weiblichen Vornamen „Alexandrine", entsprechend den Schreibgewohnheiten der beiden Militärattachés, die eine homosexuelle Beziehung hatten:

> „Ich bedaure sehr, Sie vor meiner Abreise nicht mehr gesehen zu haben. Übrigens werde ich in acht Tagen zurück sein. Beigefügt sind zwölf Gesamtpläne von Nizza, die dieser Schurke D. mir für Sie gegeben hat. Ich habe ihm gesagt, dass Sie nicht die Absicht haben, die Beziehungen wieder aufzunehmen. Er behauptet, es handle sich um ein Missverständnis und dass er alles ihm Mögliche tun werde, um Sie zufrieden zu stellen. Er sagt, er sei stur gewesen und dass Sie ihm nicht böse sein sollen. Ich habe ihm geantwortet, dass er verrückt sei und ich nicht glaube, dass Sie die Beziehungen wieder aufnehmen wollen. Machen Sie, was Sie wollen. Auf Wiedersehen, ich bin in großer Eile."

Wie wir sehen, wird der Name „Dreyfus" in diesem Dokument nicht explizit genannt. Tatsächlich bezieht sich die Initiale „D." nicht auf den Angeklagten, sondern auf einen Kleinkriminellen (vermutlich ein gewisser Dubois), den Schwartzkoppen loswerden wollte.

Neben dem „Schurke D." genannten Schriftstück enthält die Geheimakte die Übersetzung eines kurzen, in deutscher Sprache verfassten Memorandums von Schwartzkoppen, einen Brief von Panizzardi an Schwartzkoppen (der sich auf einen Kontaktmann im Generalstab, Oberstleutnant Davignon, bezieht) und zwei gefälschte Polizeiberichte eines Geheimagenten, Guénée. Sie wird durch einen erläuternden Kommentar ergänzt, den Du Paty unter der Leitung von Oberst Sandherr verfasst hat: Dieser Text analysiert die verschiedenen Dokumente und zeigt, dass „die angeführten Fakten" trotz ihrer Unvollständigkeit zum Hauptmann Dreyfus „passen können".

Ein weiteres belastendes Schriftstück sollte in den folgenden Jahren eine entscheidende Rolle spielen. Als Zola 1898 sein „J'accuse" lancierte, begründete es die an Gewissheit grenzende Überzeugung der Verantwortlichen im Generalstab, da es ausdrücklich den Namen „Dreyfus" erwähnt. Aber es ist eine Fälschung, angefertigt von Major Henry Ende Oktober 1896, als Picquart gezwungen war, seine Aufgaben als Leiter des Nachrichtendienstes aufzugeben. Es handelt sich um eine Notiz von Panizzardi an Schwartzkoppen, die in einem Kauderwelsch geschrieben ist, das ihr einen Hauch von Authentizität verleihen soll, da der italienische Militärattaché die französische Sprache nur sehr schlecht beherrscht:

„Mein lieber Freund ... Ich habe gelesen, dass ein Abgeordneter Fragen zu Dreyfus stellen wird. Wenn jemand Rom um weitere Erklärungen bittet, werde ich sagen, dass ich nie eine Beziehung zu diesem Juden hatte. Das versteht sich von selbst. Wenn Sie gefragt werden, sagen Sie es so, denn niemand darf jemals erfahren, was mit ihm passiert ist."

Der erste Satz der als „Le faux Henry" in die Geschichte der Dreyfus-Affäre eingegangenen „Henry-Fälschung" bezieht sich auf eine Anfrage, die der Parlamentarier Castelin in der Abgeordnetenkammer stellen sollte. Im Juli 1897, als er seine eigene Untersuchung begann, wurde Scheurer-Kestner, der Vizepräsident des Senats, über diesen Brief von General Billot, seinem langjährigen Freund, in Kenntnis gesetzt. Billot zitierte ihm den Inhalt des Briefes aus dem Gedächtnis, in einer ungefähren Version:

„Du wirst nach Berlin fahren, so wie ich nach Rom fahren werde. Der Kriegsminister ist sehr verärgert über die parlamentarische Anfrage; es muss zwischen uns klar sein, dass wir, wenn wir bei uns befragt werden, beteuern, dass wir mit diesem Juden nie etwas zu tun hatten!"

Sofort erwog Scheurer die Wahrscheinlichkeit einer Fälschung. Er teilte dies unverzüglich Billot mit und wiederholte es ihm gegenüber während eines langen Gesprächs, das die beiden Männer am 30. Oktober 1897 führten. Aber natürlich wusste er nichts über die Herkunft des Schriftstücks. General de Pellieux (verantwortlich für die Ermittlungen gegen Esterhazy, die Ende 1897 stattfanden) sollte den Fehler begehen, die Existenz dieses Briefes während einer der Anhörungen im Prozess gegen Zola, am 17. Februar 1898, öffentlich zu enthüllen. Einige Monate später führten die erneute Durchsicht der Geheimakte und die Aufdeckung der von Henry begangenen Fälschung zur Verhaftung des Majors, der am 31. August 1898 in seiner Zelle des Mont Valérien Selbstmord beging.

Schließlich ist noch der „Petit Bleu" (der „kleine Blaue") zu erwähnen, der in der Dreyfus-Affäre eine entscheidende Rolle spielte, weil er es ermöglichte, den Namen des wahren Schuldigen, Esterhazy, zu enthüllen. Es handelt sich um eine blaue Telegrammkarte (einen Rohrpostbrief, der damals „pneumatique" genannt wurde). Picquart fing dieses Dokument im März 1896 ab, als er seine Nachforschungen anstellte. Der Text, der sich auf wenige Zeilen beschränkt, stammt vom deutschen Militärattaché. Eine „genauere Erklärung" wird vom Empfänger der Telegrammkarte erbeten, dessen Name und Adresse angegeben sind: „Monsieur le commandant Esterhazy. 27, rue de la Bienfaisance".

Auf diese Weise spielen seltsame Geheimpapiere, die ebenso mächtig sind wie reale Personen, in der Dreyfus-Affäre eine wichtige Rolle. Sie stechen durch Namen hervor, die ihr materielles Aussehen, ihre Herkunft oder eines der Schlüsselwörter ihrer Botschaft heraufbeschwören (der „Bordereau", der „Schurke D.", das „Memorandum von Schwartzkoppen", der „Brief Davignon", die „Henry-Fälschung", der „Petit Bleu") und sind in gewisser Weise autonom. Anhand der Erzählungen, die sie hervorrufen, lassen sie eine Reihe von Dokumenten entstehen, die ihnen einen logischen Zusammenhang verleihen sollen. Dieses Phänomen erklärt das erstaunliche Wachstum der Geheimakte von 1894.

Zunächst war die Akte auf einige wenige Elemente beschränkt. Dann wurde sie regelmäßig mit zusätzlichen Dokumenten ergänzt, sodass sie bald monströse Ausmaße annahm. Als sie im Juni 1898, nach Zolas Prozess, neu geordnet wurde, enthielt sie fast 300 Aktenzeichen. Bei der Verhandlung in Rennes im August 1899 sollte sich der erstaunliche Anblick zweier Soldaten bieten, die unter großen Anstrengungen den riesigen Korb mit den gesamten Akten in den Gerichtssaal schleppten. Eine ähnliche Masse von Dokumenten hatte der Kassationsgerichtshof im Jahre 1904 anlässlich der zweiten Revision zu prüfen. Die Akte sollte dann fast 500 Dokumente enthalten.

Um zu verstehen, worum es geht, müssen wir uns ins Gedächtnis rufen, dass die Menschen am Ende des 19. Jahrhunderts von handgeschriebenen Dokumenten berühmter Persönlichkeiten geradezu fasziniert waren. Zu einer Zeit, in der die Methoden der Geschichtsschreibung noch gesucht wurden, schienen Autografen der sicherste Weg zu sein, die Wirklichkeit zu verstehen, die Ereignisse der Vergangenheit zu deuten und die Gegenwart zu entschlüsseln. Die Vorgehensweisen blieben jedoch unbestimmt. Unter die Historiker mischten sich Fälscher. Angetrieben vom Geist der Systematik, beseelt vom Enthusiasmus für die Forschung, wollten sie die Lücken füllen, die in der Dokumentationskette auftraten.

Einer dieser Fälscher, Denis Vrain-Lucas, ist bis heute berühmt, weil er seine Erfindertätigkeit bis zur Genialität trieb. Der Schöpfer einer erstaunlichen Sammlung von fast 30 000 imaginären Schriftstücken, darunter Briefe von Alexander dem Großen, Vercingetorix und Karl dem Großen, wurde 1870 vor Gericht gestellt und verurteilt, nachdem er lange Zeit zahlreiche Kunden getäuscht hatte, darunter auch den Mathematiker Michel Chasles, ein Mitglied des Institut de France. Um sich zu rechtfertigen, erklärte er bei seinem Prozess, er habe Frankreich ein intellektuelles Erbe zurückgeben wollen, dessen es beraubt worden sei. Mit Hilfe der von ihm gefälschten Dokumente wollte er eine verborgene historische Wahrheit wiederherstellen: Er wollte zum Beispiel zeigen, dass Pascal lange vor Newton das Gesetz der Universalgravitation entdeckt hatte!

Die Statistikabteilung – in der Henry unter Oberst Sandherr sein Handwerk erlernte – war 1894 nicht weit von der Werkstatt von Vrain-Lucas entfernt. Hier kamen die Informationen stückweise an, in Form von zerrissenen Zetteln, die wieder zusammengesetzt werden mussten, um eine oft ungewisse Bedeutung zu erhalten. Die Archive wurden nicht zweckmäßig angelegt. Die Schränke quollen über mit Dokumenten, die sich in mehreren Ordnern stapelten, auf die bei der Suche nach dem seltenen Schriftstück frei zurückgegriffen werden konnte, um ein vorhandenes Rätsel zu lösen. Dies erklärte Oberstleutnant Cordier in seiner Zeugenaussage beim Prozess in Rennes am 29. August 1899. Als ehemaliger Stellvertreter von Oberst Sandherr, nunmehr von der Unschuld des Alfred Dreyfus überzeugt, distanzierte er sich von dem Milieu, aus dem er stammte, dessen Methoden er aber mit einer gewissen Ironie betrachtete:

> „Es scheint, dass das Zusammenkleben dieser Papiere eine gewisse Faszination ausübt; es ist mit dem Erfolg beim Kartenspiel zu vergleichen, das wirkt anziehend, und wer einmal damit angefangen hat, Papiere wieder zusammenzukleben, der hört nicht mehr damit auf."

Während sich Cordier als fähig erwies, einen klaren Kopf zu bewahren, wirkte sich diese Faszination hingegen voll auf Henrys Verstand aus. Henry, der es trotz einer rudimentären Bildung bis zum Offiziersrang gebracht hatte, begeisterte sich für diese ständig neu gemischten Kartenspiele. Das Herstellen einer Fälschung kam ihm letzten Endes wie ein normaler Vorgang vor. Für ihn ging es einfach darum, eine neue Karte einzufügen, die den vorherigen folgt, um einen Satz zu vervollständigen, dem ein Element fehlte. Henry verkörperte den Geist des Gehorsams. Er duldete nicht die geringste Gefahr für die Institution des Militärs. Als Meister der Karten, über die er nach Belieben verfügen konnte, war er in der Lage, seinen Vorgesetzten die nötigen Beweise zu liefern. Und wie die

2 Hatte die Anklage Beweise?

Figur Panther im Roman von Anatole France fand er in seiner Tätigkeit „eine patriotische Befriedigung".

In der Tat sagten diejenigen, die ihn nach seinem Tod verteidigten und sein Andenken ehrten, dass er, indem er das Schriftstück verfasste, das ihn ins Verderben stürzen sollte, zum Wohle der Nation eine „patriotische Fälschung" vorgenommen hatte.

3 Welche Rolle haben die Schriftexpertisen gespielt?

Hier kommen sie in den Gerichtssaal. Es sind die drei Experten. Sie heißen Belhomme, Couard und Varinard. Hinter dem „schönen" Schein klingen bei ihren Namen die französischen Wörter für „Feigheit" („couardise") und „Eitelkeit" („vanité") mit. Belhomme:

> „Hoch gewachsen, gebeugt, dunkle Augen in einem fahlen Gesicht; frisiert, der Bart wie Spinnweben; er ist gelblich, gestrig, gräulich und erscheint ehrwürdig, erschöpft und enttäuschend, wie eine leere, in einem Keller gefundene Phiole, die vom Staub der Jahre bedeckt ist."

Couard:

> „Ein Koloss, dessen Kopf ganz aus Kinn besteht. Der Rest sieht aus, als wäre er nur ein Zubehör, ein Anhang, ein Überfluss, ein Luxus: der Deckel des Tintenfasses, das obere Ende des Frühstückseis, das vom Messer geköpft wurde. Wenn er spricht und die Worte in seinem gewaltigen Mundapparat kaut, bekommt das Publikum eine albtraumhafte Angst: Es scheint, als ob sich der Kieferknochen loslöst und der untere Teil niemals mehr nach oben kommen kann, sondern gähnend auf dem Brustkorb liegen bleibt."

Varinard:

> „Ein bissiger Kläffer, kleingewachsen, ein junges Bürschchen, jähzornig, der Gang schroff, die Stimme schneidend – Ah! Aber!"

So beschreibt die Journalistin Séverine (Redakteurin der feministischen Zeitung *La Fronde*) drei der Experten, die als Zeugen bei einer der Anhörungen im Prozess gegen Émile Zola am 14. Februar 1898 geladen sind. Sie zeigt sich unerbittlich. Ihre Feder kennt kein Erbarmen. Dabei muss gesagt werden, dass die Experten es wegen ihrer totalen Unfähigkeit nicht anders verdient haben!

Das Kernstück der Anklage gegen Dreyfus, der *Bordereau*, war Gegenstand mehrerer Expertisen. Im Jahre 1894, nach Alfred Dreyfus' Verhaftung, wurde er nacheinander fünf verschiedenen Experten vorgelegt:

3 Welche Rolle haben die Schriftexpertisen gespielt?

Zuerst wurde Alfred Gobert, Experte bei der Französischen Zentralbank und beim Pariser Berufungsgericht, herangezogen, dann fiel die Wahl auf Alphonse Bertillon, den Leiter des kriminaltechnischen Erkennungsdienstes der Polizeipräfektur; und schließlich wurden auch, um der Anklage Material zu liefern, Étienne Charavay, Eugène Pelletier und Pierre Teyssonnières beauftragt, das Dokument zu prüfen. 1897, zum Zeitpunkt der Ermittlungen gegen Esterhazy, hat der General de Pellieux drei neue Experten einbestellt, diejenigen, die wir gerade erwähnt haben: Edme-Étienne Belhomme, Émile Couard et Pierre Varinard.

Abb. 4: Bertillon während des Prozesses gegen Zola (*La Vie illustrée*, 19. Februar 1898).

3 Welche Rolle haben die Schriftexpertisen gespielt?

Die Expertisen haben nicht zu identischen Ergebnissen geführt. Gobert und Pelletier weigerten sich, die Handschrift des *Bordereau* Alfred Dreyfus zuzuordnen, während ihre Kollegen den Angeklagten im Gegenteil belasteten. Die Analysen der Letzteren wichen jedoch voneinander ab. Charavay und Teyssonnières vertraten die Meinung, dass der *Bordereau* Dreyfus' normale Handschrift offenbare, allerdings in einer indirekten Form. Belhomme, Couard und Varinard waren der Ansicht, das Dokument sei allem Anschein nach eine Fälschung, gerade weil es verblüffende Ähnlichkeiten mit der Handschrift Esterhazys aufweise! Bertillon behauptete schließlich, Dreyfus habe seine eigene Handschrift nachgeahmt, aber eine Reihe von Variationen eingestreut, um eine spätere Identifizierung zu verhindern.

Die von Alphonse Bertillon erstellte Analyse spielte eine wichtige Rolle in den Debatten, die während des Prozesses gegen Zola geführt wurden, und auch später in Rennes, als die ganze Affäre wieder aufgenommen wurde. Zum Zeitpunkt der zweiten Revision im Jahre 1906 war sie erneut Gegenstand vieler Diskussionen: Das von Henry Mornard, dem Anwalt von Alfred Dreyfus, verfasste Gesuch und die Anklageschrift des Generalstaatsanwalts General Baudoin gaben sich die größte Mühe, sie zu widerlegen.

Es muss erwähnt werden, dass Alphonse Bertillon keine unbedeutende Persönlichkeit ist. Er war 1879, zunächst als bescheidener Angestellter, der Polizeipräfektur beigetreten und hatte nach und nach die anthropometrische Methode entwickelt, die es erlaubte, Personen anhand ihrer Körpermaße zu registrieren und zu identifizieren. Er hatte den kriminaltechnischen Erkennungsdienst gegründet, einen Vorläufer der modernen kriminologischen Laboratorien. Seine Ergebnisse brachten ihm einen ausgezeichneten Ruf ein. Seine Meinung war weltweit gefragt. Von den Vorteilen der „Bertillonnage" überzeugt, hatte die amerikanische Polizei sogar sein System übernommen. Kurz gesagt, er war eine führende Autorität auf seinem Gebiet. Die Dreyfus-Affäre konnte keinem besseren Experten anvertraut werden.

Bertillons These lässt sich durch einen Fachbegriff zusammenfassen, der aus der Sprache der Grafologen stammt: „Selbstfälschung" (frz. „autoforgerie"). Laut Bertillon hätte Dreyfus die geniale Idee gehabt, seine eigene Handschrift zu nachzuahmen … War er nicht ein ehemaliger Schüler

3 Welche Rolle haben die Schriftexpertisen gespielt?

der *École polytechnique*, ein Mann von hoher Intelligenz, der zu jedem Kunstgriff fähig war? Eigentlich betrachtete sich Bertillon gar nicht als Schriftexperten. Das gesteht er zur allgemeinen Überraschung gleich zu Beginn seiner Zeugenaussage im Prozess gegen Zola am 12. Februar 1899 ein:

> „Ich habe kein Vertrauen in die Schriftexpertise; ich glaube, dass sie sich dafür eignet, einen Anfangsverdacht auszuräumen, dass sie aber ansonsten vernachlässigt werden kann. Was mich betrifft, so habe ich überzeugende und anschauliche Beweise."

Und er fügte hinzu, indem er auf die Worte des Generals Mercier anspielte, der behauptet hatte, sich in dieser Affäre von seinem „Gespür des Kanoniers" leiten zu lassen:

> „Dies sind keine auf Spürsinn basierenden Vermutungen, sondern es ist der Beweis, dass der *Bordereau* vom Erstverurteilten geschrieben wurde."

Wenn er sagt, er sei der Grafologie gegenüber zurückhaltend, dann deshalb, weil er sie perfektionieren und von der Stufe einer einfachen Verfahrensweise in den Rang einer Wissenschaft erheben will. Er hat eine riesige Sammlung von Autografen angelegt, die er nach Silben oder Schriftzeichen klassifiziert hat, um alle möglichen Formen der natürlichen oder verstellten Handschrift bestimmen zu können. Einem Evolutionstheoretiker gleich, der Klassen von Lebewesen dank der von ihm zusammengestellten Fossiliensammlungen analysiert, hat er alle möglichen Formen von Schriftzeichen katalogisiert und genaue Theorien darüber entwickelt, wie sich diese Zeichen in einer Handschrift wiederholen, entwickeln oder verändern können. Nach Ganzheit strebend, denkt er wie ein Wissenschaftler und ist darum bemüht, der polizeilichen Ermittlung die Form einer umfassenden Argumentation zu verleihen, die alle ihr zur Verfügung stehenden Möglichkeiten, ob Anthropometrie oder Grafologie, ausschöpft. Vom Wert seines Wissens überzeugt, glaubt er 1894, er würde das ihm vorgelegte Problem lösen können. Also hat er ein Erklärungssystem konstruiert, das er nicht mehr revidieren will, weil es in seinen Augen eine mathematische Genauigkeit besitzt. Bei der Anhörung am 12. Februar machte er eine erstaunliche Aussage, welche dies auf den Punkt brachte. Zu einem Besuch, den ihm Oberstleutnant Picquart im Mai 1896 abgestattet hatte (um ihm eine Schriftprobe Esterhazys vorzulegen), sagte er:

3 Welche Rolle haben die Schriftexpertisen gespielt?

„Ich hatte da eine Handschrift, die der des Bordereaus ähnelte; und dennoch habe ich den absoluten Beweis dafür, dass der Bordereau von keiner anderen Person als dem Verurteilten stammen kann. Was kümmert es mich, dass es noch andere Handschriften gibt, die dieser ähneln? Gäbe es hundert Offiziere im Kriegsministerium, die diese Handschrift hätten, wäre es mir vollkommen egal, denn für mich ist die Beweisführung beendet."

Bertillons System basiert auf einer wissenschaftlichen Argumentation, die drei Momente umfasst. Alles beginnt mit einer grafologischen Hypothese, die auf einer ersten Intuition beruht: Der *Bordereau* ist nicht das Produkt einer natürlichen Schrift; es handelt sich um eine künstlich hergestellte Schrift, abgepaust von Wörtern, die als Modell gedient haben. Die Art des verwendeten Papiers (ein Durchschlagpapier, das wie ein Transparentpapier aussieht) und die Unregelmäßigkeit der Buchstaben im gesamten Text sind hinreichend beweiskräftige Anhaltspunkte. Dreyfus hätte seine eigene Schrift verstellt, indem er als graphisches Modell die Handschrift seines Bruders verwendet hätte. Um diese Auffassung zu untermauern, stützte sich Bertillon auf einen Brief von Mathieu Dreyfus, der im Oktober 1894 bei der von Du Paty vorgenommenen Hausdurchsuchung am Wohnsitz des Angeklagten beschlagnahmt wurde: Nach langen Nachforschungen glaubte er entdeckt zu haben, dass ein im Brief enthaltener Begriff – das Wort „Interesse" – als Vorlage für die Zusammensetzung des gesamten Bordereaus gedient hatte.

Hinzu kommt eine psychologische Hypothese über die von einem Spion angewandten Verteidigungsstrategien. Alfred Dreyfus, so Bertillon, erwog die Möglichkeit, gefasst zu werden. Er habe daher eine Handschrift entwickelt, die mit seiner eigenen sowohl Gemeinsamkeiten als auch Unterschiede aufweise. Denn er habe die zwei Möglichkeiten in Betracht gezogen, die sich ergeben konnten: Entweder werde der *Bordereau* außerhalb seines Hauses beschlagnahmt, in welchem Fall er *Unterschiede* zu seiner eigenen Handschrift geltend machen könne, um seine Unschuld zu beteuern; oder der *Bordereau* werde direkt bei ihm zu Hause konfisziert, in welchem Fall er die Ähnlichkeiten mit seiner Handschrift nutze, um zu behaupten, er solle kompromittiert werden, indem ein Dokument in seine Unterlagen eingeschmuggelt worden sei, dessen Verfasser er nicht sei.

Schließlich wird die Beweisführung in eine Gesamttheorie integriert, die technische Beobachtungen und psychologische Hypothesen miteinander verbindet. Sie basiert mathematisch auf der Berechnung von Wahrscheinlichkeiten und auf einer geometrischen Analyse der Zusammensetzung des „Bordereaus", bei der alle Zeichen auf den Millimeter genau gemessen werden. Das Ergebnis ist ein Schema, ein „Diagramm", das zeigen soll, wie das eingesetzte Verteidigungssystem funktioniert. Dieses seltsame Dokument bietet dem Betrachter die Zeichnung einer militärischen Zitadelle, deren Form an die von Vauban erbauten Festungen erinnert. Ein imaginärer Belagerter verteidigt sich dort gegen Angriffe. Anstelle von Waffen verwendet er seine Schreibkunst; und seine sorgfältig gesammelte Munition besteht aus mysteriösen Bilderrätseln.

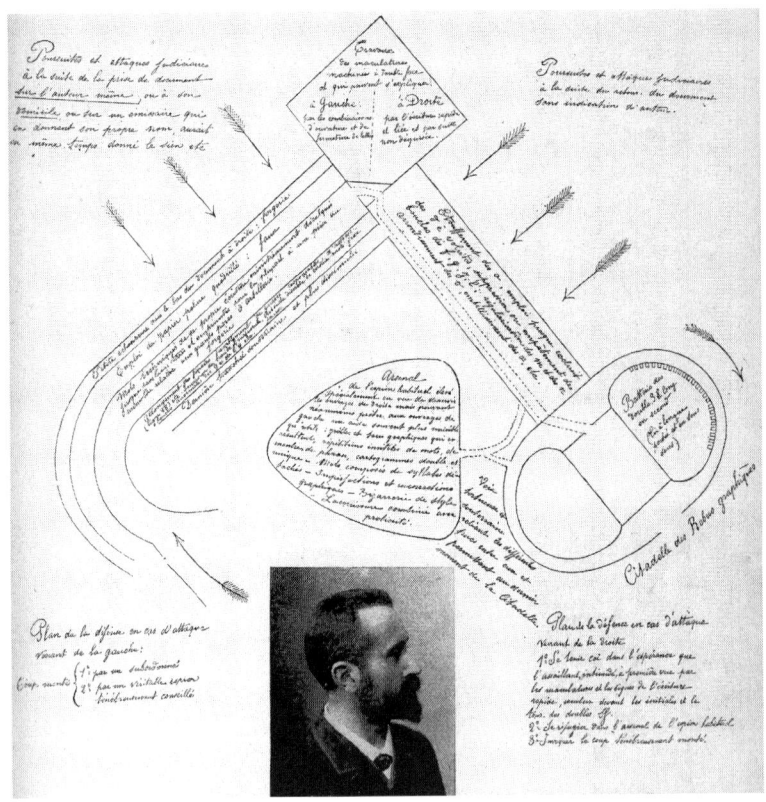

Abb. 5:   Das „Diagramm" Bertillons (*La Vie illustrée*, 25. Mai 1899).

3 Welche Rolle haben die Schriftexpertisen gespielt?

Oben links auf der Zeichnung sind die Techniken dargestellt, die eingesetzt werden gegen „Gerichtsverfahren und Angriffe nach der Beschlagnahmung von Dokumenten beim Urheber selbst, an seinem Wohnort oder bei einem Abgesandten, der unter Angabe seines eigenen Namens gleichzeitig den des Urhebers genannt hätte". Oben rechts sind die Mittel dargestellt, mit denen „Gerichtserfahren und Angriffe nach der Rückgabe des Dokuments ohne Angabe des Urhebers" vereitelt werden. In der Mitte befinden sich das „Arsenal des gewöhnlichen Spions" und die „Zitadelle der Bilderrätsel". Unten, auf der linken und der rechten Seite, sind die Verteidigungspläne notiert für den Fall von Angriffen „von links" („der Schlag wurde geplant: 1. von einem Untergebenen, 2. von einem echten Spion, der im Geheimen beraten wurde"), oder „von rechts":

> „1. Sich still verhalten in der Hoffnung, dass sich der Angreifer, auf den ersten Blick durch das Geschmiere und die Anzeichen des schnell Hingekritzelten eingeschüchtert, vor den Anfangsbuchstaben und dem Umfang des Doppel-S zurückzieht. 2. Sich ins Arsenal des gewöhnlichen Spions flüchten. 3. Den geheim geschmiedeten Plan heraufbeschwören."

Eine brillante Beweisführung, die das Publikum sprachlos machte, als sie zum ersten Mal bei Zolas Prozess präsentiert wurde! Der spätere Literaturnobelpreisträger Anatole France hat es nicht versäumt, sich in seiner Parodie *Die Insel der Pinguine* über sie lustig zu machen ... Vermillard, der „illustre Schriftexperte", stellt folgende Theorie auf (Pyrot, die Figur, die Dreyfus entspricht, wurde beschuldigt, dem Feind eine Ladung Heuballen verkauft zu haben, die für die Kavallerie bestimmt war):

> „Nachdem ich die bei Pyrot beschlagnahmten Papiere, einschließlich seiner Spesen- und Wäschebücher, sorgfältig studiert hatte, erkannte ich, dass sie unter einem alltäglichen Erscheinungsbild ein undurchdringliches Kryptogramm darstellen, zu dem ich dennoch den Schlüssel gefunden habe. Die Niederträchtigkeit des Verräters ist in jeder Zeile zu erkennen. Die Wörter ‚Drei Gläser Bier und zwanzig Francs für Adèle' bedeuten in diesem Schriftsystem: ‚Ich habe dreißigtausend Heuballen an eine benachbarte Macht geliefert'. Mithilfe dieser Dokumente konnte ich sogar die Zusammensetzung des von diesem Offizier gelieferten Heus feststellen: Die Wörter ‚Hemd, Weste, Unterhose, Taschentücher, falsche Kragen, Aperitif, Tabak, Zigarren' bedeuten nämlich ‚Klee, Wiesenrispengras, Luzerne, Kleiner Wiesenknopf, Hafer, Weidelgras, Ruchgras und Wiesenlieschgras'."

Es gibt einen Soldaten, der die Hirngespinste Bertillons zumindest auf den ersten Blick ernst nahm. Es handelt sich um General Mercier, der Alfred

3 Welche Rolle haben die Schriftexpertisen gespielt?

Dreyfus mit seiner Rachsucht bis zum Schluss verfolgte. Im Prozess von Rennes verteidigte er unverfroren den wissenschaftlichen Charakter der Thesen Bertillons und erklärte bei der zweiten Verhandlung am 12. August 1899:

> „Der Bordereau ist eine einwandfreie geometrische Skizze, deren Linien nach einem bestimmten Gesetz gezeichnet sind, so wie in jeder Zeile alle Wörter nach einem bestimmten Gesetz geordnet sind, so wie in jedem Wort alle Buchstaben nach einem bestimmten Gesetz geordnet sind. Diese Gesetze wurden nach mehreren Jahren der so beharrlichen wie scharfsinnigen Forschung gefunden."

Und er fuhr fort, indem er sich an die Richter des Kriegsrates wandte:

> „Sie kennen dieses Experiment. Wir werden es vor Ihren Augen durchführen, und Sie werden in einer Klarheit, die ausreicht, sich Ihre Meinung zu bilden, das Wort erscheinen sehen, das für Sie aufschlussreich und für den Hauptmann Dreyfus belastend sein wird, das Wort, das gleichzeitig der mechanische Prozess des Verrats und wahrscheinlich auch seine psychologische Begründung ist, das Wort *Interesse*; und dieses Wort *Interesse* wird nicht irgendwie geschrieben sein, es wird von der Fotografie so wiedergegeben werden, dass, wenn Sie es abpausen, sich die Durchschrift auf das Wort Interesse legen wird, das in den Händen des Hauptmanns Dreyfus gefunden wurde."

Lobt Mercier in Rennes im Sommer 1899 das Verdienst der Bertillonesken Erfindungen? Er klingt wie eine Figur aus der Insel der *Pinguine*. Die Wirklichkeit übertrifft die Parodie.

4 Wird Zolas „J'accuse" der Dreyfus-Affäre gerecht?

„Sie müssen verstehen, dass eine einzige von einem großen Schriftsteller geschriebene Seite für die Menschheit wichtiger ist als ein ganzes Jahr hektischen Treibens Ihres Ameisenhaufens."

Zola richtete diese nachdrückliche Ermahnung an die Politiker seiner Zeit in einem Artikel, der am 17. August 1880 in der Zeitung *Le Voltaire*, in der er mitwirkte, veröffentlicht wurde. Er prangerte die Mittelmäßigkeit der politischen Klasse seiner Zeit an und warf ihr vor, arrogant zu sein und die Literatur zu verachten. Die Apostrophe war vernichtend:

„Halten Sie mich für einen Skrofulosekranken, einen Schwachkopf, einen Hirngeschädigten, und Sie werden trotzdem in meiner Persönlichkeit das Format eines Politikers finden."

Was für ein Paradox! Achtzehn Jahre später ist er nun an der Reihe, den „Ameisenhaufen" der Politik zu betreten, indem er sich in den großen Kampf der letzten Jahre seines Lebens stürzt: sein Engagement für Alfred Dreyfus, das durch die Veröffentlichung von „J'accuse" in der Zeitung *L'Aurore* am 13. Januar 1898 gekennzeichnet ist. Aber er tut dies gemäß dem Ideal, das er einst formulierte: im entscheidenden Moment eine Seite zu schreiben, eine „einzige Seite", die „für die Menschheit" wichtiger ist als die sterilen Manöver, in die sich die Akteure der politischen Welt für gewöhnlich verstricken.

Das ist sehr wohl die Wirkung, die „J'accuse" erzeugt. Aus diesem Anlass wurde die Sonderausgabe von *L'Aurore* mit einer Auflage von 300 000 Exemplaren gedruckt, obwohl die Zeitung normalerweise eine Auflage von 20 000 bis 30 000 Exemplaren hatte. Charles Péguy hat die Erinnerung an diese außergewöhnlichen Momente festgehalten:

„Alle waren wie vom Donner gerührt. Die Schlacht konnte von neuem beginnen. Den ganzen Tag über riefen die Pariser Straßenhändler mit krächzender Stimme *L'Aurore*, liefen mit großen *L'Aurore*-Paketen unter den Armen, verteilten *L'Aurore* an eifrige Käufer. Der schöne Name der Zeitung, gegen den keine Heiserkeit ankam, schwebte wie ein Geschrei über dem fieberhaften Treiben auf den Straßen. Der Schlag war so gewaltig, dass sich Paris fast umdrehte."

Wie lässt sich Zolas Artikel charakterisieren? Wir könnten sagen, dass es sich um ein Faktum handelt, wenn wir einen Begriff verwenden, der inzwischen etwas veraltet ist. Ein Faktum ist, wie uns das Wörterbuch Émile Littrés in Erinnerung ruft, „eine Darstellung der Fakten eines Prozesses", „ein Bericht, den eine Person veröffentlicht, um andere anzugreifen oder sich selbst zu verteidigen". Der Text von „J'accuse" besitzt hierfür die argumentative Logik. Die Länge der Abhandlung ist außergewöhnlich. In der damaligen Presse ging ein politischer Artikel in der Regel höchstens über zwei oder drei Spalten: So lang sind zum Beispiel Georges Clemenceaus Leitartikel in *L'Aurore*. An diesem Donnerstag, dem 13. Januar 1898, wird fast die Hälfte der Zeitungsausgabe von Zolas Artikel in Anspruch genommen. An diesem Tag finden die Leser der vier Seiten umfassenden Zeitung im Wesentlichen den Artikel Zolas vor: Daneben bleiben nur ein paar Kurznachrichten von geringer Bedeutung, gefolgt von den Werbeanzeigen auf der letzten Seite.

Zola bietet einen vollständigen Bericht über die Dreyfus-Affäre, wie sie zum damaligen Zeitpunkt bekannt ist. Er legt die Ereignisse dar, ordnet sie, erklärt ihre Abfolge. Seine Darstellung beginnt mit der „Dreyfus-Affäre" selbst, bevor er zur „Esterhazy-Affäre" übergeht. Diese Unterscheidung stimmt mit der Wahrnehmung der Presse zu jener Zeit überein. Eine Affäre beschränkt sich auf einen Prozess. Es fanden jedoch zwei Kriegsräte statt: der Kriegsrat vom Dezember 1894, der Dreyfus verurteilt, und der Kriegsrat vom 10. und 11. Januar 1898, der Esterhazy gerade freigesprochen hat. Vier Personen stehen im Mittelpunkt dieser aufeinanderfolgenden Darstellungen, vier Offiziere: ein Hauptmann, ein Kommandant, zwei Oberstleutnants: das Opfer, Alfred Dreyfus; der Verräter, Esterhazy; Du Paty de Clam, der Ankläger, verantwortlich für die gerichtliche Untersuchung; und Picquart, der Befreier, der den Namen des wahren Täters herausgefunden hat. Der Blick des Romanschriftstellers ruht auf diesen Figuren und analysiert ihre jeweilige Situation. Wie Zola spürt, können zwei Erzählungen dieser komplexen Geschichte geliefert werden. Der Logik des Pro-Dreyfus-Narrativs, das er zu etablieren versucht (Dreyfus unschuldig, Du Paty Ankläger, Picquart Befreier), stehen die Erfindungen des gegnerischen Narrativs gegenüber, das auf denselben Gegebenheiten beruht, deren

Perspektive auf den Kopf gestellt ist (Esterhazy unschuldig, Picquart Ankläger, Du Paty Befreier). Es ist einfach, von der einen Erzählung in die andere, von der Wahrheit in die Lüge zu wechseln. Dafür reicht es, die den Figuren zugeschriebenen Werte umzukehren.

Abb. 6: Émile Zola im Jahr 1898.

Indem er in die Geschichte der Dreyfus-Affäre eintritt, vertieft Zola die Überlegungen, die er einige Jahre zuvor in seinem Roman La Débâcle (Der Zusammenbruch) angestellt hatte, der die Geschichte der Katastrophe von Sedan erzählt. Er hatte die Lage der Soldaten beschrieben und die Bestürzung der Truppen angesichts des Schreckgespenstes der Niederlage geschildert. Mit dem Text von „J'accuse" kehrt er zur Armee zurück, aber diesmal dringt er bis zum Zentrum ihrer Befehlsgewalt vor, bis zu dem, was er den „Heiligenschrein" nennt. Er sinnt über die Geheimnisse in den Abteilungen des Generalstabs nach, die ihm undurchdringlich erscheinen. Vor seinen Augen tauchen zwei Bilder auf: das einer antiquierten Armee, zu der ein Aufschneider wie Esterhazy gehört; und das einer neuen Armee, die sich nach der Niederlage von 1870 auf modernen Grundlagen wieder aufbauen will, wie es Dreyfus als ehemaliger Schüler der *École polytechnique* verkörpert neben Picquart, Absolvent der Elite-Militärschule Saint-Cyr, der dazu fähig ist, im Namen der Wahrheit seine Karriere aufs Spiel zu setzen.

Das Ende des Textes – die Wiederholungen der Worte „J'accuse" („Ich klage an") – ist bis heute der berühmteste Teil von Zolas Artikel. Diese Peroration greift zunächst die Armeeführung an. Die Hauptdarsteller des Dramas werden einer nach dem anderen namentlich genannt: Du Paty de Clam; Mercier und Billot, die aufeinanderfolgenden Kriegsminister; Boisdeffre und Gonse, die Stabschefs; Pellieux und Ravary, welche die Ermittlungen im Vorfeld des Prozesses gegen Esterhazy leiteten. Im Hintergrund werden diejenigen erwähnt, die ihren Teil zu diesem Skandal beigetragen haben: die törichten bzw. blinden Experten, die Dreyfus' Handschrift prüfen mussten; die nationalistische Presse, die sich der Wahrheit vollends bewusst war, deren Interesse aber darin bestand, den Geist des Hasses zu verbreiten. Schließlich kommt der letzte und schwerwiegendste Vorwurf. Er betrifft direkt die Kriegsräte, die Dreyfus und Esterhazy verurteilt haben – den von Dezember 1894 und den, der gerade stattgefunden hat, vom 10. und 11. Januar 1898.

Die Litanei des „Ich klage an" führt zu folgender Schlusserklärung:

> „Ich habe nur eine Leidenschaft, die der Wahrheit, im Namen der Menschheit, die so sehr leiden musste und die ein Recht darauf hat, glücklich zu sein. Mein flammender Protest ist nur der Schrei meiner Seele. Sie sollen es wagen, mich vor Gericht zu stellen und das Verfahren öffentlich stattfinden zu lassen! Ich warte."

Mit dem Verb „J'accuse", das die Schlagzeile der *L'Aurore*-Ausgabe ist, wird das Wort zur Tat. Zola erklärt nämlich: „Ich bin mir bewusst, dass ich, wenn ich diese Anschuldigungen vorbringe, den Artikeln 30 und 31 des Pressegesetzes vom 29. Juli 1881 unterliege, das Verleumdung bestraft. Und dieser Gefahr setze ich mich absichtlich aus." Die Anklage kehrt sich um. „Ich klage an", verkündet der Schriftsteller – aber „Ich fordere auch, angeklagt zu werden". Auf die Behauptungen, die aufgestellt werden, muss eine gerichtliche Antwort gegeben werden, und zwar durch einen Prozess.

Die polemische Brutalität in Zolas Artikel beschreibt den intellektuellen Horizont der Zeitungen im späten neunzehnten Jahrhundert. Aufschreie und Beleidigungen sind Teil der Sprache einer Presse, deren Funktions-

4 Wird Zolas „J'accuse" der Dreyfus-Affäre gerecht?

weise auf der Konfrontation von Meinungen beruht. Zola selbst verteidigte einst das Prinzip der polemischen Gewalt in provokanter Weise: 1866 nahm er es in den Titel seiner ersten literaturkritischen Sammlung *Mes Haines* (*Was ich nicht leiden mag*) auf. Der Text von „J'accuse" bricht jedoch mit diesem Ton. Er weigert sich, dem Hass nachzugeben. Er will den antisemitischen Demonstrationen entgehen, welche die Straßen von Paris erschüttern, den abscheulichen Karikaturen der illustrierten Presse, den obszönen Refrains der Anti-Dreyfus-Lieder. Lassen Sie uns die letzten Zeilen noch einmal lesen:

> „Was die Menschen betrifft, die ich anklage, so kenne ich sie nicht, ich habe sie nie gesehen, ich hege weder Groll noch Hass gegen sie. Sie sind für mich nur Entitäten, nur Geister der sozialen Bösartigkeit. Und die Tat, die ich hier vollbringe, ist nur ein revolutionäres Mittel, um den Durchbruch der Wahrheit und Gerechtigkeit zu beschleunigen."

Zola ist sich seiner Bedeutung in der Literaturwelt bewusst. Er wendet sich an den Staatspräsidenten und erinnert ihn daran, dass er nicht irgendjemand ist. Ein Autoritätsargument wird vorgebracht: Die Sache wird von wichtigen Persönlichkeiten verfochten; um sie zu unterstützen, hat sich in den vergangenen Monaten Scheurer-Kestner, der Vizepräsident des Senats, engagiert; den Staffelstab übernommen hat Émile Zola, Autor des monumentalen zwanzigbändigen *Rougon-Macquart*-Zyklus und ehemaliger Präsident der Autorenvereinigung *Société des Gens de Lettres*.

Zola spricht als Schriftsteller. Er bezieht seine Legitimität aus der Bedeutung des von ihm geschaffenen Werkes. Dies sagt er den Geschworenen des Strafgerichts bei seiner Verhandlung, als er sich an die Männer wendet, die über ihn richten werden:

> „Sehen Sie mich an, meine Herren: Sehe ich gekauft aus, wie ein Lügner und ein Verräter? Warum also sollte ich mich engagieren? Mich treiben weder politische Ambitionen noch sektiererische Leidenschaft an. Ich bin ein freier Schriftsteller, der sein Leben der Arbeit gewidmet hat, der morgen wieder seinen Pflichten nachkommen und seine unterbrochene Arbeit aufnehmen wird. [...] Dreyfus ist unschuldig, ich schwöre es. Dafür setze ich mein Leben, dafür setze ich meine Ehre ein."

Der vorhergehenden Idee wird eine weitere hinzugefügt: das Wissensargument. Zola beherrscht die Komplexität der Dreyfus-Affäre, deren Geheimnisse er zu entschlüsseln vermag. Der Schriftsteller besteht darauf, dass er diese Affäre „in ihrer Gesamtheit" kennt; er kennt sie „bis ins letzte

Detail". Dank seines schriftstellerischen Könnens ist er in der Lage, sie vollständig zu entwirren. Er zeigt, dass es möglich ist, einen plausiblen, unzweideutigen Bericht zu verfassen, der beweist, dass Dreyfus unschuldig ist, wohingegen Esterhazy schuldig ist. Daher die Idee der „Wahrheit auf dem Vormarsch". Dieser Leitspruch gibt dem Kampf, der gerade geführt wird, einen Sinn; aber im Augenblick stellt er, an die Verantwortlichen für Dreyfus' Verurteilung gerichtet, eine Bedrohung dar: Wir kennen die Wahrheit; wir werden sie nach und nach enthüllen; beenden Sie diesen Skandal, solange dazu noch Zeit ist!

Als sie am 13. Januar 1898 den Text in *L'Aurore* entdecken, springen viele Leser direkt ans Ende des Artikels, begierig darauf, die Welle der Anschuldigungen zu entdecken, mit denen er endet. Dieser Schluss, kommentiert Péguy, „ist ohne Zweifel einer unserer schönsten literarischen Momente". Und er fügt hinzu:

> „Ich kenne nichts, auch nicht in Victor Hugos *Châtiments* (*Züchtigungen*), das so schön wäre wie diese Architektur der Anklagen, wie dieses wiederholte Ich klage an, das wie in Strophen gegliedert ist. Es enthielt eine schöne Prophezeiung, denn menschliche Weissagung besteht nicht darin, sich eine Zukunft vorzustellen, sondern sich die Zukunft so vorzustellen, als wäre sie bereits Gegenwart. Es hatte einen schönen klassischen Aufbau, einen schönen klassischen Rhythmus."

„Eine schöne Prophezeiung" ... Mit diesen Worten hat sich Charles Péguy nicht geirrt. Mehr als ein Jahrhundert nach den Ereignissen muss die Klarheit hervorgehoben werden, mit der Zola seine letzten Anschuldigungen vorbrachte. In der Liste der beschuldigten Personen hat der Romancier Esterhazy nicht aufgeführt. Er gab nicht vor, Esterhazy, der für ihn nur ein gewöhnlicher Gauner war, „anzuklagen", sondern er beschuldigte die Verantwortlichen des Anklagemechanismus, der sich eingerichtet hatte. Diese Analyse der Ereignisse deckt sich mit der Auffassung, welche die Geschichtsforschung zu Beginn des 21. Jahrhunderts mehrheitlich von der Affäre hat. Denn der Skandal der Dreyfus-Affäre besteht nicht darin, dass ein Justizirrtum begangen wurde. Er liegt in der Weigerung, die geringste Verantwortung anzuerkennen, in dem Wunsch, die Institution der Armee um jeden Preis zu erhalten, sie vor Kritik zu schützen. Der Schlussteil von „J'accuse" stellte die Affäre von Anfang an auf die richtige Grundlage: die Anklage der höchsten Regierungsvertreter. Eine Staatsaffäre beginnt nicht, wenn ein Unrecht begangen wurde. Sie beginnt dann, wenn

4 Wird Zolas „J'accuse" der Dreyfus-Affäre gerecht?

die betroffenen Behörden die Existenz dieses Fehlverhaltens leugnen und alle ihnen zur Verfügung stehenden Mittel einsetzen, um es zu vertuschen.

5 Hat Clemenceau den Titel „J'accuse" vorgeschlagen?

Auf der ersten Seite der Tageszeitung L'Aurore ist der Titel von Zolas Artikel in dieser Form abgedruckt: „J'Accuse...!" Die Buchstaben im Großformat nehmen die gesamte Breite der Seite ein. Sie sind auf sechs Spalten verteilt. Die Buchstabenfüße erinnern mit ihren breiten Serifen an die Schriften, die zur Herstellung von Plakaten verwendet werden.

Abb. 7: Die Titelseite der Tageszeitung L'Aurore, 13. Januar 1898 mit dem Leitartikel J'Accuse...!

Das Layout ist ungewöhnlich. Am Anfang des Wortes „J'Accuse...!" stehen zwei Großbuchstaben, während normalerweise einer ausreichen würde, um einen Titel auf Französisch anzugeben. Aber das Hinzufügen eines zusätzlichen Großbuchstabens, der überdies dem ersten Buchstaben des

5 Hat Clemenceau den Titel „J'accuse" vorgeschlagen?

Alphabets entspricht, löst das Verb vom begleitenden Pronomen ab und macht es noch sichtbarer.

Am Ende des Wortes fällt ein doppeltes Satzzeichen ins Auge: drei Auslassungspunkte, gefolgt von einem Ausrufezeichen. Diese Doppelung erzeugt einen Effekt der Redundanz, der die Wiederholung der Großbuchstaben aufgreift. Die Auslassungspunkte eröffnen den kommenden Text, und das Ausrufezeichen nimmt den Schluss vorweg. Die erste Interpunktion erzeugt einen Effekt der Erwartung; die zweite gibt die Bedeutung des Verbs wieder und betont unmittelbar die Stärke der anklagenden Worte.

Die Auslassungspunkte sind notwendig, ebenso wie das Ausrufezeichen. Sie füllen eine syntaktische Lücke, die es ermöglicht, dass dieser Titel auf der ersten Seite der Zeitung lesbar ist. Denn es stellt sich die Frage, wen Zola anklagt ... Die Leserschaft, in dem Wissen, dass der Romanautor die Sache des Alfred Dreyfus verteidigt, erwartet eine Anklage von Esterhazys Verbrechen. Im Schlussteil seines Artikels lässt Zola diese Frage jedoch beiseite, um die Verantwortlichen der politischen Intrige anzugreifen. Sein „J'Accuse...!" zielt nicht auf eine bestimmte Person ab, sondern greift ein politisches System an, das sich als fehlerhaft erwiesen hat. Das Verb, wie es in diesem Titel verwendet wird, ändert sein grammatikalisches Wesen. Von einer transitiven Verwendung in der französischen Sprache, die normalerweise ein Objekt erfordert, wird es hier, ohne Objekt, intransitiv. Die Anklage, die allen ins Gesicht geschleudert wird, verlässt den Rahmen eines bestimmten Prozesses, um einen absoluten Wert anzunehmen.

Wie wurde dieser so besondere Titel von der *L'Aurore*-Redaktion ausgewählt? Wir müssen die Memoiren von Ernest Vaughan, dem Herausgeber der Zeitung, heranziehen, um einen genauen Bericht darüber zu erhalten, was am Abend des 12. Januar 1898 geschah, als die Entscheidung getroffen wurde, den Artikel zu veröffentlichen, den Zola gerade in die Zentrale von *L'Aurore* gebracht hatte ...

> „Wir suchten nach einem energischeren Titel für dieses bewundernswerte Werk, dessen Lektüre uns begeistert hatte. Ich wollte im großen Stil Plakatwerbung machen und die Aufmerksamkeit der Öffentlichkeit erregen. Clemenceau sagte zu mir: ‚Aber Zola selbst gibt Ihnen den Titel doch vor. Es kann nur einen geben: *J'accuse!*'"

Dieser Erlebnisbericht liefert wesentliche Informationen. Clemenceau und Vaughan kamen beide auf den Titel „J'Accuse...!", während sie überlegten,

5 Hat Clemenceau den Titel „J'accuse" vorgeschlagen?

wie sie den Text präsentieren wollten. Clemenceau weist Vaughan darauf hin, dass das Schlüsselwort des Fazits verwendet werden sollte. Er reagiert als visionärer Leser, der sich der rhetorischen Kraft des Textes bewusst ist. Aus redaktioneller Sicht ist die Übertragung eines einzigen Wortes vom Ende des Artikels an seinen Anfang eine außergewöhnliche Handlung.

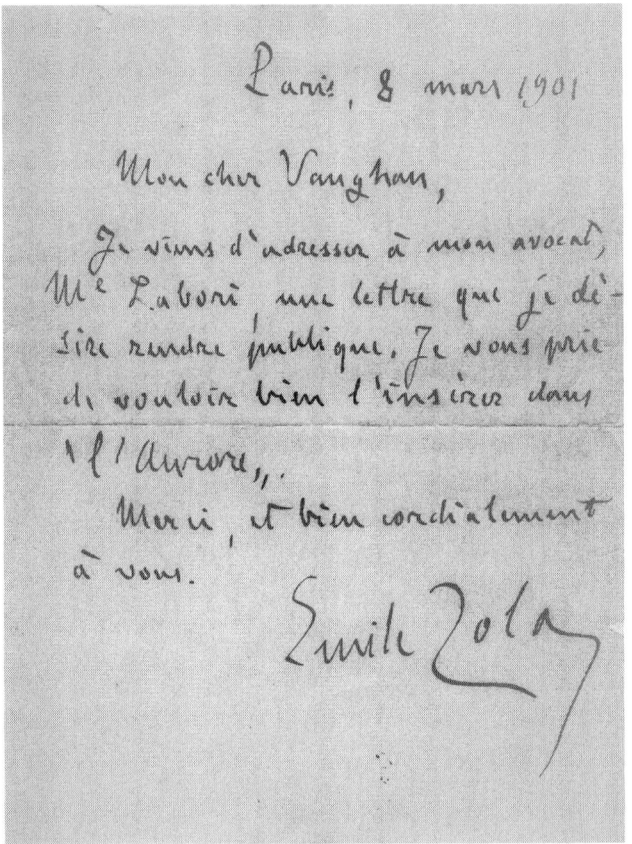

Abb. 8: Am 8. März 1901 bittet Zola den Herausgeber Vaughan, einen an den Anwalt Fernand Labori adressierten Brief in der Tageszeitung *L'Aurore* zu veröffentlichen. Dieser Brief – eine Abrechnung mit den unfähigen Schriftexperten Belhomme, Couard und Varinard – erscheint am 10. März 1901 unter dem Titel „Qu'ils gardent l'argent" („Sie sollen das Geld behalten").

Somit wird „J'Accuse...!" also zur Schlagzeile. Um die Wichtigkeit eines Ereignisses zu unterstreichen, weist eine Zeitung in der Regel durch einen mehrspaltig gedruckten Titel darauf hin. Am 13. Januar 1898 sieht sich die Zeitung *L'Aurore* mit einem einzigen Ereignis konfrontiert, das sie selbst geschaffen hat, indem sie sich entscheidet, den offenen Brief des Autors der *Rougon-Macquart* an Félix Faure zu veröffentlichen.

Zola hatte seinen Artikel betitelt: „Brief an Monsieur Félix Faure, Präsident der Republik". Er wird des Titels nicht beraubt. Dieser bleibt oben in der ersten Spalte des Artikels, in der von *L'Aurore* gewählten Darstellung. Es ist übrigens der Titel, der sich später im 1901 veröffentlichten Sammelband *La Vérité en marche* (*Die Wahrheit auf dem Vormarsch*) wiederfinden wird, in dem alle Beiträge zur Dreyfus-Affäre enthalten sind. Das „J'Accuse...!", das sich die Redaktion von *L'Aurore* ausdachte hatte, sollte jedoch nicht im Sammelband erscheinen. In seinen persönlichen Notizen verwendete Zola in Bezug auf seinen Artikel immer folgenden Ausdruck: „Mein Brief an den Staatspräsidenten". Und diejenigen, die ihm damals schrieben, um ihm zu gratulieren oder ihn zu unterstützen, benutzten die gleiche Formel: „Ihr Brief an den Staatspräsidenten ...". Ein Beweis dafür, dass die beiden Titel nebeneinander existieren können, ohne miteinander zu konkurrieren, da sie sich auf unterschiedlichen Ebenen befinden: Die Schlagzeile in *L'Aurore* fasst in einem einzigen Wort das Ergebnis einer langen Beweisführung und ihren provokativen Charakter zusammen; die Wahl eines offenen Briefes, der an die höchste Autorität des Staates gerichtet ist, zeigt die Kühnheit einer Kommunikationsform, die darauf abzielt, den Verlauf eines einfachen Gerichtsverfahrens auf den Kopf zu stellen.

„Ich wollte im großen Stil Plakatwerbung machen und die Aufmerksamkeit der Öffentlichkeit erregen", schrieb Ernest Vaughan in seinen Memoiren. Und er fügte hinzu: „Meine Plakate wurden in der Nacht vom 12. auf den 13. Januar 1898 geklebt."

Dies hat etwas Außergewöhnliches an sich. Damals war es üblich, mit Plakaten für Romane zu werben, die als Fortsetzungsromane in Zeitungen erscheinen sollten. Aber dass ein Artikel, ein einfacher Artikel, mit dieser Werbemethode – verstärkt durch die Rufe der Straßenhändler auf den Boulevards – angekündigt wurde, war außerordentlich.

5 Hat Clemenceau den Titel „J'accuse" vorgeschlagen?

Die Ankündigung von „J'Accuse...!" an den Wänden von Paris fand sein Echo im Roman *Die Insel der Pinguine* von Anatole France. Die Figur, die Zola verkörpern soll, heißt Colomban. Als Autor von „einhundertsechzig Bänden der Pinguin-Soziologie" gehört er „zu den fleißigsten und angesehensten Schriftstellern" des Landes. Anatole France macht ihn nicht zum Autor eines Sensationsartikels, der in der Presse veröffentlicht wird; aber er zeigt ihn, „einen kurzsichtigen, mürrischen, behaarten kleinen Mann", der eines Tages sein Haus verlässt, „mit einem Topf Leim, einer Leiter und einem Bündel von Plakaten", und durch die Straßen zieht, um „Plakate" an die Wände zu kleben, welche die Unschuld des Verurteilten beteuern. Der Roman von Anatole France verdichtet Zolas Handlung in nur einem starken Bild: Plakate, mit denen die Wände einer Stadt bedeckt sind.

Zolas Artikel provozierte zahlreiche Reaktionen in der Presse der Dreyfus-Gegner. Die berühmteste ist die von Édouard Drumont, der gleich am nächsten Tag, dem 14. Januar 1898, in *La Libre Parole* einen Artikel auf der Titelseite veröffentlicht, der die Absicht hat, das Handeln des „Jüdischen Syndikats" mit der Schlagzeile „J'Accuse!..." anzuprangern, gefolgt von dem Hinweis: „Brief von Drumont an den Staatspräsidenten". Die auf der Titelseite von *L'Aurore* gewählte Darstellung wird exakt übernommen. Es wird das gleiche Schriftbild verwendet, aber die abschließende Interpunktion wird geändert. Das Ausrufezeichen steht vor den Auslassungspunkten, wohl um Entschlossenheit zu signalisieren. Drumont will zeigen, dass er keine Zweifel hat und dass er in der Lage ist, seiner Leserschaft die ganze Wahrheit, seine Wahrheit, über die Dreyfus-Affäre zu offenbaren.

In Verlängerung dieser Nachahmungskette veröffentlicht *La Patrie* am 16. Januar 1898 ein „Je Prouve...!" („Ich beweise...!") aus der Feder von Lucien Millevoye. Die Schlagzeile auf der Titelseite der Zeitung versucht, sich von Drumonts Wahl zu unterscheiden, indem sie einen neuen Begriff erfindet, aber das grafische Layout entspricht dem von *L'Aurore*: zwei initiale Großbuchstaben für Pronomen und Verb und die finale doppelte Interpunktion der drei Auslassungspunkte und des Ausrufezeichens.

Die von Jean-Louis Forain und Caran d'Ache am 5. Februar 1898 (zwei Tage vor dem Beginn von Zolas Prozess vor dem Pariser Schwurgericht) ins Leben gerufene antisemitische Wochenzeitung führt diese Dynamik fort. Die Zeichnung auf der ersten Seite stellt einen Verräter dar, einen „Pon Badriote" (d. h. einen „Bon Patriote", einen „Guten Patrioten"), der seinerseits ein „Ch'accuse" (d. h. ein „J'accuse", ein „Ich klage an") lanciert, das mit einem deutschen Akzent ausgesprochen wird. Die Person wird gezeigt, wie sie ein Bündel falscher Anschuldigungen in ein militärisches Wachhäuschen vor einer Kaserne einwirft. Der von der Wochenzeitung gewählte Titel reduziert sich auf die einfache Onomatopoesie *psst*...! Ohne Großbuchstaben am Anfang (das „p" von *psst* wird klein geschrieben), will er auf das Wort „J'accuse" mit dem Zischen des Spottes antworten. Aber die Interpunktion von *L'Aurore* wird originalgetreu wiedergegeben: die Auslassungspunkte und das Ausrufezeichen. Die Zeichnung wird so zu einer visuellen Waffe. Die Polemik zeigt sich in aller Öffentlichkeit auf den Straßen und auf den Titelseiten der Zeitungen.

In seinen persönlichen Notizen gibt Zola zu, dass er, als er den Entwurf seines Beitrags konzipierte, Angst hatte, Clemenceau würde ihm „seine Idee" aus der Hand nehmen. Die Bemerkung ist seltsam. Clemenceau stiehlt Zola das Thema von „J'accuse"? Das scheint unmöglich. In jenem Januar 1898 vertritt der Verantwortliche für das Politikressort der Tageszeitung *L'Aurore* keineswegs die gleiche Position wie der Romanautor. Was ihn selbst betrifft, äußert er sich nicht zu Dreyfus' Unschuld. Er ist sich nicht sicher. Er begnügt sich damit, ein „Revisionist" zu sein, d. h. die Revision eines Prozesses zu fordern, der nicht die Regeln des Gesetzes befolgt hat. Das ist die redaktionelle Linie, die *L'Aurore* verfolgen will. Tatsächlich bekräftigte Clemenceau schon am nächsten Tag, dem 14. Januar, seine Position in seinem Leitartikel. Er begrüßt den „mutigen Mann", der inmitten der „allgemeinen Feigheit" eine „kühne Tat für die Gerechtigkeit und Wahrheit" vollbracht habe. Aber er fügt hinzu:

> „Ich habe mich nicht aus Taktik vom ersten Tag an geweigert, mich dazu hinreißen zu lassen, die Unschuld von Dreyfus zu verkünden. Ich kann nicht gelten lassen, dass die Verurteilung dieses Mannes Zuspruch gefunden hätte, wenn es nichts anderes als den *Bordereau* und Bertillons groteske Expertise gegeben hätte."

Und er präzisiert:

> „Ohne eine Unschuld zu behaupten, für die ich keinen Beweis habe, beschränke ich mich im Augenblick darauf, die Gleichheit des Gesetzes für alle zu fordern, weil Rechtssicherheiten nicht in Bezug auf einen Einzelnen abgeschafft werden können, ohne dass der gesamte Sozialkörper bedroht wird."

Doch es liegt auf der Hand, dass zwischen den beiden Männern eine Art Wettbewerb stattfindet, in dem Moment, als sich die Möglichkeit einer entscheidenden Stellungnahme bietet. Zola mag denken, Clemenceau werde ihm zuvorkommen und den Wagemut zeigen, der ihn beseelt und dazu treibt, sich zu äußern, und dass er die sich bietende Gelegenheit ergreift, als Esterhazys Prozess stattfindet. Am 7. Januar 1898 hat er in *L'Aurore* einen Leitartikel von Clemenceau mit dem Titel „C'est dommage" („Es ist eine Schande") lesen können. Der Artikel besteht aus einer Reihe von Absätzen, die alle mit der gleichen Formel beginnen ...

> „Es ist eine Schande, dass die Bürger nachgeben, anstatt gegen die Behörden vorzugehen, die ihre Pflicht verletzen. / Es ist eine Schande, dass wir den Glauben – sei er auch irrtümlich – an die menschliche Annäherung an die Gerechtigkeit verloren haben. / Es ist eine Schande, dass die Bezeichnung Jude, Protestant, Freidenker oder Katholik uns als Rechtfertigung für die Gewalt erscheint, welche gegen diejenigen ausgeübt wird, die unsere Überzeugungen nicht teilen. / Es ist eine Schande, dass die hohe Tugend der Toleranz von jetzt an aus dem französischen Geist verbannt ist. / [...] Es ist eine Schande, dass Frankreich, zuerst ein Soldat Gottes, später ein Soldat der Menschheit, so unsanft aus seinem Traum von Idealen geweckt wurde. / Es ist eine Schande, dass wir angesichts unserer großen Vorfahren kleiner sind. / Denn es war ein edles Land, dieses universelle Heimatland der Gerechtigkeit für alle, geliebt von allen, die nach dem Recht strebten, gefürchtet von allen, die ihre Macht missbrauchten. / Seht, was wir getan haben, und sagt mit mir, dass es eine Schande ist."

Die Absätze ähneln den Strophen eines Gedichtes. Sie beginnen mit einer Anfangsformel; das Argument baut jeweils darauf auf, um fortzuschreiten. Der Text basiert auf einem Leitmotiv, das „J'accuse" ein paar Tage später mit derselben Kraft wieder aufgreifen wird. Zola wird Clemenceaus „C'est dommage" in „J'accuse" berichtigen. Ein der Vergangenheit zugewandtes Bedauern wird zu einem angreifenden Wort, das die Zukunft einleitet.

6 Hat Félix Faure Émile Zolas „J'accuse" gelesen?

Die durch den Titel erzeugte Wirkung und die abschließende Litanei der Anschuldigungen lassen uns die Tatsache vergessen, dass Émile Zolas „J'accuse" in erster Linie ein offener Brief an den französischen Staatspräsidenten war. Wie hat der Adressat dieses inhaltlich sehr speziellen Briefes reagiert?

In der Kampagne, die der Schriftsteller seit November 1897 zugunsten von Alfred Dreyfus führte, war der Artikel aus *L'Aurore* der letzte in einer Serie aus drei aufeinanderfolgenden offenen Briefen. Ihm ging eine „Lettre à la jeunesse", ein „Brief an die Jugend" voraus, der in einer Broschüre des Verlags Fasquelle am 14. Dezember 1897 veröffentlicht wurde, und eine „Lettre à la France", ein „Brief an Frankreich", der unter den gleichen Bedingungen am 7. Januar 1898 erschien. Diese Appelle an die öffentliche Meinung richteten sich an abstrakte Entitäten, an die Jugend des Quartier Latin, des Lateinischen Viertels, die es mit einer Botschaft der Wahrheit und Gerechtigkeit zu überzeugen galt, und an Frankreich, das gegen die Lügen der antisemitischen Presse zur Vernunft gebracht werden musste. Diesmal wandte sich Zola an einen Menschen, jedoch nicht an irgendeinen Menschen, denn es handelte sich um den Staatspräsidenten.

Die ersten Zeilen dieses neuerlichen offenen Briefes sind auf der Ebene der persönlichen Beziehungen angesiedelt. In der Sprache der Rhetorik wird dies eine *captatio benevolentiae* genannt.

> „Monsieur le Président ... Erlauben Sie mir, in meiner Dankbarkeit für den freundlichen Empfang, den Sie mir einst bereitet haben, um Ihren gerechten Ruhm besorgt zu sein und Ihnen zu sagen, dass Ihr bisher so glücklicher Stern von dem schändlichsten, dem unauslöschlichsten Makel bedroht ist?"

Indirekt erinnert Zola an eine Audienz, die er ein Jahr zuvor, am 15. Februar 1897, erhalten hatte, bei der er um den Verdienstorden der Ehrenlegion für seinen Verleger Georges Charpentier geworben hatte. Die Anspielung ist privater Natur und bleibt sehr vage, aber sie ermöglicht es, die gewählte Form der Interpellation zu rechtfertigen. Zwischen den beiden Männern war prinzipiell ein Dialog möglich, weil sie sich bereits getroffen hatten.

„Sie sind gesund und wohlbehalten aus den niederen Verleumdungen hervorgegangen, Sie haben die Herzen erobert ..." Eine weitere Anspielung, aber dieses Mal wurde sie von den meisten Lesern verstanden, die sich an die Kampagne erinnerten, die *La Libre Parole* zwei Jahre zuvor, im Dezember 1895, ausgelöst hatte. Drumonts Zeitung enthüllte, dass Félix Faures Schwiegervater, der Notar Belluot, vierzig Jahre zuvor ins Ausland geflohen war, wobei er die Gelder seiner Kanzlei mitnahm, und forderte den Rücktritt des Staatspräsidenten. In der Tat eine „Verleumdung"! Félix Faure hatte mit dieser traurigen Angelegenheit nichts zu tun. Der betrügerische Notar war in Abwesenheit zu zwanzig Jahren Zuchthaus verurteilt worden, und Berthe, die zukünftige Frau des Präsidenten, war zum Zeitpunkt der Ereignisse noch ein Kind! Im Dezember 1895, als Drumont seine Anschuldigungen lancierte, hatte Zola den Präsidenten verteidigt und die Kampagne als „schändlich" und „abscheulich" verurteilt. Dies hatte er in einem Artikel, der in *Le Figaro* unter dem Titel „La vertu de la République" („Die Tugend der Republik") veröffentlicht wurde, eindringlich geschrieben.

Im Januar 1898 gehörten die Angriffe von *La Libre Parole* der Vergangenheit an. Außerdem hatte Drumont seinen wilden Spekulationen schnell ein Ende gesetzt, da er erkannte, dass sie ihn in eine Sackgasse führten. Der Präsident hatte damit „die Herzen erobert"; sein Bild hatte sich in der öffentlichen Meinung etabliert. Zola setzte seine Argumentation fort, im selben Register einer wohlwollenden Anrede ...

> „Sie erscheinen strahlend in der Apotheose des patriotischen Festes, das die russische Allianz für Frankreich gewesen ist, und Sie bereiten sich darauf vor, dem feierlichen Triumph unserer Weltausstellung vorzusitzen, die unser großes Jahrhundert der Arbeit, der Wahrheit und der Freiheit krönen wird. Aber was für ein Schmutzfleck auf Ihrem Namen – ich wollte schon sagen, auf Ihrer Herrschaft – diese abscheuliche Dreyfus-Affäre doch ist!"

In wenigen Worten war die internationale Lage Frankreichs, wie sie sich in diesem Januar 1898 darstellte, zusammengefasst. Ausgehend von den jüngsten Ereignissen – der französisch-russischen Allianz, die durch die Reise des Präsidenten nach St. Petersburg im August 1897 gefestigt wurde –

blickte Zola in die nahe Zukunft, auf die Weltausstellung, an der in Paris aktiv gearbeitet wurde und deren Bauarbeiten in vollem Gange waren.

In einer Rolle, die seine Vorgänger nicht hatten spielen können, bemühte sich Félix Faure, seinem Amt einen Glanz zu verleihen, der ihn in die Lage versetzen würde, mit den großen Monarchien Europas zu konkurrieren. Er beabsichtigte, auf Augenhöhe mit den Großen der Welt zu verhandeln, aber gleichzeitig konnte er sich beliebt machen, indem er seine Besuche im Herzen des provinziellen Frankreichs vervielfachte, das ihm seine Dankbarkeit zeigte. Wenn er sich an die Arbeiter- und Bauernschaft wandte, erinnerte er sie an seine volkstümliche Herkunft sowie an seine Vergangenheit als Gerbereiarbeiter, eine Legende, die gefälligerweise verbreitet wurde (in seiner wohlhabenden bürgerlichen Jugend hatte er tatsächlich nur eineinhalb Jahre in einer Gerberei verbracht, um das Handelswesen kennenzulernen). So gewann er die Gunst der Menge, die ihn mit dem vertrauten Ruf „Félisque" begrüßte.

Félix Faure war ein gut aussehender, selbstbewusster Mann, eine stattliche Erscheinung. Die Presse erwähnte allzu gern die elegante Silhouette dieses monarchischen Präsidenten mit seinem schönen weißen Haar und dem hochmütigen Gesicht, seiner Bourbonennase und dem gut definierten Schnurrbart. Sie spottete über die Modeexperimente dieses Mannes, der sich das Aussehen eines Dandys gab und immer tadellose Kleidung, seidenbesetzte Zylinder, goldene Monokel und vorteilhafte Schleifenkrawatten trug. Dieses Gefühl war so weit verbreitet, dass Zola in seinem flüchtig eingeschobenen Satz nicht anders konnte, als sich an der allgemeinen Ironie zu beteiligen: „auf Ihrem Namen – ich wollte schon sagen, auf Ihrer Herrschaft ..."

Aber passte diese hochmütige Haltung nicht zum Prestige des französischen Staatspräsidenten? In der Politik hatte Félix Faure eine Haltung, die der Figur entsprach, welche er zu spielen beabsichtigte. Er achtete penibel darauf, sich nicht direkt in die Streitigkeiten der Parteien einzumischen. Er zog es vor, seine Energie für repräsentative Anlässe und diplomatische Verhandlungen aufzusparen. Durch seine Haltung symbolisierte er die Einheit des Landes. Deshalb konnte er als mögliche Rettung erscheinen. Die an ihn gerichtete Bitte hatte nichts Absurdes. Später, im September 1899, sollte Staatspräsident Émile Loubet die Krise der Dreyfus-Affäre bewältigen, indem er den Angeklagten nach seiner erneuten ns von Rennes begnadigte. Genau das versuchte „J'accuse" im Januar 1898: einen Antrag auf Schlichtung an die höchste Instanz, um die Umklammerung einer Militärjustiz zu lösen, die für alle Appelle taub geworden war. Zola machte sich sicherlich keine Illusionen über das Ergebnis seiner Vorgehensweise. Aber die Inszenierung, die er wählte, war nicht lächerlich. Im Namen der französischen Literatur konnte sich der Autor der *Rougon-Macquart* und ehemalige Vorsitzende der Schriftstellervereinigung *Société des Gens de Lettres* dieses persönliche Streitgespräch mit dem Staatsoberhaupt erlauben.

Wie hat Félix Faure reagiert? Konnte er sich für die von Zola vorgebrachten Argumente empfänglich zeigen? Das Tagebuch, das er während seiner fünf Jahre im Élysée-Palast führte, nimmt mehrfach Bezug auf den Verlauf der Dreyfus-Affäre, aber leider äußert es sich nicht zur Veröffentlichung von „J'accuse". Es gibt jedoch im Nationalarchiv, in der Dokumentensammlung, die seine privaten Unterlagen aufbewahrt, ein Exemplar von *L'Aurore*, das von der Sorgfalt zeugt, mit welcher der Präsident diesen für ihn bestimmten Text gelesen hat. Vor allem ein Satz im vorletzten Absatz ist unterstrichen:

> „Die Tat, die ich hier vollbringe, ist nur ein revolutionäres Mittel, um den Durchbruch der Wahrheit und Gerechtigkeit zu beschleunigen."

Der schwarze Tintenstrich hebt einen wesentlichen Punkt hervor: die eingesetzten „Mittel", die als „revolutionär" bezeichnet werden. Natürlich war es außer Frage, auf diesen „revolutionären" Akt, der den Lauf der Dinge umkehren sollte, indem er einen neuen Prozess bewirkte, zu antworten.

Wie die meisten politischen Verantwortlichen in seinem Umfeld respektierte Félix Faure das rechtskräftig ergangene Urteil. Es sei notwendig, sich an die „Aktenlage" zu halten, schrieb er in sein Tagebuch.

> „Alle, die vorgeben, anders zu urteilen, tun ein schlechtes und törichtes Werk, das sogar als kriminell bezeichnet werden muss, wenn es ernsthafte Folgen nach innen und außen haben kann."

Und er fügte hinzu:

> „Die Richter haben auf dieser Grundlage geurteilt. Niemand hat das Recht, ohne eindeutige Beweise an ihrem Urteil zu zweifeln."

6 Hat Félix Faure Émile Zolas „J'accuse" gelesen?

Eine positive Eigenschaft müssen wir Félix Faure zugestehen: Wenn er schon den Gang der Dinge nicht beeinflussen wollte, wenn er sich damit begnügte, den Gerichtsverfahren ihren Lauf zu lassen, so verhielt er sich wenigstens nicht wie jemand, der für die Sache der Antidreyfusarden einstand. Er hielt sich zurück. Sein Tagebuch zeigt, dass er nie dem Antisemitismus verfallen ist und sich nicht von der Verblendung vieler seiner Zeitgenossen hat mitreißen lassen. Als Skeptiker gegenüber der menschlichen Natur wusste er genau, was die Politiker wert waren, denen er täglich begegnete. In seinem Tagebuch schildert er sie ohne Nachsicht, Gefangene ihrer Schwächen, verhaftet in ihren persönlichen Ambitionen, zu jeder Feigheit bereit. Die Verantwortlichen des Generalstabs finden keine Gnade in seinen Augen. Er berichtet von einem Gespräch mit General de Boisdeffre, wenige Tage bevor dieser als Zeuge im Prozess gegen Zola aussagen sollte, und beschreibt einen schwachen, zögerlichen Menschen, der ihn um Rat anfleht und nicht weiß, welche Haltung er vor den Richtern einnehmen soll; und als hätte er es mit einem hilflosen Kind zu tun, muss er ihn trösten, um ihn aufzufordern, seine Pflicht zu erfüllen ... General Billot ruft in ihm die tiefste Verachtung hervor, die er in seinen wenigen schnellen Notizen zum Ausdruck bringt, als er im Mai 1898 eine Beurteilung des Kabinetts Méline vornimmt:

> „Billot: durchtrieben, eigenwillig, lächerlich vor Eitelkeit. Schlechter Minister, schlechter General, schlechter Senator. Er war sehr schlecht für die Regierung."

Hätte Félix Faure, wenn er aus diesen Analysen eine Lehre gezogen und mit Klarheit gehandelt hätte, eines Tages auf Émile Zola antworten können? Wie wir wissen, gab ihm sein plötzlicher Tod am 16. Februar 1899 im Salon d'Argent, dem Silbernen Salon des Élysée-Palastes, nicht die Gelegenheit dazu. Die private Verabredung, die er an diesem Tag mit seiner Geliebten, der schönen Madame Steinheil, getroffen hatte, erwies sich als fatal.

Diese Wendung des Schicksals erleichterte die Revision des Prozesses von Alfred Dreyfus, die damals vom Kassationsgerichtshof durchgeführt wurde, und ermöglichte die Wahl von Émile Loubet, der eine Kompromisslösung bevorzugte. Édouard Drumonts *Libre Parole*, die einst versucht hatte, das Andenken an Félix Faure zu beschmutzen, indem sie an die Eskapaden des Notars Belluot erinnerte, sah in diesem Tod den Höhepunkt einer Verschwörung der Dreyfusarden: „Haben sie ihn umgebracht?", fragte sich

Drumont mit inquisitorischem Tonfall in einem Artikel vom 23. Februar 1899.

Doch die wilden Spekulationen wichen bald dem Spott. Félix Faures amouröses Fiasko brachte ihm einen posthumen Ruhm ein, der bis heute anhält. Wir erinnern uns an die Texte der damaligen Liedermacher, die es nicht versäumten, auf ihre Weise die Talente von Marguerite Steinheil, der unvergesslichen „pompe funèbre", zu feiern. Die gebrochene Erhabenheit des monarchischen Präsidenten provozierte Heiterkeit … „Er wollte Cäsar sein, er endete als Pompeius". Zum Abschluss zitieren wir die Worte, die Clemenceau ausgesprochen haben soll, als er die Nachricht vom Tod seines Widersachers erfuhr: „Als er ins Nichts eintrat, muss er sich zu Hause gefühlt haben."

7 Haben die Dreyfusarden die Form der Petition erfunden?

Am 15. Januar 1898, zwei Tage nach der Veröffentlichung von „J'accuse", findet ein Gesellschaftsabend bei Madame Aubernon statt. Die Frau, welche Proust später als Madame Verdurin unsterblich machen wird – die inmitten ihrer Bewunderer thronende und von sich selbst trunkene „Patronne" – hat in ihrem Haus in der Rue Montchanin, nahe dem Parc Monceau, eine Gruppe von Stammgästen versammelt. Unter ihnen befindet sich Ferdinand Brunetière, der Herausgeber der *Revue des Deux Mondes*, ein alter Gegner der naturalistischen Ästhetik, der mehrfach seine Abneigung gegen das Werk von Émile Zola zum Ausdruck gebracht hat. Unweigerlich kommt das Gespräch auf die Dreyfus-Affäre ... Brunetière wird wütend:

> „In was mischt sich Monsieur Zola ein? Der Brief *J'accuse* ist ein Monument der Dummheit, Überheblichkeit und Ungehörigkeit."

Er fährt fort:

> „Und diese Petition, die unter den Intellektuellen kursiert. Allein die Tatsache, dass dieses Wort ‚Intellektuelle' in jüngster Zeit geschaffen wurde, um als eine Art Adelskaste die Menschen zu bezeichnen, die in Laboratorien und Bibliotheken leben, allein diese Tatsache prangert einen der lächerlichsten Fehler unserer Zeit an, ich meine die Anmaßung, Schriftsteller, Gelehrte, Professoren, Philologen, in den Rang von Übermenschen zu erheben."

Der Herausgeber der *Revue des Deux Mondes* spielt auf die Petition an, die *L'Aurore* erst am Tag zuvor, am 14. Januar, unter dem Titel „Une protestation" („Ein Protestschreiben") veröffentlicht hat. Der Text bestand aus wenigen Zeilen:

> „Die Unterzeichnenden protestieren gegen die Verletzung der Rechtsformen im Prozess von 1894 und gegen die Geheimnisse, welche die Esterhazy-Affäre umgeben, und fordern weiterhin eine Revision."

Diese Forderung basierte auf der „revisionistischen" Linie, die damals von vielen Dreyfusarden vertreten wurde: die Wiederaufnahme des Prozesses

59

vom Dezember 1894 zu fordern, der zu Alfred Dreyfus' Verurteilung geführt hatte. Es folgten mehrere Dutzend Unterschriften, nach denen von Zola und Anatole France, die an der Spitze der Namensliste standen. Die Veröffentlichung von „J'accuse" führte zu einer völlig neuen Situation. Die Empörung Brunetières zeigt dies. Das Schlimmste ist in seinen Augen nicht Zolas Eingreifen, sondern die Tatsache, dass es durch eine Petition verbreitet wird, unterzeichnet von denjenigen, die nunmehr als „Intellektuelle" bezeichnet werden. Der Begriff ist gerade in der französischen Sprache aufgetaucht (das Adjektiv „intellektuell" hat die Form eines Substantivs angenommen und damit eine neue Bedeutung bekommen). Doch wer sind eigentlich diese „Intellektuellen"? Es sind Bürger, bekannte und unbekannte, die „protestieren", getrieben von ihrem moralischen Gewissen. Wenn sie die Petition in *L'Aurore* unterschreiben, geben sie hinter ihrem Namen oft ihren Beruf („Rechtsanwalt", „Professor", „Architekt", „Publizist") oder ihre akademischen Titel („licencié", „agrégé") an. Eine solche Haltung provoziert Brunetières Zorn. Warum sollten sie als außergewöhnliche Wesen, als „Übermenschen" gesehen werden?

Es gibt da etwas Neues, ja Ungewöhnliches. Zwar hatte es in den Jahren zuvor Petitionen aus intellektuellen Kreisen gegeben. Im Jahr 1888 hatten mehrere Dutzend Schriftsteller und Künstler eine Petition zugunsten von Lucien Descaves unterzeichnet, der wegen seines antimilitaristischen Romans *Sous-Offs* angeklagt war. Wenig später, 1894, hatte eine ähnliche Mobilisierung den Anarchisten Jean Grave unterstützt, der nach der Veröffentlichung seines Werkes *La Société mourante et l'Anarchie* (*Die sterbende Gesellschaft und die Anarchie*) ins Gefängnis geworfen worden war. Aber dieses Mal ist es nicht dasselbe.

Die Intellektuellen vom Januar 1898 gehen noch viel weiter. Sie begnügen sich nicht damit, ein Gefühl der Solidarität zu zeigen. Sie schließen sich einer Sache an. Sie ziehen in eine Schlacht, die zu ihrer eigenen geworden ist. Und vor allem ist ihre Zahl deutlich gewachsen. Aus knapp einhundert in den Jahren 1888 und 1894 sind im Jahr 1898 mehrere Tausend geworden. Denn die Petition vom 14. Januar 1898 erhält eine große Anzahl von Unterschriften. Zwanzig Namenslisten werden in *L'Aurore* und den großen Tageszeitungen der Dreyfusarden erscheinen. Ihr folgt bald eine zweite Petition am 15. Januar, die ebenso erfolgreich ist. In den darauffolgenden Wochen werden weitere Solidaritätsbekundungen hinzukommen.

Als aufmerksamer Beobachter dieses aufkommenden Phänomens schreibt Clemenceau in einem seiner Leitartikel in *L'Aurore* am 18. Januar 1898:

„Den Denkern muss zugutegehalten werden, dass sie sich zuerst in Bewegung gesetzt haben. Dies ist ein nicht zu übersehendes Zeichen. Es ist selten, dass sich in den Bewegungen der öffentlichen Meinung die Vertreter der rein intellektuellen Arbeit in der ersten Reihe zeigen."

Und ein paar Tage später, am 23. Januar, fügt er diesen Kommentar hinzu:

„Ist es nicht ein Zeichen, all diese Intellektuellen, die aus allen Himmelsrichtungen kommen, die sich um eine Idee gruppieren und unerschütterlich an ihr festhalten? [...] Was mich betrifft, so möchte ich hierin den Ursprung einer Meinungsbewegung sehen, die über allen verschiedenen Interessen steht, und in diese friedliche Revolte des französischen Geistes möchte ich, in einer Zeit, in der es an allem fehlt, meine Hoffnungen für die Zukunft setzen."

Clemenceaus Analyse wird von Maurice Barrès im gegnerischen Lager angefochten. Die Petenten von *L'Aurore* provozieren seine Ironie. Am 1. Februar erklärte er in einer Kolumne, die *Le Journal* veröffentlicht:

„Vielleicht haben Sie die zwei Petitionen gelesen, die jeden Tag in *L'Aurore* veröffentlicht werden; darin bekunden mehrere hundert Personen in umständlichen Worten ihre Sympathie für den ehemaligen Hauptmann Dreyfus. Finden Sie nicht auch, dass Clemenceau eine hervorragende Formulierung gefunden hat? Es wäre der ‚Protest der Intellektuellen'!"

Und er führt fort:

„Das Verzeichnis der Elite wird erstellt! Wer würde da nicht mitmachen wollen? Das ist eine nette Gelegenheit. So viele Absolventen! Sie marschieren in engen Reihen mit ihren Professoren ..."

Seine Verachtung noch verstärkend fügt er hinzu:

„Nichts ist schlimmer als diese Banden von Halbintellektuellen. Ein Halbwissen vernichtet den Instinkt, ohne ihn durch ein Bewusstsein zu ersetzen. All diese Aristokraten des Denkens sind begierig zu beteuern, dass sie nicht wie die gemeine Masse denken. Es ist nur allzu offensichtlich. Sie fühlen sich eher spontan in Übereinstimmung mit ihrer natürlichen Gruppe und kommen gar nicht zur Einsicht, die ihnen die reflektierte Übereinstimmung mit der Masse wiedergeben würde. Arme Narren, die sich schämen würden, wie einfache Franzosen zu denken."

7 Haben die Dreyfusarden die Form der Petition erfunden?

Indem er sich über das „Verzeichnis der Elite" mokiert, zielt Barrès auf jene unbekannten Menschen ohne jede Berühmtheit ab, die ihren akademischen Titel neben ihrem Namen genannt haben. Er selbst lehnt es nicht ab, sich als „Intellektueller" zu definieren. Er hat diesen Begriff, den er für sich beansprucht, bereits verwendet. Aber in diesen „Absolventen", die hinter ihren „Professoren" marschieren, sieht er unvollständig ausgebildete Gemüter, die noch immer dem Denken ihrer Meister unterworfen sind, „Halbintellektuelle", deren einziger Ehrgeiz darin besteht, sich von der „gemeinen Masse" abzuheben. Ein solches Argument, gerichtet gegen eine als verächtlich empfundene „Elite", ist nicht ohne Wirkung. Die politische Rechte wird es im Laufe des 20. Jahrhunderts immer wieder aufgreifen. Heute bildet es die Grundlage des populistischen Diskurses.

Die Intellektuellen haben den Kampf für eine Sache aufgenommen, die eine ganze Generation von jungen Menschen prägen wird, die in den frühen 1870er Jahren geboren wurden, zu einer Zeit, als sich die Dritte Republik im Aufbau befand. Viele von ihnen sind zweifelsohne Unbekannte, wie Barrès anmerkt. Aber sie sind von dem Feuer beseelt, das die Jugend kennzeichnet. Diese kollektive Erfahrung wird für sie eine Art Denkschule sein, aus der sie verändert hervorgehen werden. In ihren Reihen befinden sich die Vertreter der literarischen Avantgarde des Quartier Latin: hinter Lucien Herr, dem Bibliothekar der Elitehochschule *École normale supérieure* (der die Initiative für die beiden Petitionen in *L'Aurore* ergriff), haben sich Daniel Halévy, Jacques Bizet, Fernand Gregh und Marcel Proust gruppiert.

Viele Schriftsteller und Künstler, junge und weniger junge, schlossen sich ihnen an: Charles Péguy, Léon Blum, Jules Renard, Tristan Bernard, Félix Fénéon, Camille Pissarro und Paul Signac. In der realistischen und naturalistischen Literatur sind die Namen von Octave Mirbeau, Paul Alexis und Lucien Descaves zu nennen (jedoch sind J.-K. Huysmans, Henry Céard und Léon Hennique, die einst Mitglieder der Médan-Gruppe waren, ins nationalistische Lager gewechselt). Das Engagement für Dreyfus zieht auch eine große Anzahl von Gelehrten an. Einige von ihnen haben wichtige Positionen in der akademischen Welt inne, wie Émile Duclaux, der Leiter des Institut Pasteur, der Chemiker Édouard Grimaux, Professor an der *École polytechnique*, und der Physiker Paul Langevin. Die Mitglieder der Wissenschaftsgemeinde sind gespalten, ihre Positionen alles andere als einstimmig. In der Strenge des positivistischen Denkens geschult, sind viele jedoch schockiert von der Unglaubwürdigkeit der Ermittlungen gegen Alfred Dreyfus: Sie fordern eine Rückkehr zur Vernunft, empört über die wahnhaften Einlassungen der Schriftexperten, deren Namen im Protokoll der Gerichtsverhandlungen erschienen.

Zola hätte im Hintergrund bleiben können (eine Petition, die eine Person unterstützen soll, wird im Prinzip nicht von ihr selbst unterschrieben). Aber er bestand darauf, seinen Namen an die Spitze der ersten Liste zu setzen. In gewisser Weise tritt er diesem erneuten „J'accuse" bei, das von denen vorgeschlagen wird, die sich ihm angeschlossen haben. Er löst sich von der spezifischen Beweisführung, die er vorgetragen hat, um in eine breitere Denkbewegung, die seine Initiative ausgelöst hat, einzutreten. Die Unterzeichner der Petitionen kommen aus unterschiedlichen Bereichen – Literatur, Kunst oder Wissenschaft. Mit der Gründung der Französischen Liga für Menschen- und Bürgerrechte im Juni 1898 werden sie bald eine Organisation finden, die ihre Energien bündeln und ihnen ein gemeinsames Ziel setzen wird, getreu dem Ideal, das die Revolution von 1789 verteidigte.

„Und jeden Morgen veröffentlichten die Zeitungen neue Protestlisten", erzählt Joseph Reinach in seiner *Histoire de l'affaire Dreyfus* (*Geschichte der Dreyfus-Affäre*) in Bezug auf die Petitionsbewegung.

„All diese Überzeugungen, die bis dahin zurückgehalten worden waren, die sich drei Monate lang in aller Stille, aber nicht ohne Leiden, gebildet hatten, wurden durch Zolas Eingreifen befreit. Sie hätten sich nunmehr schämen müssen, wenn sie im Verborgenen geblieben wären, wenn sie nicht ihren Anteil an der Schmach eingefordert hätten. Gestern wurden sie durch nichts gezwungen, dies zu tun. Heute hätte Zolas Mut, sich den Schlägen auszusetzen, ihre stille Sympathie in Feigheit verwandelt. Die Freude bestand darin, seinen Gedanken zu schreien, ihn geschrien zu haben."

8 Wurde Alfred Dreyfus von einem „jüdischen Syndikat" verteidigt?

Allem Anschein nach war der Fall eindeutig. Diejenigen, die Alfred Dreyfus verteidigten, hatten viele Argumente, um seine Unschuld zu beweisen. Und vor allem konnten sie den Namen des wahren Täters nennen: Esterhazy. In manchen Kriminalfällen wird die Unschuld des Angeklagten zumindest in den Augen eines unparteiischen Beobachters nicht angezweifelt, aber die Ungewissheit bleibt, weil es niemandem gelingt, den Täter zu überführen: Die Identität des Schuldigen bleibt unbekannt, trotz aller Ermittlungen. Die Dreyfus-Affäre war nichts dergleichen. Sie bot ein klares Schema: Alfred Dreyfus, dem Opfer des Justizirrtums, konnte ein verschuldeter, bösartiger Gauner gegenübergestellt werden, der finstere Esterhazy.

Sobald dieses Schema feststand, hätte dieser so eindeutige Fall einen schnellen Abschluss finden müssen. Und doch wurde seine Entwicklung immer komplizierter. Denn mit jeder Offenbarung der Wahrheit wurde ihr eine Legende entgegengesetzt. Der Generalstab und die nationalistische Presse bildeten eine regelrechte *Legendenabteilung*, deren Aufgabe es war, Fälschungen herzustellen, um die Öffentlichkeit in die Irre zu führen. In seinen Erinnerungen an die Affäre, die 1935, lange nach den Ereignissen, veröffentlicht wurden, zeigt sich Léon Blum noch immer erstaunt über die außergewöhnliche Fähigkeit der Antidreyfusarden, die Beweise zu leugnen:

> „Warum waren sie dermaßen gegen die Wahrheit, gegen die Gerechtigkeit? Was bedeutete diese Blindheit, diese Schlechtigkeit der Menschen? Was waren die Gründe, die Interessen, die Leidenschaften, die der einfachen Rehabilitierung eines unschuldigen Mannes mit solch wütender Entschlossenheit widerstehen konnten? Denn zu unserem großen Erstaunen hat sich der Widerstand sofort gebildet. Kaum war er von den ersten Enthüllungen erschüttert, war zu spüren, wie er sich augenblicklich neuformierte, noch dichter und noch aggressiver."

Eine Idee bildet die Grundlage des legendären Denkgebäudes der Antidreyfusarden: die These des „jüdischen Syndikats". Es ist eine kurz und bündig formulierte Theorie, zu deren großem Verteidiger sich Édouard

8 Wurde Alfred Dreyfus von einem „jüdischen Syndikat" verteidigt?

Drumont, der Herausgeber von *La Libre Parole*, erklärt: Die Juden, die Geld besitzen, haben ein internationales Syndikat mit immensen finanziellen Mitteln gegründet, um die Befreiung ihres Glaubensgenossen, des Verräters Dreyfus, zu erwirken; und dieses Syndikat kauft zu einem horrenden Preis diejenigen, die es bittet, den Verräter zu verteidigen. Dies zeigt Drumonts Antwort auf Zolas „J'accuse", als er seinen eigenen „Brief an den Staatspräsidenten" am 14. Januar 1898 in *La Libre Parole* veröffentlicht:

> „Was über jeden Zweifel erhaben ist [erklärt Drumont], ist die Existenz des Syndikats. Je schneller das Land wieder zur Ruhe kommt, desto eher zeigt die Affäre, die Affäre ohne Beinamen, ihr wahres Gesicht. Die klassische jüdische Intrige, die internationale Verschwörung, entwickelt sich und lässt sich erklären. Nur diejenigen, die den Juden nicht kennen, sind überrascht; es ist wahr, dass diejenigen, die ihn kennen, weil sie ihn studiert haben, sich nicht immer trauen zu sagen, was sie über Israel wissen, aus Angst, der antisemitischen Sache zu schaden, weil ihre Argumente übertrieben erscheinen."

Denn Drumont spricht als Experte. Er kennt die Frage gut. Er kann seine Leser auf seinen 1886 erschienenen Bestseller *Das verjudete Frankreich* verweisen, ein umfangreiches Werk von 1200 Seiten, aufgeteilt in zwei Bände, von dem sich zum Zeitpunkt seines Erscheinens niemand vorstellen konnte, welche beachtliche Auflage es in wenigen Jahren erreichen würde. Indem er zu den Ursprüngen der französischen Geschichte zurückgeht, bevor er seine Gegenwart analysiert, erzählt er von dem, was er die „jüdische Eroberung" nennt, und prangert die Inbesitznahme des republikanischen Staatsapparates durch die „Juden" an. Das erste Kapitel listet detailliert die physischen und kulturellen Merkmale auf, die den „Semiten" im Gegensatz zum „Arier" charakterisierten, und betont besonders das Prinzip der Solidarität, das die Mitglieder dieser Gemeinschaft unter allen Umständen vereine.

Die in *Das verjudete Frankreich* erarbeitete doktrinäre Grundlage fließt in die von Drumont 1892 gegründete Tageszeitung *La Libre Parole* ein. Sein Leitspruch steht auf der Titelseite unter der Überschrift: „Frankreich den Franzosen!" Die Zeitung ist spezialisiert auf die Sprache des Hasses. Sie nutzt jede Gelegenheit, die sich ihr bietet, um mit außergewöhnlicher Energie mediale Hetzkampagnen zu betreiben. All die Skandale, welche die parlamentarische Republik am Ende des Jahrhunderts erlebt, erlauben es ihr, ihrer primären Obsession zu frönen: die Verurteilung der jüdischen

8 Wurde Alfred Dreyfus von einem „jüdischen Syndikat" verteidigt?

Macht. Als Ende 1894 die Dreyfus-Affäre in Gang kommt, sieht er darin eine außergewöhnliche Chance, die er begierig an sich reißt. Verkörpert nicht der Name „Dreyfus" an sich schon die Idee des so verhassten Juden? Er wird bereits auf den ersten Seiten von *Das verjudete Frankreich* wie eine Vorahnung erwähnt, wo er mehrmals erscheint, um Spekulanten oder Manipulatoren zu bezeichnen, die gierig nach Gewinn sind und sich auf Betrügereien aller Art verstehen.

Damals ist der Begriff „Syndikat" in der französischen Sprache noch nicht so spezialisiert, wie er es heute ist, in einer Verwendung, die ihn hauptsächlich auf eine Gewerkschaft bezieht, eine Organisation, in der sich Arbeitnehmer zusammenschließen, die für ihre Rechte kämpfen. Der Begriff hat eine breitere Bedeutung und bezeichnet jede Vereinigung, die Interessen von Gruppierungen vertritt. Deshalb kann er in die von Drumont ausgearbeitete legendäre Formulierung einbezogen werden.

Zola und seine Anschuldigungen gegen die Armee? Sie brauchen nicht lange zu suchen ... Das ist ein „vendu", ein „Verräter"! Er ist vom „Syndikat" gekauft worden! Auf den Boulevards verkaufen Straßenhändler Pamphlete, die das Gerücht in Form von schmutzigen Liedern verbreiten. Wie diese Verse mit dem Titel *Zola, ferm' ta boîte, t'as assez vendu !* (*Zola, halt's Maul, du hast genug verkauft!*), gesungen zur Melodie von *À Ménilmontant* (*In Ménilmontant*) von Aristide Bruant:

Quand donc finiras-tu, dis ?	Sag, wann hörst du endlich auf?
Zola, d'défendre les Youdis ?	Zola, die Juden zu verteidigen?
Si tu veux plus qu'on t'embotte,	Wenn wir dir nicht mehr in den Hintern treten sollen
Ferm' ta boîte !...	Halt's Maul!...
Comme nous tu sais bien, mon vieux,	Wie wir weißt du genau, alter Knabe,
Qu'les Youtres sont d'mauvais fieux.	Dass die Juden von schlechtem Blut sind.
Ta lettre est trop maladroite,	Dein Brief ist zu unbeholfen,
Ferm' ta boîte !...	Halt's Maul!...
De l'innocence de ton traître	Von der Unschuld deines Verräters
Tu restes l'seul convaincu !	Bist du allein überzeugt!
Au fond t'en rigol's peut-être :	Innerlich lachst du vielleicht drüber:
T'as assez vendu !	Du hast genug verkauft!

Oder, immer noch zum selben Thema, dieses Lied über das „Verrätersyndikat", gesungen zur Melodie von *Cadet Rousselle* (*Kadett Rousselle*):

8 Wurde Alfred Dreyfus von einem „jüdischen Syndikat" verteidigt?

Un syndicat de trahison	Ein Verrätersyndikat
Veut tirer Dreyfus de prison,	Will Dreyfus aus dem Gefängnis holen,
Empruntant, pour salir l'armée	Es benutzt, um die Armee zu besudeln
Et baver sur sa renommée,	Und um auf ihren Ruhm zu sabbern,
La plum' trempée dans l'égout	Die in die Kanalisation getauchte Feder,
D'un être suant le dégoût.	Von einem Wesen, das Ekel schwitzt.
Ah ! Ah ! Cet oiseau-là,	Ah! Ah! Dieser Vogel da,
Cet oiseau-là, c'est toi, Zola !	Dieser Vogel da bist du, Zola!

Diese Lieder entstanden als Reaktion auf die Veröffentlichung von „J'accuse" in *L'Aurore* im Januar 1898. Aber Zola hatte ihnen bereits einige Wochen zuvor in einem Artikel geantwortet, der zu Beginn seiner Dreyfus-Kampagne veröffentlicht wurde und den Titel „Das Syndikat" trägt. Er analysierte die These des berühmten „jüdischen Syndikats", um ihre Absurdität zu demonstrieren.

Wie kann ein solches „Syndikat" existieren, rief er. Diejenigen, die dazugehören sollen, kennen sich nicht. Außerdem haben sie den guten Ruf, ehrlich zu sein:

> „Was mich beunruhigt, ist, dass es nicht ein paar ausgewiesene Schurken im Syndikat gibt, wenn es denn eine Kasse gibt, auf die zugegriffen wird. Na, kommen Sie, Sie kennen sie gut: Wie kommt es, dass dieser und jener und dieser andere nicht dabei sind? Das Außergewöhnliche ist, dass all die Leute, die von den Juden, wie es heißt, gekauft wurden, gerade einen Ruf von solider Redlichkeit haben. Vielleicht sind Letztere stolz darauf und wollen nur seltene Ware haben und den entsprechenden Preis dafür zahlen."

Das Syndikat sei nur das Produkt einer kollektiven Wahnvorstellung, fügte er hinzu und wandte sich an seine Gegner:

> „Ihr alle, die ihr dieses heillose Durcheinander vorantreibt, falsche Patrioten, grölende Antisemiten, einfache Ausbeuter, die vom öffentlichen Zusammenbruch leben, ihr seid es, die es gewollt, die es gemacht haben, dieses Syndikat!"

Seine Ausführungen fortsetzend, forderte Zola aber schließlich, in einer von wachsender Emotion getragenen Wutrede, die Gründung eines „Syndikats" – eines anderen „Syndikats", das ein Organ der Wahrheit wäre, dazu fähig, den Lügen der „Schreihälse" der antisemitischen Presse zu widerstehen:

> „Ein Syndikat, das auf die Meinung einwirkt, um sie vom Wahn zu heilen, in den die Schmutzpresse sie gestürzt hat, um sie zu ihrem jahrhundertealten Stolz und ihrer Großzügigkeit zurückzubringen. Ein Syndikat, das jeden Morgen wiederholt, dass

8 Wurde Alfred Dreyfus von einem „jüdischen Syndikat" verteidigt?

unsere diplomatischen Beziehungen nicht auf dem Spiel stehen, dass die Ehre der Armee überhaupt nicht in Frage gestellt wird, dass nur Einzelpersonen kompromittiert werden können. Ein Syndikat, um zu zeigen, dass jeder Justizirrtum reparabel ist und dass das Beharren auf einem solchen Irrtum unter dem Vorwand, ein Kriegsrat könne nicht irren, die ungeheuerlichste Verbohrtheit, die entsetzlichste Unfehlbarkeit ist. Ein Syndikat, das nicht ruht, bis die Wahrheit ans Licht kommt, bis der Gerechtigkeit Genüge getan ist, über alle Hindernisse hinweg, auch wenn noch Jahre des Kämpfens nötig sind."

Und er schloss mit einem letzten Satz, der mit absichtlicher Ironie die Anschuldigungen, die gegen ihn vorgebracht werden sollten, aufgriff. Dieser Satz war als Provokation gedacht. Durch die Einfachheit seiner Aussage machte er, noch bevor sie komponiert waren, die Lieder lächerlich, die ein paar Wochen später von den Straßenhändlern der Boulevards vertrieben werden sollten:

„In diesem Syndikat bin ich sehr wohl Mitglied, und ich hoffe, dass alle anständigen Menschen Frankreichs dazugehören werden!"

9 Hat Édouard Drumont den Antisemitismus erfunden?

Worte haben ein Schicksal. Sie sind nicht seit aller Ewigkeit gegeben. Sie tauchen zu einem bestimmten Zeitpunkt in der Geschichte auf, damit der Verstand sie erfassen und mit Inhalt füllen kann. So ist es auch beim Wort „Antisemitismus", das Anfang der 1880er Jahre in den französischen Sprachgebrauch eintrat, zunächst zaghaft und bei seltenen Gelegenheiten verwendet wurde, dann, nach der Veröffentlichung von *Das verjudete Frankreich* im Jahr 1886, immer mehr Form annahm und schließlich ab Anfang der 1890er Jahre in die öffentliche Debatte einfloss, um alle Erscheinungsformen von Judenfeindlichkeit zu bezeichnen.

Für seine Zeitgenossen war Édouard Drumont der „Papst" des Antisemitismus. Aber merkwürdigerweise hat er dieses Wort nicht benutzt, um die langen Ausführungen zu konstruieren, auf denen sein Buch basiert: Auf den 1200 Seiten von *Das verjudete Frankreich* wird es nur zweimal verwendet, in der Form „Anti-Semitismus" (mit einem Bindestrich, der die Vorsilbe und den Wortstamm trennt), und selbst dann nur innerhalb von Zitaten. Drumont hat den Antisemitismus in Frankreich verbreitet, aber nicht die Bezeichnung dafür erfunden.

In den frühen 1880er Jahren, als er in einigen wenigen Zeitungsartikeln auftaucht, wird der Begriff Antisemitismus verwendet, um ein noch unbekanntes Phänomen zu beschreiben, das mit einer fremden Realität verbunden ist. Das zeigen die wenigen Zeilen aus dem *Bulletin de l'étranger*, die am 26. August 1881 auf Seite zwei der Zeitung *Le Temps* veröffentlicht wurden:

> „Das Elsass ist bis jetzt, in der Presse und auf der Straße, vor dieser politisch-religiösen und sozialen Agitation bewahrt worden, die in die Geschichte eingehen wird unter dem barbarischen Namen des Antisemitismus."

Dieser Satz lässt uns heute aufhorchen. Der Autor dieser Bemerkung scheint angesichts bestimmter Phänomene, die er im damals von Preußen besetzten Elsass beobachtete, eine außerordentliche Voraussicht in die

Zukunft zu beweisen. Aber lassen Sie uns nicht zu weit gehen. Wenn er von einem „barbarischen Namen" spricht, so stellt sich dieser Visionär keineswegs die Massaker vor, die im 20. Jahrhundert von den Nazis während des Zweiten Weltkriegs verübt werden. Er weist nur darauf hin, dass das Wort Antisemitismus ein „Barbarismus" ist, ein in der französischen Sprache noch unbekanntes Wort, das seine Leserschaft zum Beispiel nicht in der neuesten Ausgabe des Wörterbuchs von Émile Littré würde finden können. Es handelt sich in der Tat um eine Entlehnung aus der deutschen Sprache: Das französische Wort „antisémitisme" ist eine fast buchstabengetreue Umarbeitung des Begriffs „Antisemitismus", der zuvor von Wilhelm Marr geprägt worden war, einem Journalisten, der in einem Gewaltpamphlet „den Einfluss des Judentums" auf das „Deutschtum" verurteilte.[3]

Tatsächlich berichten Journalisten, die in den frühen 1880er Jahren das Wort Antisemitismus verwenden (zum Beispiel in *Le Temps*, *Le Figaro* oder *Le Gaulois*), über Ereignisse außerhalb Frankreichs, in Deutschland, Ungarn oder Russland. Bezeichnend ist in diesem Zusammenhang die Reaktion von Albert Wolff (einem der Hauptkolumnisten von *Le Figaro* zu dieser Zeit), als *Das verjudete Frankreich* erscheint. Als er sich die Frage stellt, welche Resonanz das Buch wohl haben könnte, bezweifelt der Kolumnist seinen wirklichen Erfolg, weil er in Drumont einen Nachahmer sieht, der Diskurse von jenseits des Rheins importiert: Deutschland, schreibt er, sei „ein Land, das Intoleranz mehr begünstige" als Frankreich; und er fügt hinzu, dass „der französische Boden für diese Art von Bewegung undankbar" sei („Pariser Kurier", *Le Figaro*, 23. April 1886).

Während das Substantiv „antisémitisme" noch wenig verwendet wird, ist die adjektivische Form in der französischen Sprache des späten 19. Jahrhunderts weit verbreitet. Zwei Adjektive konkurrieren sogar miteinander: „antisémite" und „antisémitique". Letzteres ist sogar noch weiter verbreitet als ersteres. Es hat großen Erfolg, bevor es zu Beginn des 20. Jahrhunderts allmählich ausstirbt. Es hat eine stark politische Konnotation. So veröffentlicht der Verleger Albert Savine 1883 die *Bibliothèque antisémitique* (Antisemitische Bibliothek) sowie eine Wochenzeitschrift namens *L'Anti-Sémitique* (Der Anti-Semit), deren Untertitel lautet: „Le Juif, voilà l'ennemi!"

---

[3] Der Begriff „Antisemitismus" erscheint erstmals im Dezember 1879 in einem Zeitungsbericht über die von Wilhelm Marr gegründete *Antisemitenliga*.

9 Hat Édouard Drumont den Antisemitismus erfunden?

(„Der Jude ist der Feind!"). Im September 1886 gründen Édouard Drumont und Jacques de Biez ein kurzlebiges „Comité antisémitique" („Antisemitisches Komitee"); im Frühjahr 1889, als sie ihre Bewegung ausweiten wollen, rufen sie die „Ligue nationale antisémitique" („Nationale antisemitische Liga") ins Leben.

Zu dieser Zeit wird das Adjektiv „antisémitique" mehrfach in Edmond de Goncourts *Journal* verwendet, was unter diesem Gesichtspunkt ein guter Indikator für die Entwicklung des Sprachgebrauchs ist. Am 17. März 1887 beschreibt Goncourt, wie Drumont bei einem Diner mit seinen „conférences antisémitiques", seinen „antisemitischen Vorträgen" prahlt, und zur Untermauerung seiner Aussage erzählt er eine Anekdote, die es wert ist, zitiert zu werden, da es ihr nicht an Brisanz fehlt:

> „Es waren Geistliche, die ihn dazu bestimmt haben, in der Öffentlichkeit zu sprechen, indem sie ihm sagten, dass die Gabe der Sprache mit dem Heiligen Geist zu ihm kommen würde, und er stellt fest, dass er diese Gabe, von der er dachte, dass er sie nicht hätte, besitzt und mit einer Leichtigkeit Ansprachen hält, die ihn in Erstaunen versetzt."

Am 13. April 1888 spricht Goncourt erneut über den Autor von *Das verjudete Frankreich*, den er noch „antisemitischer" als vor dem Erscheinen seiner Hetzschrift („[...] plus antisémitique qu'avant *La France juive*") findet.

Mit dem Eintritt in das Jahrzehnt der 1890er Jahre setzt sich die sprachliche Entwicklung fort. Das Substantiv „antisémitisme" wird immer geläufiger. Es verlässt den engen Kreis der Journalisten, die ihr Augenmerk auf Nachrichten aus dem Ausland legen, und verbreitete sich neben dem Adjektiv „antisémitique" in der Alltagssprache. Es ist erneut Edmond de Goncourt, der uns ein Zeugnis dieses Wandels liefert, indem er bei einem Diner (17. Juli 1890) „Drumont et son copain en antisémitisme, de Biez" („Drumont und seinen Freund im Antisemitismus, de Biez"), erwähnt.

Im Jahr 1890 ist „Antisemitismus" also Édouard Drumont. Das Wort und die Doktrin haben endlich zusammengefunden. Was hat es damit für einen Franzosen dieser Zeit auf sich? Die Konturen davon bleiben relativ vage in seinem Geist. Er sieht vor allem einen von Hass geprägten Diskurs, der die Juden in aller Öffentlichkeit an den Pranger stellt. Aber er ist sich dennoch der beiden Hauptbestandteile in der Argumentation des Pamphletisten bewusst: eines traditionellen Antijudaismus christlichen Ursprungs, der sich auf religiöse Beweggründe stützt; und eines Antikapitalismus sozialistischen oder anarchistischen Ursprungs, der in den Juden die Bankiers der Welt sieht, die den Reichtum monopolisieren und für das Elend der Arbeiterklassen verantwortlich sind. Diese Aneinanderreihung von Argumenten ist Drumonts Markenzeichen. Die Anprangerung der Fehler des Finanzkapitalismus spricht ein breites Publikum an. Das erklärt zu einem großen Teil den Erfolg, den diese Thesen in den folgenden Jahren haben werden.

Da der Begriff „Antisemitismus" nunmehr in der französischen Sprache verfügbar war, kam es in den Jahren 1892 bis 1896 zu einer Intensivierung der Debatten um die Idee, die er repräsentierte. Der erste Schritt war die Gründung von *La Libre Parole* im April 1892. Die von Drumont gegründete Tageszeitung verbreitete die Thesen von *Das verjudete Frankreich*. Seine aggressiven Pressekampagnen zogen viele Leser an. Sehr schnell konnten 200 000 oder sogar 300 000 Exemplare verkauft werden.

Ein Widersacher sollte sich gegen Drumont erheben. Es handelte sich um einen jungen Dichter jüdischer Herkunft, der 1865 in Nîmes geboren wurde. Sein Name war Bernard Lazare. Als säkularer Geist, der perfekt in die intellektuellen Kreise der Zeit integriert war, verfolgte Lazare neben seinem literarischen Schaffen ein soziologisches Werk, das vom anarchistischen Denken inspiriert war. Unter dem Titel *L'Antisémitisme. Son histoire et ses causes* (*Der Antisemitismus. Seine Geschichte und seine Ursachen*), lieferte er im April 1894 eine synthetisierende Reflexion über ein Phänomen, dessen „Ursachen" er zu erforschen versuchte: „Ich billige den Antisemitismus nicht", erklärt er im Vorwort, „er ist eine enge, mittelmäßige und unvollständige Auffassung, aber ich habe versucht, ihn zu erklären. Er wurde nicht ohne Ursachen geboren, und ich habe nach diesen Ursachen gesucht." Wenig später fügt er hinzu, dass ihm das Wort Antisemitismus „schlecht gewählt" erscheint (er ziehe es vor, von „Antijudaismus" zu sprechen), aber er findet sich mit einem Begriff ab, der nunmehr in die zeitgenössische Debatte eingegangen ist und den er als Titel seines Werkes beibehalten hat.

Lazare sieht in den Besonderheiten der jüdischen Religion den Hauptgrund für die Feindseligkeit, die Juden seit der Antike ertragen mussten, und er schließt seine historische Analyse mit der Zuversicht, dass der Antisemitismus bald verschwinden werde: Das Phänomen werde aussterben, erklärt er, „weil es eine der anhaltenden und letzten Äußerungen

9 Hat Édouard Drumont den Antisemitismus erfunden?

des alten reaktionären Geistes und des kleingeistigen Konservatismus ist, der vergeblich versucht, die revolutionäre Entwicklung aufzuhalten".

Hervorzuheben ist der Mut, den Bernard Lazare beweist, als er sich allein dem Wortführer des Antisemitismus stellt, den Banden von Handlangern umgeben, dazu bereit, sich zu schlagen, um den Sieg ihrer Ideen mit Gewalt zu sichern. Drumont weist die Einwände, die gegen ihn vorgebracht werden, jedoch nicht zurück. Er weiß, dass er in der beginnenden Kontroverse einen Nutzen finden kann. Die Tatsache, dass er einen entschlossenen Gegner hat, kommt dem Herausgeber von *La Libre Parole* gelegen, da sein Geist beflügelt wird, sobald sich ihm eine Gelegenheit bietet, mit Getöse in die Schlacht zu ziehen.

Einige Zeit später sollte ein einzigartiges Ereignis sie einander gegenüberstellen. Sein Inhalt mag heute unglaublich erscheinen. Es handelte sich um einen Wettbewerb, den die Redakteure von *La Libre Parole* um ein Thema organisiert hatten, das nach dem Vorbild der philosophischen Wettkämpfe der Akademien des 18. Jahrhunderts gestellt wurde:

> „Die praktischen Mittel, um die Vernichtung der jüdischen Macht in Frankreich zu erreichen, wobei die jüdische Gefahr vom Standpunkt der Rasse und nicht vom religiösen Standpunkt aus betrachtet wird."

Der Wettbewerb wurde am 29. Oktober 1895 eröffnet und am 31. Mai 1896 geschlossen. Eine Jury wurde eingesetzt, um zwischen den 145 Teilnehmern zu entscheiden, die eine Abhandlung zur Lösung der gestellten Aufgabe eingesandt hatten. Sie setzte sich aus etwa fünfzehn Persönlichkeiten zusammen, hauptsächlich Journalisten und Parlamentarier, darunter Maurice Barrès, der die prominenteste Figur war. Bernard Lazare bat darum, aufgenommen zu werden. War es eine Geste des Trotzes? Der Wunsch zu provozieren?

Da er sich weigerte, seinen Gegnern das Feld zu überlassen, wollte er die Welt des Antisemitismus von innen heraus durchdringen, um ihre Widersprüche zu entlarven. Diese Möglichkeit wurde ihm gewährt. Aber seine Beziehungen zum Herausgeber von *La Libre Parole* verschlechterten sich zusehends und er wurde bald von der Jury ausgeschlossen. Drumont kritisierte die Doppelzüngigkeit seines Gegners und warf ihm Artikel vor, welche dieser zur gleichen Zeit in *Le Voltaire* veröffentlichte und in denen er über die Sache berichtete, für die er gekämpft hatte. Der Streit endete in einem Pistolenduell, das am 18. Juni 1896 stattfand: Zwei Kugeln wurden ausgetauscht, ohne dass einer der beiden Protagonisten getroffen wurde. Was den Wettbewerb von *La Libre Parole* betrifft, von dem Bernard Lazare ausgeschlossen worden war, so wurde das Ergebnis einige Zeit später, Anfang November, verkündet. Zwei Priester gewannen die ersten Preise, die *ex aequo* vergeben wurden: Pater Augustin Jacquet und Monseigneur Anselme Tilloy, ein ehemaliger römischer Prälat. Diese beiden würdigen Geistlichen befürworteten Lösungen der Ausgrenzung: den Juden ihre Bürgerrechte zu entziehen und alle Beziehungen zu ihnen abzubrechen.

Für Bernard Lazare waren die Dinge nunmehr klar. Mit Drumont war kein Dialog möglich. Es galt, ihn schonungslos zu bekämpfen. Er verhärtete seine Positionen und überdachte die allzu entgegenkommende Sichtweise, die er in seinem Buch von 1894 vorgeschlagen hatte. Er fasste die Artikel, die er kurz zuvor in *Le Voltaire* veröffentlicht hatte, in einer Broschüre zusammen und wählte einen Titel, der diesmal seine ganze Entschlossenheit zeigte: *Contre l'antisémitisme* (Gegen den Antisemitismus).

Zur gleichen Zeit griff ein Artikel, der am 16. Mai 1896 auf der Titelseite von *Le Figaro* veröffentlicht wurde, Bernard Lazares mutige Kampagne in *Le Voltaire* wieder auf. Sein Titel, der provokativ sein sollte und direkt auf Drumont abzielte, erstreckte sich über drei Spalten: „Pour les Juifs" („Für die Juden"). Der Autor war Émile Zola. Indem er so energisch in die öffentliche Debatte eintrat, nahm Zola vorweg, was er eineinhalb Jahre später mit seinem „J'accuse" vollbringen würde. Schon in den ersten Zeilen brachte er sein Entsetzen über die Entwicklung antisemitischer Theorien zum Ausdruck:

> „Es scheint mir eine Ungeheuerlichkeit zu sein, ich meine eine Sache, die außerhalb allen gesunden Menschenverstandes, aller Wahrheit und aller Gerechtigkeit liegt, eine törichte und blinde Sache, die uns um Jahrhunderte zurückwerfen würde, eine Sache, die zu den schlimmsten Abscheulichkeiten, zu religiöser Verfolgung, zu Blutvergießen in allen Ländern führen würde."

Und nachdem er den „Berg von Irrtümern, Lügen, wütendem Neid, übertriebenem Wahnsinn" offengelegt hatte, den der antijüdische Diskurs vermittelte, plädierte er abschließend für eine befriedete Menschheit, die ihre religiösen Streitigkeiten überwunden hat:

> „Entwaffnen wir unseren Hass, lieben wir uns in unseren Städten, lieben wir uns über die Grenzen hinweg, arbeiten wir daran, die Rassen endlich zu einer einzigen, glücklichen Familie zu verschmelzen! Und sagen wir, dass es tausend Jahre dauern

9 Hat Édouard Drumont den Antisemitismus erfunden?

wird, aber glauben wir an die endgültige Verwirklichung der Liebe, um schon heute damit zu beginnen, einander so sehr zu lieben, wie es das Elend der gegenwärtigen Zeit erlaubt."

Von der Gründung der Zeitung *La Libre Parole* bis zu den Beiträgen von Bernard Lazare und Émile Zola haben die Jahre 1892 bis 1896 die Frage des Antisemitismus in den Mittelpunkt der intellektuellen Debatte gerückt. Sie bildeten einen Prolog zu der großen ideologischen Auseinandersetzung, die von der Dreyfus-Affäre hervorgerufen wurde, an der sich ab November 1897 die öffentliche Meinung entflammte. Sie haben die klügsten Köpfe auf die Erkenntnis vorbereitet, die der Lauf der Ereignisse bringen sollte: Antisemitismus ist keine Meinung wie jede andere, über deren Inhalt in gutem Glauben diskutiert werden kann. Die Krise, die durch die Dreyfus-Affäre ausgelöst wurde, hat zwar nicht die Wurzeln des Übels ausgerottet, aber sie hat zumindest das Verdienst, eine Zeit zu beenden, die durch eine gewisse Form ideologischer Unschuld gekennzeichnet war.

10 Hat Alfred Dreyfus auf der Teufelsinsel „Urlaub" gemacht?

Es gibt eine antisemitische Postkarte aus dem Jahr 1895. Sie behauptet, die Inhaftierung von Alfred Dreyfus auf der Teufelsinsel darzustellen. Der Hintergrund zeigt eine schattige Hütte in der Ferne, umgeben von einem Palisadenzaun. In der Mitte der Zeichnung sitzt eine elegant gekleidete Figur bequem in einem Sessel und raucht eine Zigarre neben einem mit Lebensmitteln beladenen Tisch. In einem Kommentar heißt es: „Im Urlaub auf der Teufelsinsel". Diese imaginäre Darstellung erinnert an die damaligen Kampagnen der Tageszeitung La Libre Parole, die den inhaftierten Dreyfus zu einem „Bonzen im Urlaub" machen, wie Gaston Méry am 9. Oktober 1895 schreibt. Sie findet sich im Jahr 1931 in den Schriften von Georges Bernanos wieder, in La Grande Peur des bien-pensants (Die große Angst der Konformisten, ein Werk, das vom Denken Drumonts inspiriert ist, dem immer wieder gehuldigt wird): Die Teufelsinsel wird als „eintöniger, aber bequemer Urlaubsort" beschrieben, an dem der Verurteilte die Möglichkeit hatte, „seine Mahlzeiten zubereiten zu lassen" ...

Die von La Libre Parole verbreitete Legende hat natürlich nichts mit der Realität zu tun. Die Deportation von Alfred Dreyfus auf die Teufelsinsel hat mehr als vier Jahre, zwischen April 1895 und Juni 1899, gedauert. Der Ort, der für seine Internierung gewählt wurde, war die unwirtlichste der drei îles du Salut, der Inseln des Heils, vor der Küste von Französisch-Guayana, ein verwildertes Stück Land, das einst ein Leprakrankenhaus beherbergt hatte. Ständig bewacht von mehreren Wärtern, die sich an seiner Seite abwechselten und mit denen er kein Wort sprechen durfte, war Alfred Dreyfus den Zwängen einer Haftordnung unterworfen, die peinlich genau auf ihn angewandt wurde: tagsüber ein paar Spaziergänge in einem abgesperrten Bereich und nachts die Isolation in einer stickigen, mit Wellblech bedeckten Hütte, deren Boden von Ameisen und Riesenspinnen befallen war. Als Essen die übliche Kost für Häftlinge: Brot, getrocknetes Gemüse und ein paar seltene, meist ungenießbare Stücke Fleisch. Im

10 Hat Alfred Dreyfus auf der Teufelsinsel „Urlaub" gemacht?

September 1896, nach Gerüchten über eine Verschwörung, die seinen Ausbruch bezwecken sollte, verschlechterten sich seine Haftbedingungen plötzlich. Die Spaziergänge wurden abgeschafft; um seine Hütte herum wurde ein hoher Palisadenzaun errichtet, der jeden Blick auf das Meer verhinderte; und nachts wurde er an sein Bett gefesselt und dem Regime der „double boucle", der „doppelten Schließe" unterworfen, wobei seine Füße in eiserne Ringe geklemmt wurden, die jede Bewegung verhinderten und tiefe Wunden in sein Fleisch rissen. Zwei Monate schrecklicher Qualen, bevor er in akzeptablere Lebensbedingungen zurückkehren konnte! Trotz des Fiebers und der Ruhr, die ihn regelmäßig quälten, konnte er der tropischen Hölle, welche die Deportation nach Französisch-Guayana war, widerstehen. Aus Frankreich konnte er von Zeit zu Zeit Pakete empfangen, die ihm von seiner Familie geschickt wurden: So standen ihm einige Bücher oder Zeitschriften zur Verfügung, die es ihm erlaubten, zu lesen, zu schreiben und vor allem gegen den Wahnsinn anzukämpfen, der ihn bedrohte, inmitten der täglichen Leiden und der absoluten Stille, in der er eingesperrt war.

Für die Dreyfusarden, die versuchten, eine Revision seines Prozesses zu erreichen, war es schwierig, genauere Angaben zum Gefangenen auf der Teufelsinsel zu machen. Trotz der Briefe, die er an seine Frau Lucie schickte – von denen einige 1898 als *Lettres d'un innocent* (*Briefe eines Unschuldigen*) veröffentlicht wurden –, war sein wahres Schicksal allgemein unbekannt. Er blieb ein abstraktes Opfer. In einem *L'Aurore*-Artikel vom 26. August 1898 analysierte Clemenceau diese Situation und sah Dreyfus als das Produkt „eines schrecklichen Schicksals, wie Ödipus auf dem vom Schicksal vorgezeichneten Weg". Er verglich ihn mit einem Fabrikarbeiter, „der von einem Schwungrad ergriffen und von dem eisernen Ungeheuer zerquetscht wurde, bevor die Zuschauer etwas anderes tun konnten als einen Schrei des Entsetzens auszustoßen". Aber er stellte ihn nicht in den Vordergrund, denn, so fügte er hinzu, Oberstleutnant Picquart sei als das „eigentliche Opfer" dieser ganzen Intrige zu betrachten:

> „Er hat bewusst seine Zukunft, seine Freiheit, sein Leben geopfert, um den Fehler der einen, das Verbrechen der anderen wieder gutzumachen."

Wie also sollte Dreyfus gesehen werden? Als Nebenopfer, dessen Persönlichkeit kaum von Interesse war? Das dachten einige, die ihn unterstützten, als sie im August 1899 beim Prozess in Rennes einen hageren Mann vor den

Richtern erscheinen sahen, erschöpft von den Jahren der Haft, in einer Uniform, die zu weit für seine Schultern war, und der die Situation, in der er sich befand, nicht zu verstehen schien. Enttäuscht, wie so viele andere, machte Charles Péguy später die grausame Bemerkung – in *Notre jeunesse* (*Unsere Jugend*, 1910) –: „Wir wären für Dreyfus gestorben. Dreyfus ist nicht für Dreyfus gestorben." In seinen Erinnerungen an die Affäre (1935) erwies sich Léon Blum als ebenso streng. Alfred Dreyfus, so schrieb er, war ein „bescheidener" Mann, beseelt von einem „unerschütterlichen Mut", ein Soldat, der die Autorität seiner Vorgesetzten respektierte. Und er fügte in Anlehnung an Péguys Bemerkung hinzu:

> „Er hatte keine Affinität zu seiner ‚Affäre', keine Berufung für die Rolle, die ihm eine Laune der Geschichte auferlegte. Wäre er nicht Dreyfus gewesen, wäre er dann überhaupt ein ‚Dreyfusard' gewesen?"

Sollte die Geschichte der Dreyfus-Affäre so erzählt werden, dass der Schwerpunkt auf der intellektuellen und politischen Auseinandersetzung liegt, die sich im Herzen der republikanischen Institutionen abspielte, der Internierte von der Teufelsinsel jedoch beiseitegelassen wird? Dies implizierte Marcel Thomas, der Autor einer ausführlichen Zusammenfassung aus dem Jahre 1961, für die er den Titel *L'Affaire sans Dreyfus* (*Die Affäre ohne Dreyfus*) wählte. Doch in den folgenden Jahren änderte sich die Perspektive allmählich. Das bewegende Zeugnis, das Alfred Dreyfus 1901 unter dem Titel *Cinq années de ma vie* (*Fünf Jahre meines Lebens* – der Bericht über seine Jahre der Deportation auf der Teufelsinsel) ablegte, wurde 1982 mit einer langen Einleitung von Pierre Vidal-Naquet und einem Nachwort von Jean-Louis Lévy (dem Enkel von Alfred Dreyfus) neu aufgelegt.

Im Jahr 2005 wurde dann der Briefwechsel zwischen Alfred Dreyfus und seiner Frau Lucie in einer bemerkenswerten Ausgabe von Vincent Duclert, mit einem Vorwort von Michelle Perrot, veröffentlicht: „*Écris-moi souvent, écris-moi longuement ...*" *Correspondance de l'île du Diable* („Schreib mir oft, schreib mir ausführlich ..." *Korrespondenz von der Teufelsinsel*). Es bedurfte endlich einer großen Biografie, die das außergewöhnliche Schicksal dieses Mannes schildert, dessen Leben eines Tages im Oktober 1894 aus den Fugen geriet, als er zu einer einfachen „Inspektion" ins Kriegsministerium gerufen wurde, die zur Routine des Militärlebens zu gehören schien. Sie entstand dank des Werkes von Vincent Duclert, das 2006 bei Fayard erschien: *Alfred Dreyfus. L'honneur d'un patriote* (*Alfred Dreyfus: Die Ehre eines Patrioten*).

In jüngerer Zeit, 2015, bemühte sich Élisabeth Weissman um ein Porträt der Frau des Strafgefangenen in Lucie Dreyfus. *La femme du capitaine* (*Lucie Dreyfus: Die Frau des Hauptmanns*). Erwähnenswert sind auch Philippe Oriols 1998 erschienene Ausgabe der *Carnets*, der Tagebücher von Alfred Dreyfus (die den Zeitraum 1899 bis 1907 abdecken), die 2009 veröffentlichte Ausgabe der *Cahiers de l'île du Diable*, einer Reihe von handschriftlichen Notizen von der Teufelsinsel, die sich im Besitz der Nationalbibliothek Frankreichs befinden, sowie die 2019 von Vincent Duclert und Marie-Neige Coche publizierte Neuausgabe des Briefwechsels zwischen Alfred und Lucie Dreyfus.

Abb. 9: Postkarte von Orens (Charles Denizard), 1903: „Le Noël israélite".

Es ist nunmehr möglich zu wissen, wer Alfred Dreyfus war. Es genügt, die Texte zu lesen, die er uns hinterlassen hat. Das Interesse, das sie wecken, rührt von der Reichhaltigkeit des Erlebnisberichtes her, der dem Publikum angeboten wird. Dem Bericht *Cinq années de ma vie* (*Fünf Jahre meines Lebens*) ist eine Widmung vorangestellt, die Alfred Dreyfus für seine beiden Kinder, Pierre und Jeanne, geschrieben hat: Diese Seiten, heißt es darin, sollen sie über die Jahre unterrichten, in denen er „von der Welt der Lebenden abgeschnitten" war. Im Zentrum des Buches verdeutlicht das auf der Teufelsinsel geschriebene Tagebuch unmittelbar den Lauf der Zeit, die ständige Verzweiflung, die willkürliche Anhäufung von Demütigungen und Leiden durch eine verblendete Gefängnisverwaltung.

Die *Cahiers de l'île du Diable* (*Notizbücher von der Teufelsinsel*) vervollständigen diese Schilderung und zeigen, wie der Deportierte auf intellektueller Ebene Widerstand leisten konnte. Sie zeugen von einer umfassenden Bildung, die für jeden, der sie heute liest, bewundernswert ist. Die darin enthaltenen Lesenotizen befassen sich in der Tat mit den unterschiedlichsten Fragestellungen, bei denen abwechselnd Literatur, Philosophie, Geschichte, Biologie oder Physik herangezogen werden. Es werden zahlreiche Bezüge zu zeitgenössischen Denkern hergestellt, zum Beispiel zu Renan, Taine oder Nietzsche. Shakespeares Werk wird ständig neu gelesen und vielfach herangezogen, während lange Passagen aus Montaignes Essays abgeschrieben werden. Dem Gefangenen kommen Verse von Vergil und Lukrez in den Sinn, die er auf Lateinisch zitiert. Einige Seiten sind mit langen Reihen von Gleichungen bedeckt, die er zu lösen versucht, in Erinnerung an seine Kurse an der *École polytechnique*. Und überall Zeichnungen aller Art, geometrische Figuren oder imaginäre Formen. Zeichnungen, um die Welt wiederzufinden, um die Realität an die Oberfläche zu bringen, um die Mauern des Schweigens zu durchbrechen.

Was die mit Lucie ausgetauschte Korrespondenz betrifft, so bemüht sie sich um einen unmöglichen Dialog und spielt mit den Zwängen der Zensur (denn alle Briefe wurden gelesen, einige waren von Störendem befreit, andere kamen nur in Form von Kopien an). Jeder wiederholt dem anderen die Stärke seiner Liebe. Die Realität der Lage muss verschleiert werden. Es können keine wichtigen Informationen weitergegeben werden. Lucie ist es unmöglich, ihrem Mann die Schritte zu erklären, die sie unternimmt, damit sein Prozess wieder aufgenommen wird. Aber eine moralische Regel ist festgelegt. Es ist das Leitprinzip all dieser Briefe. Lucie hat es formuliert, zu Beginn des langen Leidensweges, den sie zurückzulegen hatten: zu leben, sich nicht der Verzweiflung hinzugeben, der Versuchung des Todes und des Nichts zu widerstehen. Sie schreibt ihm am 27. Januar 1895:

„Wir müssen beide leben, wir müssen deine Rehabilitation erreichen, das Licht muss erstrahlen."

Und sie fügt etwas später hinzu:

„Wir müssen hoffen, und zwar viel hoffen. Unsere Bemühungen werden von Erfolg gekrönt sein, und wir werden nicht das Recht haben, an der Zukunft zu zweifeln."

Er wird ihr zuhören. Er wird ihrer Anweisung folgen. Er wird überleben. Heute ist Alfred Dreyfus kein Unbekannter mehr. Er hat aufgehört, der geisterhafte Deportierte der Teufelsinsel zu sein, dessen Leiden unbestimmt sind. Sein Tagebuch und seine Korrespondenz sind ein einzigartiges Zeugnis von tiefer Sensibilität. Sie bringen ihn uns nahe, mehr als ein Jahrhundert nach den Ereignissen.

Abb. 10: Zeitgenössische Postkarte nach einer Fotografie von E. Le Deley – die Rehabilitierung: Am 21. Juli 1906 wird Alfred Dreyfus im großen Hof der École militaire der Orden der Ehrenlegion verliehen. In der Bildunterschrift heißt es: „Nach der Verleihung des Verdienstordens unterhält sich der Kommandant Dreyfus mit General Gillain und Kommandant Targe."

Ergänzt werden diese Erinnerungen durch ein außergewöhnliches Dokument: eine Tonaufnahme, die am 27. März 1912 in einem Labor an der Sorbonne auf Veranlassung des Linguisten Ferdinand Brunot gemacht wurde. An diesem Tag las Alfred Dreyfus etwas mehr als zwei Minuten lang einen Text, den er geschrieben hatte. Darin erinnerte er an die Zeremonie vom 20. Juli 1906, bei der er mit dem Orden der Ehrenlegion ausgezeichnet wurde, nachdem er einige Tage zuvor vom Kassationsgerichtshof rehabilitiert worden war.

Trotz einiger Knackgeräusche, die von den Rillen der Schallplatte erzeugt werden, ist die Stimme gut hörbar.[4] Ihr Ton ist fest. Die Aussprache hat die für die Aufnahmen aus dieser Zeit typische Emphase. Der ehemalige Strafgefangene der Teufelsinsel versucht, die Lehre aus dem langen Kampf zu ziehen, der endlich zu Ende geht, zum Zeitpunkt, als die Republik ihn feierlich ehrt. Seine Gedanken gelten allen, die ihn unterstützt haben:

> „Sie haben nicht nur für eine bestimmte Sache gekämpft, sondern sie haben einen großen Teil zu einem der außergewöhnlichsten Werke der Wiedergutmachung beigetragen, das die Welt erlebt hat, zu einem Werk, das auch in ferner Zukunft noch nachhallt, weil es einen Wendepunkt in der Geschichte der Menschheit markiert haben wird, einen grandiosen Schritt hin zu einer Ära des immensen Fortschritts für die Ideen der Freiheit, der Gerechtigkeit und der gesellschaftlichen Solidarität."

---

[4] Sie kann heute auf der Website von *Gallica* in der Reihe „Archives de la parole" („Spracharchiv") angehört werden.

11 Wurde Esterhazy von einer „verschleierten Dame" unterstützt?

Als sie ihn am 11. Januar 1898 nach der Anhörung des Kriegsrats, der gerade seinen Freispruch verkündet hatte, in der Rue du Cherche-Midi erscheinen sah, begrüßte ihn die Menge mit den Rufen: „Es lebe die Armee! Nieder mit den Juden!" So erschien, in seiner ganzen Pracht, Major Ferdinand Walsin-Esterhazy, der *Verräter* dieser Geschichte. Niemand hat diese Bezeichnung mehr verdient als er. Denn ein Verräter war er durch und durch. Er hatte das Aussehen eines solchen: ein blasses Gesicht, das von einem riesigen Schnurrbart verdeckt wurde; beunruhigende schwarze Augen, die in ihren Höhlen versunken waren; einen langen, hageren Körper, der von fiebrigen Gesten erregt war. Er schlug sich mehr schlecht als recht durch, war durch die Schulden, die sich um ihn herum auftürmten, an seine Grenzen gestoßen und dachte, er könne sich mit dem Verkauf einiger militärischer Informationen an die deutsche Botschaft aus der Affäre ziehen. Er war ein kleiner Betrüger.

Aber er besaß ein Talent, das wir anerkennen müssen, nämlich einen schier unerschöpflichen Zynismus, der sich aus einer unbändigen Lust an der Provokation und haarsträubenden Erfindungen speiste. Er hatte alle Talente eines „Verführers", schreibt Joseph Reinach, als er sein Porträt verfasst:

> „Selbst wenn er in der Niedertracht und im Verbrechen versunken ist, faszinieren weiterhin die brennenden Worte, die teuflische Mimik, die wundersame Intensität des Lebens und die kommunikative Raserei dieses erstaunlichen Komödianten."

Von allen Lügengeschichten, die Esterhazys abenteuerlichen Werdegang begleiten, ist die von der „dame voilée", der „verschleierten Dame", die berühmteste. Sie entstand Ende des Jahres 1897. An ihrem Anfang steht die Entscheidung, welche die Verantwortlichen des Generalstabs im Oktober 1897 trafen, als Scheurer-Kestners Absichten klarer wurden und er immer entschlossener war, Licht in die Angelegenheit zu bringen: Esterhazy vor

11 Wurde Esterhazy von einer „verschleierten Dame" unterstützt?

den drohenden Gefahren zu warnen, zu verhindern, dass ein Skandal ausbricht und das Urteil von 1894 in Frage stellt. Joseph Reinach hat diese unglaubliche Entscheidung in seiner *Geschichte der Dreyfus-Affäre* als „Kollusion" bezeichnet. Denn darum handelt es sich, um ein geheimes Einverständnis, ein Komplott inmitten der militärischen Institution.

Abb. 11: Zeichnung von Henri-Gabriel Ibels, *Le Sifflet*, 1898: Esterhazy war „ein Verräter […] durch und durch. Er hatte das Aussehen eines solchen: ein blasses Gesicht, das von einem riesigen Schnurrbart verdeckt wurde; beunruhigende schwarze Augen, die in ihren Höhlen versunken waren; einen langen, hageren Körper, der von fiebrigen Gesten erregt war" (zeitgenössische Darstellung Esterhazys mit Flanierstock, Gehrock und Zylinder).

Die Armeechefs, Boisdeffre, der Generalstabschef, und Billot, der Kriegsminister, verschließen die Augen und wollen nichts wissen. Der Befehls-

11 Wurde Esterhazy von einer „verschleierten Dame" unterstützt?

geber ist General Gonse, Boisdeffres Stellvertreter; der Vollstrecker der niederen Aufgaben ist Oberstleutnant Henry, unterstützt von dem naiven Du Paty de Clam, der glaubt, die Ehre der Armee zu verteidigen, während er von seinem Kollegen manipuliert wird. Soll Esterhazy ins Kriegsministerium vorgeladen werden, um informiert zu werden? Das ist die Frage, die Du Paty in gutem Glauben zuerst stellt. Auf gar keinen Fall, wird ihm geantwortet. Es muss auf Umwegen vorgegangen werden, über einen anonymen Brief oder ein Treffen, das unter höchster Geheimhaltung stattfindet ...

Somit wird ein erstaunliches Szenario in Gang gesetzt. Am 19. Oktober erhält Esterhazy ein seltsames Schreiben, abgeschickt von einer „ergebenen Freundin", die sich „Espérance" („Hoffnung") nennt. Er erfährt, dass er bald „Gegenstand eines großen Skandals" sein wird, denn „die Familie Dreffus" (der Rechtschreibfehler gehört zu den Kuriositäten, die dieses Dokument bietet) sei im Begriff, ihn zu denunzieren; ein gewisser „Monsieur Picart" (ein weiterer Rechtschreibfehler, sicherheitshalber) habe ihr Papiere gegeben, die sie gegen ihn verwenden werde. Esterhazy ist in Panik, da er sich enttarnt sieht und nicht weiß, wie er reagieren soll, trotz der „Hoffnung", die ihm seine Wohltäterin zu vermitteln versucht! Um ihn zu beruhigen und besser zu kontrollieren, beschließen Henry und Du Paty, weiter vorzugehen. Ein paar Tage später inszenieren sie ein geheimes Treffen im Parc Montsouris. Esterhazy trifft auf einen mit schwarzem Bart ausstaffierten Du Paty, dessen Augen hinter einer blauen Brille verborgen sind, in Begleitung des Archivars Gribelin, der ebenfalls eine getönte Brille trägt, während Henry, nicht weit davon entfernt versteckt, ungeduldig auf das Ergebnis dieses seltsamen Getuschels wartet.

Das Verfahren erweist sich als effektiv. Die geheime Absprache erfüllt den gewünschten Zweck. Esterhazy weiß nunmehr, dass er beschützt wird. Er nimmt dann, ohne zu zögern, die ihm zugewiesene Rolle an. Mit der Behauptung, er sei das Opfer eines niederträchtigen Komplotts, beweist er die größte Unverfrorenheit. Er verlangt, von den Leitern des Generalstabs empfangen zu werden, um seine Unschuld zu verkünden und die Machenschaften seiner Feinde offenzulegen. Er wendet sich an Boisdeffre und Billot. Von Henry gedrängt, schreibt er drei aufeinanderfolgende Briefe an den Staatspräsidenten, um dessen Hilfe zu erflehen. Er erwähnt seine Helferin, indem er von der „großzügigen Frau" spricht, die ihn vor dem

11 Wurde Esterhazy von einer „verschleierten Dame" unterstützt?

„schrecklichen Komplott" gewarnt hätte, das gegen ihn „mit Hilfe von Oberst Picquart" geschmiedet worden sei.

Wer ist diese großzügige Informantin? Keiner weiß es. Das Gesicht von „Espérance" muss verborgen bleiben. So entsteht die Figur der „verschleierten Dame". Indem sie die Elemente dieser frei erfundenen Geschichte zusammenfügt, die sich im Laufe der Tage gebildet hat, wird sich die Legende bald in der Presse verbreiten. Sie beginnt am 16. November 1897 zu kursieren, als der Name des wahren Täters von Mathieu Dreyfus in einem öffentlich gemachten Brief enthüllt wird. Esterhazy verteidigt sich energisch gegen die Beschuldigung und gibt mehreren Zeitungen Interviews. Er erzählte ihnen unverfroren seine Geschichte von der „verschleierten Dame", die er mehrmals an verschiedenen Orten in Paris getroffen haben will und die ein geheimes Dokument, das seine Unschuld beweise, aus den Büros des Generalstabs bei sich hatte. Warum sollte sie das für ihn tun? Esterhazy vermutet, dass es sich um eine Geliebte Picquarts handelt, die über Dokumente aus Picquarts Besitz verfügt und ihren ehemaligen Liebhaber aus enttäuschter Liebe verraten hat.

Abb. 12: Postkarte aus Deutschland, 1898: Darstellung der verschleierten Dame, einer „elegant gekleideten Frau, deren Gewänder die Figur eines konspirativen Offiziers nur schlecht verbergen".

11 Wurde Esterhazy von einer „verschleierten Dame" unterstützt?

Eine unglaubwürdige Geschichte. Und doch besitzt sie eine gewisse Überzeugungskraft, weil sie die Raffinesse hat, Oberstleutnant Picquart zu belasten und sein Vorgehen zu diskreditieren. Sollte Picquart also nur ein Agent des „jüdischen Syndikats" sein, dessen Plan es ist, Dreyfus freizubekommen? Dies denkt General de Pellieux, der ab dem 17. November mit der Durchführung einer zunächst administrativen, dann gerichtlichen Untersuchung beauftragt ist. Daher kann Esterhazy ihm ausführlich von seinen Begegnungen mit der verschleierten Frau berichten und in ihm einen wohlwollenden Gesprächspartner finden. Am 24. November macht er ihm gegenüber die Aussage, es habe ein erstes Treffen auf der Esplanade des Invalides gegeben und dass ein zweites Treffen in Montmartre, in der Nähe der Basilika Sacré-Cœur, stattgefunden habe. Er berichtet ausführlich über das, was ihm gesagt wurde, und erwähnt den „Umschlag", der ihm gegeben worden sei und der das geheime Dokument enthalte, das ihn entlasten soll. Dieselben Informationen werden einige Tage später vor Kommandant Ravary (der gebeten wurde, die von Pellieux durchgeführte Untersuchung abzuschließen) wiederholt. Details werden hinzugefügt. Wir erfahren, dass das erste Treffen „hinter der Palisade des Pont Alexandre III, auf der Seite des Hôtel des Invalides" stattfand. Die Szene der Begegnung mit der geheimnisvollen Informantin wird präziser beschrieben:

> „Es war etwa 11 Uhr oder 11.30 Uhr abends, die Frau saß in einer großen Pferdedroschke der Pariser Verkehrsgesellschaft ‚L'Urbaine', ihr Gesicht war kaum zu erkennen. Sie erschien mir brünett, zwischen 30 und 33 Jahre alt, eine distinguierte Erscheinung, die meines Erachtens der diplomatischen Welt angehören muss."

Sorgfältig in den Protokollen der von Pellieux und Ravary geleiteten Untersuchungen niedergeschrieben, wird dieses Geschwätz von den Richtern des Kriegsrates akzeptiert, der Esterhazy am 11. Januar 1898 freispricht. Aber es wird bald in sich zusammenfallen. In seinem „J'accuse" bezieht sich Zola ironisch auf die „geheimnisvolle Dame", die sich „nachts persönlich darum bemühte", Esterhazy „ein vom Generalstab gestohlenes Schriftstück" zu überreichen. In der darauf folgenden Gerichtsverhandlung im Februar versucht man, bereits in den ersten Anhörungen herauszufinden, wer die seltsame Botin ist. Fernand Labori, Zolas Anwalt, wird nicht müde nachzufragen. In seiner Stellungnahme vom 12. Februar empört sich Jean Jaurès, dass keine ernsthafte Untersuchung zu diesem Thema durchgeführt worden sei. Was Esterhazy betrifft, so entzieht er sich der Beantwortung der ihm gestellten Fragen. Er hütet sich, die Esplanade des Invalides oder die Basilika Sacré-Cœur zu erwähnen. Die Legende der verschleierten Dame ist längst überholt. Obwohl sie keinen juristischen Wert hat, wird sie nunmehr die Bildersprache der Dreyfus-Affäre beflügeln. Karikaturisten greifen sie auf. Eine Anti-Dreyfus-Karikatur zum Beispiel zeigt die verschleierte Dame als eine Figur, die in einem Brunnen gefangen ist und nicht in der Lage ist, die Aktionen des „jüdischen Syndikats" zu offenbaren, das damit beschäftigt ist, den Gefangenen von der Teufelsinsel zu befreien. Eine weitaus unterhaltsamere Version mit entgegengesetzter Ausrichtung bietet eine Serie von vier Postkarten, die in Deutschland gedruckt wurden (denn die Geschichte überschritt bald die Landesgrenzen). Auf den verschiedenen Bildern, die wie die Phasen eines Comics aufeinander folgen, verfolgen wir den Weg einer verschleierten, elegant gekleideten Frau, deren Gewänder die Figur eines konspirativen Offiziers nur schlecht verbergen (an den Füßen trägt sie Stiefel und die Scheide eines Schwertes ragt hinten aus ihrem Kleid heraus): Sie geht zu ihrem „Rendez-vous", begrüßt einen Soldaten, steigt in eine Kutsche, bevor sie, sobald ihre Mission erfüllt ist, ihre Verkleidung ablegt ...

Die Figur der verschleierten Dame findet sich in einem von Dreyfus inspirierten *Jeu de l'oie*, einem Gänsespiel mit dem Titel „Jeu de l'Affaire Dreyfus et de la Vérité" („Spiel der Dreyfus-Affäre und der Wahrheit") wieder, das im November 1898 in den Handel kam. Die verschiedenen Akteure der Affäre sind um die lange kreisförmige Spirale verteilt, die von den dreiundsechzig Feldern des Spiels gebildet wird: Scheurer-Kestner auf Feld 4, Zola auf Feld 7, Esterhazy auf Feld 28, Labori auf Feld 33, Picquart auf Feld 48, usw. Der Spielbrett ist von Fallen übersät, die den Orten entsprechen, an denen die Hauptereignisse stattfanden: das „Kriegsministerium", das „Cherche-Midi-Gefängnis" oder der „Mont Valérien" (wo Picquart und Henry gefangen gehalten wurden) sind allesamt Hindernisse, die das Vorankommen der Spielenden verlangsamen. Die „Palisaden des Pont des Invalides", der Ort der berühmten Geheimtreffen, erscheinen auf Feld 6. Das gefährlichste von allen, Feld 58, der „Tod der verschleierten Dame" – ein furchterregender Totenkopf, der unter einem Schleier verborgen ist – zwingt den Spieler, der es erreicht, zurück zum Start zu gehen und von vorn zu beginnen! Die traditionelle Figur der Gans, die den Spieler

11 Wurde Esterhazy von einer „verschleierten Dame" unterstützt?

begünstigt, ist einer weiblichen Allegorie der Wahrheit gewichen, die in verschiedenen Haltungen dargestellt wird, mal neben dem Brunnen stehend, mal auf dem Rand sitzend, die Arme ausbreitend oder ihr Haar öffnend. Der verschleierten Dame, dem Symbol aller Täuschungen, wird das Bild der Wahrheit entgegengesetzt, dargestellt in der Gestalt einer strahlenden jungen Frau, die vom Schleier des Irrtums befreit ist und einen glücklichen Ausgang ankündigt.

Aber erst durch zwei erstaunliche Fortsetzungsromane konnte die Figur der verschleierten Dame all ihr Potenzial entfalten. Geschrieben wurden sie von einem gewissen Victor von Falk,[5] einem Schriftsteller, der sich auf das Verfassen populärer Romane spezialisiert hatte. Zunächst auf Deutsch erschienen, dann ins Französische übersetzt, wurden sie in Frankreich zwischen 1902 und 1906 veröffentlicht. Der erste trägt den Titel *Auf ewig getrennt? Oder Kapitän Dreyfus und seiner Gattin ergreifende Erlebnisse, Schicksale und fürchterliche Verbannung*. Der ausufernde Titel des zweiten Romans stellt explizit das Thema der verschleierten Dame in den Mittelpunkt des Dramas der Dreyfus-Affäre: *Zola und Picquart. Die Kämpfer für Wahrheit und Recht und Das Geheimnis der verschleierten Dame oder Das Ende des entsetzlichen Schicksals des Kapitän Dreifuss* [sic]. Der erste Roman ist in einer Serie von 130 wöchentlichen Ausgaben erschienen und hat einen Umfang von 4160 Seiten. Der zweite (der als „Fortsetzung" des vorherigen präsentiert wird) ist kürzer: nur 2400 Seiten, aufgeteilt in 75 Wochenausgaben.

Worum geht es darin? Diese Geschichten verwenden alle Techniken des Fortsetzungsromans, wie sie in der Literatur des 19. Jahrhunderts entwickelt wurden. Wer sie liest, kann Episoden erkennen, die von Victor Hugos *Die Elenden*, von Texten Alexandre Dumas' oder Geschichten Jules Vernes inspiriert sind (weil die Figuren sich ständig fortbewegen und viel reisen). Beide Romane basieren auf der Dreyfus-Affäre: Alfred Dreyfus, von seiner couragierten Frau Lucie verteidigt, wird von Zola und Picquart, die als Ritter des Rechtes beschrieben werden, auf der Suche nach der Wahrheit unterstützt; und ihnen gegenüber steht der Verräter, der Urheber der übelsten Machenschaften, dessen Name im ersten Roman Esterhazy ist und im zweiten Roman in Racokzy umgewandelt wird. Die abenteuerlichsten Episoden werden in dieses Szenario verpflanzt, indem vielerlei Figuren

---

[5] Pseudonym von Hans Heinrich Sochaczewsky (1861–1926).

auftreten, die der Wirklichkeit der Dreyfus-Affäre fremd sind. Die beiden Werke behandeln vergleichbares Material. Ihr Ausgang ist fast identisch. Auf den letzten Seiten erleben wir den Sieg von Alfred Dreyfus und seiner Frau, umgeben von ihren Freunden (Zola und Picquart), während der Verräter auf brutale Weise stirbt, niedergestreckt von der göttlichen Gerechtigkeit.

Wie waren diese Romane möglich? Warum hat die Öffentlichkeit sie willkommen geheißen, obwohl sie offensichtlich nicht der historischen Wahrheit entsprachen? Wegen der Legende der verschleierten Dame ... Diese Legende brach mit der Gleichförmigkeit der männlichen Charaktere, die den Verlauf der Affäre strukturierten, und ermöglichte die Erschaffung weiblicher Figuren – trauernde Opfer oder böse Spioninnen –, die unsere Aufmerksamkeit verdienen. In diesen Geschichten fand die Leserschaft Antworten auf ihre Fragen. Sie wusste, dass am Ende keine entscheidenden Enthüllungen gemacht werden würden, aber sie nahm den ihr angebotenen Vertrag gerne an. Wie es im Vorwort des ersten Romans heißt, konnte sie „die Beredsamkeit der Wirklichkeit" mit „den Reizen der reichsten und farbenprächtigsten Fiktion" verbinden. Der zweite Roman sollte noch intensiver werden:

> „Abwechselnd [so das Vorwort] bewegt uns von Falk, rührt uns zu Tränen, empört uns, begeistert uns, lässt unsere Herzen höherschlagen und lässt uns das Blut in den Adern gefrieren. Edle Charaktere gibt es in diesem neuen Werk zuhauf; aber die Schurken sind ebenso lebendig und meisterhaft dargestellt wie die Helden."

Für die Leserschaft, die ungeduldig war, alles zu wissen, bot die Legende der verschleierten Dame einen Schlüssel in das Reich der Fantasie und öffnete die Tür zu ihren Wunschvorstellungen.

Anders als die verräterische Figur in Victor von Falks Romanen wurde Esterhazy nicht schonungslos von der göttlichen Gerechtigkeit niedergestreckt. Er beendete seine Tage in England, wohin er im September 1898, nach Henrys Selbstmord, geflüchtet war, nachdem er erkannt hatte, dass seine Talente als Hochstapler nicht mehr ausreichen würden, um ihn lange zu schützen. Er lebte von verschiedenen journalistischen Arbeiten (anfangs war er der Londoner Korrespondent von *La Libre Parole*, unter dem Pseudonym Patrick Sullivan), zeitweise unterstützt von einigen wohlhabenden Freunden, die ihm unter die Arme zu greifen wussten, wenn er dringend Geld brauchte, schaffte er es, so gut er konnte, seinen Lebens-

11 Wurde Esterhazy von einer „verschleierten Dame" unterstützt?

unterhalt zu bestreiten, indem er seine Identität hinter falschen Namen verbarg: er nannte sich zunächst „Mr. Fitzgerald" und später „Graf Jean de Voilemont". Er lebte den letzten Teil seines Lebens in der ruhigen Ortschaft Harpenden, etwa 30 Kilometer nördlich von London. Dort starb er im Jahr 1923. Auf dem kleinen Gemeindekirchhof von Harpenden bringt die Inschrift auf seinem Grab es auf den Punkt. Sie basiert auf den Anweisungen, die er seiner damaligen Lebensgefährtin hinterlassen hat. Sie lautet:

> „IN LOVING MEMORY COUNT DE VOILEMONT. 1849–1923. *He has outsoared the shadow of our night.*"

Das ungenaue Geburtsdatum (Esterhazy wurde 1847 geboren) trägt zum Geheimnis des Grabsteins bei. Shelleys Vers in der Grabinschrift („Er ist aufgestiegen, der Schatten unserer Nacht") zeichnet in einer rätselhaften Abkürzung das dunkle Schicksal des Autors des *Bordereaus* nach. Was den Namen „Graf von Voilemont" betrifft, unter dem sich Esterhazy versteckte, als er in Harpenden lebte, so verweist er – in einer letzten Herausforderung im Angesicht des Ewigen – auf den Mythos der verschleierten Dame, der seinen Erfinder berühmt gemacht hatte. Müssten wir „Voilemont" eigentlich als „mon voile" begreifen – als „mein Schleier"?

12 Wurde die Dreyfus-Affäre wie ein Fortsetzungsroman wahrgenommen?

„Die Affäre war das einzige Gesprächsthema. Sie beschäftigte alle Gemüter. Zwei Jahre lang wurden Bücher, ja sogar Romane, vernachlässigt. Welcher Roman konnte mit dem mithalten, was jeder Mensch von Tag zu Tag durchlebte! Nur Zeitungen wurden noch gelesen. In beiden Lagern stiegen die Auflagen in bis dahin unbekannte Höhen."
Eine Realität, die intensiver ist als alle von den Romanautoren erfundenen Geschichten! Dies ist Joseph Reinachs Erinnerung an die großen Momente einer Epoche, deren aufmerksamer Zeuge er war. Ähnlich äußert sich der Londoner Korrespondent der *Pall Mall Gazette* am 5. Februar 1898:

> „Die katastrophale Wirkung, welche die Dreyfus-Affäre und ihre zahlreichen Entwicklungen in diesem Moment auf den Buchhandel haben, ist eine Angelegenheit, so scheint es mir, die bisher der Aufmerksamkeit der meisten Menschen entgangen ist. Aber wo immer ich mich bei Literaten und Buchhändlern erkundigt habe, wurde mir fast ausnahmslos dasselbe gesagt – dass, seit die Menschen die Esterhazy-Dreyfus-Zola-Affäre täglich zu verfolgen begannen, es einen stetigen Rückgang gab, nicht nur im Verkauf allgemeiner Werke, sondern auch im Verkauf der Romane der meisten französischen Schriftsteller, die das Pech hatten, ihr Werk zu diesem Zeitpunkt zu veröffentlichen."

Um zu expandieren und ein treues Publikum anzuziehen, erfand die Presse des 19. Jahrhunderts die Form des Fortsetzungsromans, indem sie lange dramatische Geschichten am unteren Rand ihrer Seiten (im so genannten „rez-de-chaussée", im „Erdgeschoss") platzierte, die von Ausgabe zu Ausgabe fortgesetzt wurden und deren Episoden die Leser ausschneiden konnten, um die Serie zu sammeln. In der Dreyfus-Affäre fand sie mit einem Zeitgeschehen, das aus unaufhörlichen Wendungen bestand, einen gigantischen Fortsetzungsroman, der von der Realität selbst geschrieben wurde. Die Fiktion verließ plötzlich das „Erdgeschoss", in das sie sich bis dahin eingesperrt fand. Sie drang in alle Spalten vor. Es genügte zum Beispiel, Esterhazys extravagante Äußerungen zu zitieren oder über die

12 Wurde die Dreyfus-Affäre wie ein Fortsetzungsroman wahrgenommen?

leidenschaftlichen Debatten zu berichten, die während des Prozesses gegen Emile Zola im Februar 1898 stattfanden.

Das dramatische Interesse der Affäre wurde ständig befeuert, nicht nur durch das Einschreiten der Menschen, die nacheinander die Verteidigung des Verurteilten übernahmen und jedes Mal neuen Romanfiguren gleich auftraten (Bernard Lazare, Scheurer-Kestner, Zola, Clemenceau, Picquart oder Jaurès), sondern auch durch Umkehrungen der Situation, die direkt der Literatur entlehnt zu sein schienen. „Es scheint, als hätte ein außergewöhnlicher Regisseur die Entwicklung, die Verzögerungen, die unerwarteten Wendungen der Dreyfus-Affäre in Szene gesetzt", bemerkte Zola in seinen persönlichen Notizen ...

Dieser Eindruck kann durch die einfache Aufzählung der aufeinander folgenden Ereignisse bestätigt werden: die Offenlegung von Esterhazys Schuld, die von einem Kriegsrat geleugnet wird, der einen Freispruch verhängt; der Donnerschlag von „J'accuse" und der darauf folgende Prozess vor dem Schwurgericht, der zur Verurteilung, dann zum Exil des Schriftstellers führt; die Wiederaufnahme des Prozesses von Alfred Dreyfus, die von der Strafkammer des Kassationsgerichtshofs vorgenommen, aber durch zahlreiche juristische Hindernisse gestört wird, bevor die ursprüngliche Verurteilung durch einen feierlich tagenden Kassationshof, in dem alle Kammern vereint sind, aufgehoben wird; eine zweite Kriegsratssitzung in Rennes, weit weg vom Pariser Trubel, die zum Erstaunen aller zu einer erneuten Verurteilung von Alfred Dreyfus führt – eine unverständliche Entscheidung, da dem Angeklagten „mildernde Umstände" zugestanden werden, und eine Quelle künftiger Konflikte, da nichts geklärt ist, bevor eine Begnadigung durch den Präsidenten die Situation beruhigt.

Diese Abenteuer faszinieren das Publikum umso mehr, als die Literatur gleichzeitig die Gattung des Justizromans erfindet, aus dem bald der Kriminalroman hervorgehen soll. Die Arbeitsweise der Gerichte wird beobachtet, die Ermittlungsroutine hinterfragt. Es wird erkannt, wie wichtig die Rolle ist, die der Person des Untersuchungsrichters zugewiesen wird. Mit solchen Elementen spielte Zola übrigens 1890, als er *La Bête humaine* (*Die Bestie im Menschen*) veröffentlichte, die Geschichte eines Justizirrtums, deren Prinzip das Drama der Dreyfus-Affäre vorwegzunehmen scheint (vor allem durch die Bedeutung, die sie dem Beweis durch ein handschriftliches Dokument beimisst).

12 Wurde die Dreyfus-Affäre wie ein Fortsetzungsroman wahrgenommen?

Leichen gehören zur Handlung von Justizromanen ebenso wie von Kriminalromanen. Die Dreyfus-Affäre erweckt den Eindruck, mit den härtesten Krimis konkurrieren zu wollen, weil sie in dieser Hinsicht einiges zu bieten hat ... Wie den Selbstmord von Oberstleutnant Henry, der sich am 31. August 1898 in seiner Zelle des Mont Valérien, in die er nach seiner Verhaftung gebracht wurde, nachdem er sich der Fälschung schuldig bekannt hatte, mit seinem Rasiermesser die Kehle aufschlitzte. Oder den Herzinfarkt von Félix Faure am 16. Februar 1899 in den Armen seiner Geliebten, der die Wahl eines neuen, den Revisionsprozess befürwortenden Staatspräsidenten ermöglichte. Neben diesen entscheidenden Wendungen gibt es verschiedene sekundäre Intrigen mit obskuren Entwicklungen, wie den Tod des finsteren Lemercier-Picard, eines Betrügers, der Henry geholfen hatte und der im März 1898 erhängt in einem kleinen Hotel in der Rue de Sèvres aufgefunden wurde (in seiner *Geschichte der Dreyfus-Affäre* schildert Joseph Reinach ausführlich diese Episode). Als er zwischen Juli 1898 und Juni 1899 für viele Monate inhaftiert war, fürchtete Oberstleutnant Picquart mehrmals um sein Leben. Im Übrigen hatte er seine Feinde gewarnt, indem er vor dem Gericht, das ihn verurteilte, erklärte:

> „Wenn Lemercier-Picards Schlinge oder Henrys Rasiermesser in meiner Zelle gefunden wird, sollte sich die Öffentlichkeit im Klaren sein, dass es sich um einen Mordanschlag handelt, denn ein Mann wie ich könnte niemals auch nur einen Moment lang auf die Idee kommen, sich umzubringen."

Séverine, die Journalistin von *La Fronde*, kommentierte, mit einer solchen Aussage habe sich Picquart „gegen Selbstmord geimpft"!

Wie wir sehen, waren alle Zutaten eines Fortsetzungsromans vorhanden. Die vielfältigen Wendungen vermittelten den Zeitgenossen den Eindruck eines Dramas, das niemals enden würde. Im Zentrum der Handlung eines jeden Fortsetzungsromans steht meist ein Gegenstand, der zwischen den Figuren zirkuliert, der weitergegeben, anvertraut oder gestohlen wird und plötzlich wieder auftaucht, um einen Beweis zu liefern, den Verräter zu überführen, die erhoffte Lösung des entstandenen Konfliktes herbeizuführen. In der Dreyfus-Affäre ist das Objekt, das zirkuliert, offensichtlich der *Brief* – vom *Bordereau*, der dem Papierkorb des deutschen Militärattachés entnommen wurde, bis zu den mysteriösen Dokumenten, die in der Geheimakte verwahrt wurden, und die allesamt Enthüllungen enthielten, die für entscheidend befunden wurden. Es gibt also eine perfekte Übereinstimmung zwischen der dramatischen Quelle, welche die literarische Erfindung begünstigt, und der Grundlage der Anschuldigungen gegen Dreyfus.

Ist das nur ein Zufall? Joseph Reinach sieht das nicht so. Er nimmt an, dass diese so gut im kollektiven Gedächtnis verankerten Ereignisse einen romanhaften Ursprung haben könnten. Henry, so erinnert er sich, war ein begeisterter Leser des *Petit Journal*, dessen Fortsetzungsromane er liebte. 1894, vor der Verhaftung von Alfred Dreyfus, hatte *Le Petit Journal* einen Fortsetzungsroman veröffentlicht, dessen Handlung die zukünftigen Ereignisse vorauszuahnen schien. Das betreffende Werk trug den Titel *Les Deux Frères (Die zwei Brüder)*. Der Autor war Louis Létang, ein weitschweifiger Romanautor dieser Zeit. Im Mittelpunkt der Handlung steht die Figur eines berechnenden Finsterlings, Aurélien de Prabert, der Marguerite de Briais, ein junges Mädchen, das ein großes Vermögen besitzt, erobern will. Doch sie ist mit dem Ingenieurkapitän Philippe Dormelles, der dem Kriegsministerium unterstellt ist, verlobt. Wie kann ein solch lästiger Rivale beseitigt werden? Mit einem Brief, dessen Handschrift gefälscht ist und der jenen zum Verräter machen wird.

> „Sie werden ihn sofort verhaften [erklärt Aurélien de Prabert] und in Erwartung des Kriegsrates im Cherche-Midi-Gefängnis inhaftieren, und noch am selben Abend wird eine Zeitung zu meinen Gunsten einen Artikel veröffentlichen, der den schändlichen Verrat eines französischen Offiziers schildert."

Die gesamte Dreyfus-Affäre ist in diesen wenigen Zeilen bereits präsent: das Kriegsministerium, das Cherche-Midi-Gefängnis, der bevorstehende Kriegsrat, die Hilfe, die dem Verschwörer durch eine skandalumwitterte Presse zuteilwird (nur eine Komponente fehlt: die jüdische Herkunft des Angeklagten). Die von Joseph Reinach formulierte Annahme verdient es, zumindest teilweise bestätigt zu werden. Henry versuchte nicht, den Roman von Louis Létang zu imitieren. Aber die Realität schien ihm das zu bringen, was ihm die Fiktion schon suggeriert hatte. Und wie andere der gleichen Art lud ihn diese Lektüre dazu ein, seinerseits zum Autor eines Traumgebildes zu werden, dessen Elemente er glaubte, nur noch anordnen zu müssen.

Die Dreyfus-Affäre beschäftigte die politische Szene Frankreichs über einen sehr langen Zeitraum. Wie wir bereits gesagt haben, bestand sie aus

12 Wurde die Dreyfus-Affäre wie ein Fortsetzungsroman wahrgenommen?

drei aufeinander folgenden Wellen. Zunächst ist sie zwischen 1894 und 1897 eine Tragödie mit begrenzter Öffentlichkeitswirkung – die Verurteilung eines Unschuldigen, gefolgt von der großen Stille auf der Teufelsinsel. Aus ihr wird ab November 1897 eine wachsende öffentliche Bewegung, bei der zwei verfeindete Lager aufs heftigste aufeinanderprallen. Nach der Begnadigung von Alfred Dreyfus folgt eine letzte Etappe, der juristische Epilog, der aus langen technischen Debatten besteht und mit der Rehabilitierung durch den Kassationsgerichtshof im Juli 1906 endet. Der eigentliche *Fortsetzungsroman* der Dreyfus-Affäre erstreckte sich nicht über diesen gesamten Zeitraum. Er konzentrierte sich auf ihre zentrale Phase, die Jahre 1897–1899. Es brauchte die gerade erwähnten melodramatischen Komponenten, um ihn zu tragen.

In dieser zentralen Phase entdeckte die Presse jener Zeit, worin ihre Macht besteht. Es handelte sich um ein unvergleichliches Privileg, dessen sich die Dauernachrichtensender zu Beginn des 21. Jahrhunderts mit unverhohlenem Genuss bedienen: nicht nur das Recht, die Wahrheit zu sagen (das ist die Aufgabe, die Journalisten in einer demokratischen Gesellschaft normalerweise zukommt), sondern auch die verfänglichere Macht, diese Wahrheit über Monate hinweg zu verbreiten, weil aus ihrer Enthüllung ein langer Fortsetzungsroman gemacht werden soll. Dabei gibt es zwei große Risiken: die Gefahr, dass durch die Streuung der Informationen jegliche Kohärenz verloren geht, und die Gefahr, dass die Strenge der Analyse zugunsten einer immer weiter ausufernden Fantasie aufgegeben wird.

13 Hat Kaiser Wilhelm II. den *Bordereau* mit Anmerkungen versehen?

Die Geschichte des „bordereau annoté", des „mit Anmerkungen versehen *Bordereaus*", ist eine der außergewöhnlichsten Legenden, die im Zusammenhang mit der Dreyfus-Affäre entstanden sind. Sie spielte eine wichtige Rolle im System von Irrtümern und Lügen, das vom nationalistischen Lager aufgebaut wurde, um die Idee der Unschuld von Alfred Dreyfus bis zum Ende zurückzuweisen. Beim Prozess von Rennes im Sommer 1899, dem letzten Akt der erbitterten gerichtlichen Auseinandersetzung zwischen den beiden Lagern, erhielt diese Legende eine besondere Bedeutung.

Für diejenigen, die seine Existenz verteidigten, war der „mit Anmerkungen versehene *Bordereau*" das Original des Dokuments, auf dem der Prozess von 1894 beruhte. Es sei daran erinnert, dass dieses Schriftstück auf sehr dünnem Papier geschrieben worden war, einer Art Durchschlagpapier, das als Pauspapier betrachtet werden könnte. So hätte es unter dem vom französischen Geheimdienst abgefangenen *Bordereau* ein weiteres Dokument gegeben, das Original, geschrieben auf gewöhnlichem Papier, ein streng geheimes Dokument, weil es zusätzliche Angaben enthielt ... Am Rande hätte der deutsche Kaiser Wilhelm II. persönlich den Namen des Verräters erwähnt und sich über die seiner Meinung nach überzogenen Geldforderungen beschwert. Und er soll auf Deutsch geschrieben haben: „Dieser Schurke Dreyfus wird ziemlich anspruchsvoll".

Während der Anhörungen im Prozess von Rennes glaubten die Militärkreise, General Mercier verfüge über diesen letzten Beweis. Alle Augen richten sich auf ihn. Er ist am Zug. Seine Anhänger behaupten, dass er eine fotografische Reproduktion des Dokuments bei sich habe, dass es ihm aber unmöglich sei, sie vorzulegen, ohne schwerwiegendste Konsequenzen zu riskieren. Es heißt, das kostbare Dokument sei sorgfältig versteckt und zwischen zwei Pergamenten in ein Tuch eingenäht, das Mercier zwischen seinem Hemd und seiner Haut trage, wie ein Mönch, der ein Skapulier an

13 Hat Kaiser Wilhelm II. den Bordereau mit Anmerkungen versehen?

seine Brust drückt. Es bleibt genügend Zeit für alle, um die Details auszuschmücken. Das Gerücht hält sich hartnäckig und nährt die Gewissheit der Soldaten in Erwartung eines glücklichen Endes. Einigen seiner Gesprächspartner (zu denen er das größte Vertrauen hat) gewährt Mercier einen flüchtigen Blick auf das geheimnisumwobene Pergament, das er mit so viel Hingabe bei sich trägt. Der „mit Anmerkungen versehene *Bordereau*" beflügelt die kollektive Fantasie.

Abb. 13: Karikatur von Forain, *Psst… !*, 23. April 1898: „Zu Hilfe…!" Zola, ein Exemplar seines „J'accuse" in der linken Hand haltend, schwimmt als Verräter Frankreichs zum anderen Rheinufer, wo ein preußischer Soldat auf ihn wartet.

In den Gesprächen taucht ein Ausdruck wie ein Leitmotiv auf, der „Hammerschlag": General Mercier wird „eine entscheidende Enthüllung"

13 Hat Kaiser Wilhelm II. den Bordereau mit Anmerkungen versehen?

machen, die wie „ein Hammerschlag" erfolgen wird! Der Diplomat Maurice Paléologue (der den Prozess im Auftrag der Regierung verfolgte) zitierte diese Worte in seinem Tagebuch und war besorgt. Zwei Jahre zuvor, im November 1897, hatte ihm Oberstleutnant Henry bei einem Treffen ebenfalls diesen berühmten „Hammerschlag" versprochen – ein „streng geheimes Dokument", das in einem der Schränke der Statistikabteilung aufbewahrt werde. Doch es kam nichts!

In einem seiner Artikel im *Tagebuch*, das vor Beginn des Prozesses veröffentlicht wurde, hat Maurice Barrès die Bedingungen der Debatte klar dargelegt ... Zwischen Dreyfus und den „großen Führern" muss eine Wahl getroffen werden, und es gibt nur eine Möglichkeit: den Armeeführern zu vertrauen.

> „Wir sind mehrere Millionen ehrliche Menschen, die nie von der Affäre erfahren mussten und die sich – aus Vernunft und aus Pflicht – der legitimen Autorität der Kriegsräte und der Armeeführer anvertraut haben."

Er fügte für die Soldaten hinzu:

> „Nach Rennes! Nach Rennes! Meine Herren! Cavaignac und Mercier gehen mit gutem Beispiel voran. Verstehen Sie überhaupt, was die Stunde geschlagen hat? Sie sind zwischen Ihren erbitterten Gegnern und uns, Ihren Freunden, gefangen. Es gibt keine Ausrede."

Diejenigen, die das Narrativ des „mit Anmerkungen versehenen *Bordereaus*" verbreiten, betonen, was auf dem Spiel steht, indem sie auf ein Ereignis zurückblicken, dessen Umstände unklar bleiben: eine „historische Nacht", die im Januar 1895 stattgefunden haben soll, einen Tag nach der Degradierung von Alfred Dreyfus. In diesen tragischen Momenten hätten sich Frankreich und Deutschland beinahe gegenseitig den Krieg erklärt. Glücklicherweise konnte eine Katastrophe knapp abgewendet werden. Wie? Der Staatspräsident selbst, Casimir-Périer, musste dem deutschen Botschafter, dem Grafen zu Münster von Derneburg, das berühmte Dokument, das den Kaiser so schwer belastete, zurückgeben und versprechen, es niemals zu erwähnen. Aber da General Mercier ein kluger Mann war, soll er ein Foto davon aufbewahrt haben.

Am 11. August 1899, dem Vorabend von Merciers Aussage vor dem Militärgericht, fordert *La Libre Parole* den General auf, alles preiszugeben, indem sie einen Artikel veröffentlicht, der seinen Äußerungen vorgreift

13 Hat Kaiser Wilhelm II. den Bordereau mit Anmerkungen versehen?

und den Titel trägt: „Ce que dira le général Mercier" („Was General Mercier sagen wird"). Einige Tage später, am 14. August, erneuert *Le Gaulois* diesen Aufruf und veröffentlicht auf der Titelseite eine „Lettre ouverte au général Mercier" (einen „Offenen Brief an General Mercier"). Der Autor dieses Textes, der anonym bleibt (die Unterschrift wird durch drei Sterne ersetzt), ist beharrlich. Er bedauert, dass Mercier bei seiner Aussage nicht alle notwendigen Erklärungen gegeben hat. Empört gibt er vor, eine bisher verborgene Wahrheit zu enthüllen, indem er anstelle von Mercier spricht, den er energisch herausfordert:

> „Sie stellen fest, dass der deutsche Kaiser persönlich mit Spionageangelegenheiten befasst ist, dass der deutsche Kaiser nach der Übergabe des *Bordereaus* einen so heftigen Zorn verspürte, dass Ihnen für einige Stunden der Krieg unmittelbar bevorzustehen schien."

Was ist der Inhalt des „mit Anmerkungen versehenen" *Bordereaus*? Der Verfasser des Briefes hat ausführliche Erklärungen parat und weist darauf hin, dass auf dem Original am Rand der von Dreyfus geforderte Preis für jedes der zu liefernden Dokumente angegeben sei. Als „der Kaiser Wilhelm" von diesem Vorschlag erfuhr, soll er festgestellt haben, dass „dieser Schurke Dreyfus" entschieden zu „anspruchsvoll" werde, aber er hätte angeordnet, es solle „dafür gesorgt werden, dass er die angekündigten Dokumente so schnell wie möglich liefert". Und der Verfasser des Briefes schloss, an Mercier gerichtet: „Sie besitzen eines der Exemplare dieser Fotografie, und Sie haben es nach Rennes mitgenommen."

Wie konnte einer solchen Lügengeschichte so viel Glauben geschenkt werden? Wie konnte auch nur einen Moment lang angenommen werden, dass sich der deutsche Kaiser direkt in eine gemeine Spionageaffäre eingemischt hätte und dass er so weit gegangen wäre, eigenhändig auf einem geheimen Dokument zu vermerken, der Verräter, mit dem er zu tun hätte, wäre wirklich zu teuer? Doch je plumper die Lügenmärchen sind, desto mehr verführen sie leichtgläubige Gemüter, da sie der Logik der Verschwörung folgen, welche die Obsessionen nährt und gleichzeitig die Ängste beruhigt.

In seinem Werk über die Geschichte der Dreyfus-Affäre stellt Joseph Reinach fest, dass Mercier, als er begann, von dem „mit Anmerkungen versehenen *Bordereau*" zu sprechen, „ebenso viele Dummköpfe vorfand, die

13 Hat Kaiser Wilhelm II. den Bordereau mit Anmerkungen versehen?

ihn ab dem ersten Wort bewunderten, wie Betrüger, die ihm mit ihrem Blick zustimmten". Und er fügt hinzu:

„Die Unwahrscheinlichkeit, die (moralische und materielle) Unmöglichkeit dieses albernen Märchens hat niemanden aufgehalten. Selbst wenn er zu diesem Zeitpunkt hätte einlenken wollen, konnte er es nicht mehr, gefangen von seinen Freunden, von der ungeheuerlichen Lüge, die er verbreitet hatte. [...] Die außergewöhnliche Geschichte wäre, wenn Mercier sie nicht aufgegriffen hätte, wie so viele andere Lügen, die nacheinander die öffentliche Schaulust oder Boshaftigkeit amüsiert hatten, fallen gelassen worden, oder sie wäre im Zustand einer sich bildenden Legende geblieben, die es nicht schafft, sich herauszukristallisieren."

Diese Bemerkung von Reinach über den Prozess der Konkretisierung, des „Sich-Herauskristallisierens", ist bemerkenswert. Eine Legende stützt sich auf die Autorität derjenigen, die sie verbreiten (in diesem Fall ein ehemaliger Kriegsminister, General Mercier, den die Diskurse einer parteiischen Presse durch signierte oder anonyme Artikel ablösen). Sie ist das Ergebnis eines doppelten Entwicklungsprozesses, der aus Ausbesserung und Vermischung besteht.

Die Ausbesserung führt die Fäden der Erzählung zusammen, um ihnen mehr Kohärenz zu verleihen. Demnach geschieht nichts zufällig; jedes neue Ereignis fügt sich in das vorangegangene ein; alle Dokumente sind in einem globalen Schema organisiert: Der *Bordereau* führt zum „mit Anmerkungen versehenen *Bordereau*". Ein Zwischendokument stellt die Verbindung her: das Dokument „Schurke D.", der berühmte kryptische Brief in der Geheimakte, der Dreyfus zu bezeichnen scheint, indem er den Buchstaben „D." mit dem Begriff „Schurke" in Verbindung bringt, denn das Wort „Schurke" findet sich am Rande des angeblich „mit Anmerkungen versehenen *Bordereaus*". Selbst wenn es sich verzögert, wird das erwartete Ergebnis zwangsläufig eintreten. Das Versprechen des Oberstleutnants, der sich als einsames Opfer in seiner Zelle des Mont Valérien die Kehle aufgeschlitzt hat, wird von dem General eingelöst, der den unvollendeten Kampf fortsetzen will – von dem Mann, der es Frankreich durch seine Besonnenheit ermöglicht hat, einen Konflikt mit Deutschland in der schrecklichen „historischen Nacht" zu vermeiden.

Die Vermischung verfestigt die Elemente. Die gleichen Motive werden wiederverwendet. Der Begriff „Schurke" wird zwanghaft benutzt: Nachdem er dem angeblichen Anschuldigungsschreiben in der Geheimakte entnom-

13 Hat Kaiser Wilhelm II. den Bordereau mit Anmerkungen versehen? _____

men wurde, kehrt er in der Geschichte des „mit Anmerkungen versehenen Bordereaus" zurück, in der er sogar ins Deutsche übersetzt wird, unter dem Vorwand, dass er vom Kaiser selbst verwendet wurde! Eine Theorie des Duplikats drängt sich auf und wird allgegenwärtig: hinter der Schrift des Bordereaus verbirgt sich eine verstellte Handschrift; der unsichtbare „mit Anmerkungen versehe Bordereau" ist nur in Form einer fotografischen Reproduktion zugänglich. Da der Ursprung nicht greifbar ist, wird die Kopie als einzige Möglichkeit präsentiert, diesen noch zu erahnen.

14 Waren Zola und Picquart die Helden der Dreyfus-Affäre?

Es gibt Heldenlegenden. Sie entstellen die Wahrheit nicht, sondern verherrlichen sie vielmehr, indem sie diese in den Bereich des Erhabenen rücken. Wer waren die Helden der Dreyfus-Affäre? Die Antwort liefert eine Lithographie von Hippolyte Petitjean aus dem Jahr 1899, auf der die Namen derjenigen vereint sind, die den Mut hatten, sich gegen das Unrecht zu wehren. Auf der Zeichnung sind die Dächer von Paris im Hintergrund zu sehen, die eine ferne Kulisse bilden. Im Vordergrund, an einer der Mauern des Panthéons, graviert eine junge Frau Namen in das, was eine Gedenkstele werden soll. Sie ist die allegorische Figur der Geschichte, die mit ihrer Aufgabe als Gedächtnisstifterin beschäftigt ist. Sie erstrahlt im Licht einer anderen allegorischen Darstellung, jener der Wahrheit, die ihr einen leuchtenden Spiegel vorhält. In der ersten Zeile der Stele sind die Namen von Picquart und Zola zu lesen. Dann kommen Bernard Lazare, Pressensé, Mirbeau, Clemenceau und Quillard. Außerdem sind die Namen von Jaurès und Anatole France zu erkennen.

Sie sind alle da, oder fast alle. Aber es wurde eine Hierarchie geschaffen. Zola und Picquart rücken an die Spitze der glorreichen Schar vor. Die von Hippolyte Petitjean getroffene Wahl entspricht der Wahrnehmung der Zeitgenossen der Affäre. In den Jahren 1898 und 1899, in denen die entscheidenden Wendungen der Dreyfus-Affäre aufeinander folgten, repräsentierten Zola und Picquart, jeder auf seine Weise, die elaborierteste Form des Engagements für Dreyfus. Sie waren die beiden großen Heldenfiguren dieses kollektiven Kampfes.

Daran besteht kein Zweifel. Es genügt, an einige Fakten zu erinnern, welche die Gemeinsamkeit dieses heroischen Schicksals zeigen. Aufgrund einer entscheidenden Aktion standen beide im Rampenlicht der Medien. Sie wurden vor Gericht gestellt und verurteilt und zahlten einen hohen Preis für ihr Engagement. Aber sie erhielten zahlreiche Unterstützungsbekundungen – Petitionen, Artikel, Briefe von Bewunderern. Die Dreyfusar-

14 Waren Zola und Picquart die Helden der Dreyfus-Affäre?

den setzten sich dafür ein, sie zu verteidigen. Zwei große Gemeinschaftswerke würdigten sie im Abstand von wenigen Monaten: der *Livre d'Hommage des Lettres françaises à Émile Zola*, die *Hommage an Émile Zola durch die französischen Geisteswissenschaften*, die im Juli 1898 veröffentlicht wurde, als der Schriftsteller ins Exil ging, und die Anfang 1899 unter dem Titel *Hommage des artistes à Picquart* (*Hommage der Künstler an Picquart*) mit einem Vorwort von Octave Mirbeau erschien. Im November 1898 veröffentlichte Francis de Pressensé eine Geschichte der Dreyfus-Affäre mit dem Titel *Un héros. Le lieutenant-colonel Picquart* (*Ein Held: Der Oberstleutnant Picquart*).

Abb. 14: Lithographie von Hippolyte Petitjean, 1899: Das „Panthéon" der Dreyfusarden. „Im Vordergrund, an einer der Mauern des Panthéons, graviert eine junge Frau Namen in [...] eine Gedenkstele [...]. Sie ist die allegorische Figur der Geschichte [und] erstrahlt im Licht einer anderen allegorischen Darstellung, jener der Wahrheit, die ihr einen leuchtenden Spiegel vorhält. In der ersten Zeile der Stele sind die Namen von Picquart und Zola zu lesen. Dann kommen Bernard Lazare, Pressensé, Mirbeau, Clemenceau und Quillard. Außerdem sind die Namen von Jaurès und Anatole France zu erkennen."

14 Waren Zola und Picquart die Helden der Dreyfus-Affäre?

Zola und Picquart verkörpern zwei verschiedene Formen des Dreyfusarden-Heldentums. Ihre individuellen Ansätze unterscheiden sich. Aber beide zeichnen sich durch das aus, was das Wesen der Heldentat ausmacht: zu handeln, wenn einen nichts dazu zwingt; zu handeln als Antwort auf einen moralischen Imperativ, den allein das Gewissen gebietet. Deshalb übten sie auf das Lager der Dreyfusarden eine so große Anziehungskraft aus.

Nachdem er von Scheurer-Kestner über die Elemente informiert worden war, die auf die Unschuld von Alfred Dreyfus hinwiesen, und die Unterlagen eines komplexen Falles vor Augen hatte, zögerte Zola, bevor er sich in den Kampf begab. Er wog die Risiken ab und war sich des Ernstes der Lage bewusst. Und dann fasste er plötzlich einen Entschluss, „wie aus heiterem Himmel", wie er seiner Frau Alexandrine am 24. November 1897 erklärte:

> „Es hat mir keine Ruhe gelassen, ich konnte nicht mehr schlafen, ich musste meine Seele erleichtern. Ich hielt es für feige, zu schweigen. Die Folgen sind mir egal, ich bin stark genug, ich werde alles überstehen."

Ein Gefühl leitet ihn: die Bewunderung, die er für Scheurer-Kestner empfindet. Am 20. November schrieb er ihm:

> „Sie können sich nicht vorstellen, wie sehr mich Ihre bewundernswerte, so ruhige Haltung inmitten von Drohungen und den schlimmsten Beleidigungen mit Bewunderung erfüllt. Es gibt keine schönere Rolle als die Ihre, egal was passiert, und ich beneide Sie darum. Ich weiß nicht, was ich tun werde, aber noch nie hat mich ein menschliches Drama so sehr berührt. Dies ist der Kampf für die Wahrheit, und es ist der einzig gute, der einzig große. Selbst in der sich abzeichnenden Niederlage ist der Sieg am Ende sicher."

Mit wenigen Worten ist das Wesentliche gesagt. Die Geschichte bietet dem Handeln eine Bühne. Sie stellt eine großartige „Rolle" dar, die es zu ergreifen gilt; trotz der offensichtlichen Gefahr vermittelt sie dem Geist eine Gewissheit: „In der sich abzeichnenden Niederlage" scheint ein „Sieg" möglich. Es genügt also, dem äußeren Schein zu trotzen. Heldentum besteht darin, den Lauf der Dinge vorwegzunehmen, um die Zukunft vorauszusehen.

Das erkennt Octave Mirbeau sofort, als er in *Le Figaro* den ersten Artikel des Schriftstellers zugunsten von Alfred Dreyfus entdeckt:

> „Oh, mein lieber Zola, was für einen schönen, mutigen, bewundernswerten Artikel haben Sie gestern geschrieben! Und mit welcher Erleichterung hörten wir inmitten all

dieser Schreie und all dieser Schande Ihre große und edle Stimme! Es war ein Gefühl, das alle Herzen, die noch nicht verkommen sind, höherschlagen ließ! Und es ist mehr als nur eine schöne Seite, es ist ein Akt von bewundernswertem Mut."

In den darauffolgenden Wochen wächst die Bedeutung des Schriftstellers, je weiter die von ihm geführte Kampagne zur Überzeugung der öffentlichen Meinung voranschreitet. Eine neue Dimension erhält sein Ruhm mit der Veröffentlichung von „J'accuse", dessen Wirkung von nun an die Bedeutung des Engagements für Dreyfus bestimmen soll. Doch erst der Prozess gegen den Schriftsteller im Februar 1898 vervollständigt das Bild des Helden. Da wird der Romancier auf die Anklagebank gesetzt und dem Verhör eines Schwurgerichts unterzogen.

Zur Überraschung aller lässt er sich nicht beirren. Er stellt sich dem Sturm entgegen und bewahrt die Fassung. Als er am 23. Februar verurteilt wird, begrüßen seine Gegner die Entscheidung der Geschworenen mit Jubelschreien und erfüllen den Gerichtssaal mit ihrem Getöse. Dann muss er unter Buhrufen den Palais de Justice verlassen, bedroht von den Schlägen, die ihm die Menge versetzen will, geschützt durch das schwache Bollwerk einiger mutiger Freunde. Eine unvergessliche Szene! Sie wird in der Erinnerung derjenigen bleiben, die sie erlebt haben. Séverine, die Redakteurin von *La Fronde*, berichtet:

> „Plötzlich, als wir den Gerichtssaal verließen, befanden wir uns aufgrund eines Irrtums inmitten der Menschenmenge, inmitten des Wahnsinns, beim Hinabsteigen der Treppe des Justizpalastes ... Und dann, ja, wirklich, sah ich den Helden! Schöner, als die Antike ihn je erdacht hat! Derjenige, dem durch alles hindurch, gegen alles, vor allem, der Namen des Helden gebührt! Er war ungeschickt, er war kurzsichtig, er hielt seinen Regenschirm unbeholfen unter dem Arm; er hatte die Gestik und das Aussehen eines Gelehrten. Aber als er eine nach der anderen die Stufen des Justizpalastes hinabstieg, unter den Schreien des Hasses, den Morddrohungen, unter einem Baldachin aus erhobenen Stöcken, war er wie ein König, der unter einem Baldachin aus nackten Schwertern die Treppe des Rathauses hinabstieg [...]. Es war das Größte, was ich in meinem Leben gesehen habe: der Triumph eines Gewissens, einer Wahrheit, einer Individualität."

Neben diesem kurzsichtigen Intellektuellen mit seinen unbeholfenen Bewegungen hatten die Dreyfusarden das Glück, in Oberstleutnant Picquart eine andere Figur der Tapferkeit zu haben, die noch überraschender war und gleichzeitig mehr der traditionellen Vorstellung von Heldentum entsprach. Wir hofften auf einen Helden, ruft Francis de Pressensé zu Beginn seines Buches über ihn aus. Nun, hier ist er ...

> „Ja, er ist ein Held im wahrsten Sinne des Wortes, ein Mann, der die Menschheit ehrt und der den Seiten Plutarchs entsprungen zu sein scheint."

Er fügt hinzu, der ehemalige Leiter des Nachrichtendienstes habe „eine Zivilcourage gezeigt, die tausendmal seltener und edler ist als der Soldatenmut, den er in Algerien und Tonkin so oft unter Beweis gestellt hat".

Oberstleutnant Picquart zieht alle Blicke auf sich, als er am 11. Februar 1898 anlässlich des Prozesses gegen Émile Zola zum ersten Mal der Öffentlichkeit vorgestellt wird. Er betritt den Zeugenstand in seiner algerischen Schützenuniform, einem himmelblauen Dolman mit goldener Borte und einer roten Pluderhose.[6] Elegant, mit jugendlichem Aussehen, dreiundvierzig Jahre alt, sieht er kaum wie dreißig aus. Er ist eine Erscheinung!

Die Dreyfusarden sind fasziniert. Marcel Proust, der bei der Anhörung anwesend war, sieht in ihm „einen aus Afrika zurückkehrenden Kavalleristen", einen Kavalier,[7] der sich mit Leichtigkeit seinen Weg durch die Menge bahnt, „als würde er vom Pferd absteigen und zu Fuß den schnellen und leichten Schritt eines berittenen Spahis beibehalten". Séverine ist begeistert:

> „Seine Gestik ist sparsam; die Stimme, anfangs undeutlich, beruhigt sich bald. Aber der Tonfall bleibt unveränderlich sanft, vernünftig könnten wir sagen, in der Genauigkeit der Klangfarbe und der Einfachheit. Und was an ihm am meisten auffällt, ist der Kontrast zu all denjenigen seines Berufsstandes, die bisher in dieser Position aufgetreten sind. Er ist außerordentlich ‚anders': meditativ, melancholisch, künstlerisch ... ach, ‚intellektuell'!"

Auch der spätere Literaturnobelpreisträger Anatole France ist voll der Bewunderung für Oberstleutnant Picquart:

> „Die Veranlagung, sich in sich selbst zurückzuziehen, seine natürliche Einfachheit, sein Geist des Verzichts und der Aufopferung und diese schöne Unverdorbenheit, die

---

[6] Nachdem er in Ungnade gefallen war, wurde er in ein algerisches Schützenregiment versetzt, das in Sousse (Tunesien) stationiert war.
[7] Das französische Wort „cavalier" bezeichnet sowohl einen „Kavalleristen" als auch einen „Kavalier".

14 Waren Zola und Picquart die Helden der Dreyfus-Affäre?

manchmal wie eine Gnade in den Seelen verbleibt, welche am besten vor dem allgemeinen Übel gewarnt sind, machten ihn zu einem jener Soldaten, die Alfred de Vigny gesehen oder erahnt hatte, ruhige Helden des Alltages, die mit den bescheidensten Mitteln den Adel, der in ihnen steckt, vermitteln und für welche die Erfüllung der regelmäßigen Pflicht die vertraute Poesie des Lebens ist."

Auf Alfred de Vigny bezieht sich auch Julien Benda, als er sich in seinen Memoiren *La Jeunesse d'un clerc* (*Die Jugend eines Intellektuellen*) die Figur Picquarts ins Gedächtnis ruft:

> „Seine offensichtliche Religion für den Militärstaat verlieh seiner Philosophie, wir könnten auch sagen seiner Melancholie, ein ganz besonderes Niveau, wie wir es bei den Vauvenargues und den Vignys sehen, deren Sohn er zu sein schien und deren Menschenschlag mich aus diesem Grund immer so fasziniert hat."

Wie Zola geht Picquart gestärkt aus der Schicksalsprüfung hervor, die er zu bestehen hat: sechzig Tage Haft in der Festungsanlage Mont Valérien Anfang 1898, gefolgt von elf Monaten Gefängnis in La Santé und dann im Cherche-Midi, von Juli 1898 bis Juni 1899. Die Unerbittlichkeit der Militärbehörden und die Dauer der Inhaftierung verzehnfachen die Begeisterung seiner Anhänger. „Frauen schickten ihm Blumen. Aus allen Teilen der Welt erhielt er bewundernde Briefe", erzählt Joseph Reinach. Jane Charpentier, die Tochter von Georges Charpentier (Zolas Verleger), verliebt sich unsterblich in den hübschen Offizier im blauen Dolman und träumt davon, ihn zu heiraten, was die ganze Familie in Aufruhr versetzt und zu Streitszenen führt! Manche Verehrerinnen treiben den Fetischismus auf die Spitze und kleben auf Fotografien ihres Idols Stoffstücke in der Farbe seiner Uniform. Solch irrationale Leidenschaften entfachen zwangsläufig die Ironie von Maurice Barrès:

> „In diesem Winter brachten dreißig Frauen abwechselnd Süßigkeiten und Blumen in sein Gefängnis. Er bietet ein lyrisches Thema für schöne Seelen, die sich aufs Reimen verstehen."

Aus dieser vielfältigen Begeisterung heraus entstanden zwei Bücher als Hommage auf Zola und Picquart, deren Engagement sie feierten.

14 Waren Zola und Picquart die Helden der Dreyfus-Affäre?

Abb. 15: Radierung Émile Zolas von Georges Gorvel um 1900: „Er war ungeschickt, er war kurzsichtig, er hielt seinen Regenschirm unbeholfen unter dem Arm; er hatte die Gestik und das Aussehen eines Gelehrten. [...] Es war das Größte, was ich in meinem Leben gesehen habe: der Triumph eines Gewissens, einer Wahrheit, einer Individualität" (Kommentar der Journalistin Séverine in *La Fronde*).

Das Buch zur Unterstützung von Émile Zola, das im Juli 1898 veröffentlicht wurde, ist das Ergebnis der Zusammenarbeit einer Gruppe französischer und belgischer Schriftsteller. Es vereint mehr als einhundert Einzelbeiträge mit Texten von großer Vielfalt. Sie reichen von schnell verfassten Notizen bis zu sorgfältig geschriebenen Stücken. Persönliche Reaktionen vermischen sich mit historischen und soziologischen Überlegungen. Das Buch enthält einige Gedichte. Die Textform ist nicht wichtig. Die Hauptsache ist, Worte zu finden, die Bewunderung ausdrücken. Wie es im Vorwort heißt, „kommen drei Generationen zusammen, um mit dieser Hommage lautstark zu verkünden, dass es trotz der unterschiedlichen politischen Meinungen und sozialen Stellungen ein Gefühl gibt, das stärker ist als jede Idee und jedes Alter: das Gefühl der Gerechtigkeit". Der Wunsch nach Einstimmigkeit führt dazu, dass die literarische Diskussion in den Hintergrund gerät. Der naturalistische Schriftsteller ist vergessen. Im Übrigen gestehen mehrere Autoren, dass sie der Ästhetik von *L'Assommoir* (*Der Totschläger*) oder *La Terre* (*Die Erde*) wenig abgewinnen können. Für sie zählt nur die vollbrachte Tat, die in ihrer absoluten, fast metaphysischen Dimension wahrgenommen wird. Das zum Ausdruck gebrachte Wort ist ganz auf seine feierliche Funktion ausgerichtet.

Abb. 16: Lithographie von Lucien Perroudon, *Hommage des artistes à Picquart*, 1899: Oberstleutnant Georges Picquart. „Ja, er ist ein Held im wahrsten Sinne des Wortes, ein Mann, der die Menschheit ehrt und der den Seiten Plutarchs entsprungen zu sein scheint" (Kommentar des Journalisten Francis de Pressensé).

Derselbe einhellige Wille kommt in dem einige Monate später für Picquart zusammengestellten Werk zum Ausdruck. Es enthält keine Texte, sondern eine Reihe von Lithografien, welche die Bildersprache gewählt haben: Auf Porträts des Oberstleutnants, die aus verschiedenen Blickwinkeln aufgenommen wurden, folgen allegorische Darstellungen des Kampfes in der Dreyfus-Affäre, welche die Konfrontation zwischen einer blinden Menge und denen zeigen, die versuchen, sie aufzuklären. Einige der Autoren dieser Lithografien sind Künstler mit anarchistischen Sympathien, die das Militär ablehnen. Für sie ist die Ehrung des sich für Dreyfus einsetzenden Offiziers eine heikle Angelegenheit. Aber sie umgehen das Hindernis mit Geschick. Die Begeisterung für das Heldentum überwindet alle Gräben.

Mehr als ein Jahrhundert später stößt die Ehrung, die wir dem Heldentum von Oberstleutnant Picquart erweisen könnten, auf ein großes Hindernis: nicht auf seine Stellung als Soldat, sondern auf die Tatsache, dass er ein Antisemit war. Zweifellos vertrat Picquart nicht die extremen Ansichten eines Mannes wie Oberst Sandherr, dessen Nachfolge er als Leiter des Geheimdienstes angetreten hatte. Er wäre jedoch nicht auf den ihm zugewiesenen Posten ernannt worden, wenn er in diesem Punkt nicht die in seinem Umfeld weit verbreiteten Ansichten geteilt hätte. Zola war sich dessen im Übrigen bewusst. In seinem „J'accuse" – was uns in der Tat überrascht – verwendet er dieses Argument sogar, um die These zu bekämpfen, dass das „jüdische Syndikat" hinter dem Komplott gegen Esterhazy stecken würde:

> „Es wird sogar behauptet, dass er [Picquart] der Fälscher ist, dass er die Telegrammkarte geschrieben hat, um Esterhazy loszuwerden. Aber, großer Gott! Warum? Zu welchem Zweck? Nennen Sie einen Grund. Wird dieser auch von den Juden bezahlt? Das Schöne an der Geschichte ist, dass gerade er ein Antisemit war."

Picquart setzte seine Karriere aufs Spiel, um die Unschuld von Alfred Dreyfus zu verteidigen, und er schwankte in diesem Punkt nicht einmal während des Prozesses gegen Zola, als er den Mut hatte, sich den Vertretern des Generalstabs mit Entschlossenheit entgegenzustellen. Wer war Picquart wirklich? Für Daniel Halévy war er ein „Antisemit aus Vergnügen, nicht in der Seele". Joseph Reinach sah in ihm einen Antisemiten „ohne jeglichen Fanatismus", dem die „marktschreierischen Leidenschaften der Sektierer" fremd waren. All diese Formeln deuten eher auf einen weltlichen Antisemitismus hin, der auf Vorurteilen beruht, die in der Gesellschaft des ausgehenden 19. Jahrhunderts und insbesondere in militärischen Kreisen weit verbreitet waren.

Dennoch wirft diese Seite seiner Persönlichkeit einen Schatten auf eine Figur, die heute, mehr als ein Jahrhundert später, schwer einzuordnen ist. Picquart starb plötzlich im Januar 1914, kurz vor dem Ersten Weltkrieg, und zerstörte vor seinem Tod alle seine persönlichen Papiere. Er bestand

14 Waren Zola und Picquart die Helden der Dreyfus-Affäre?

darauf, das Geheimnis seiner Existenz zu bewahren, da er zweifellos der Meinung war, dass die Nachwelt nicht in der Lage sein würde, einen biografischen Werdegang zu verstehen, der von zahlreichen Widersprüchen durchzogen ist, zwischen der Liebe zur Armee und der Kritik an der militärischen Institution, zwischen dem Engagement für Dreyfus und antisemitischen Vorurteilen ...

15 Basierte das Engagement für Dreyfus auf Gefühlen?

„Mein flammender Protest ist nur der Schrei meiner Seele", bringt Zola am Ende seines „J'accuse" hervor. Sein Engagement stützt sich auf sorgfältig abgewogene Argumente, die auf rationale Weise dargelegt werden. Aber ein grundlegendes Gefühl leitet ihn, die Empörung angesichts der Ungerechtigkeit – ein „Schrei", der aus dem Gewissen kommt. Schon 1882, als er eine Bilanz seiner Auseinandersetzungen als Journalist und Literaturkritiker zog, erklärte er:[8]

> „Ah! Entrüstet zu leben, wütend zu leben auf verlogene Talente, gestohlene Reputationen, die allgemeine Mittelmäßigkeit! [...] Das ist meine Leidenschaft gewesen, von ihr bin ich ganz blutverschmiert, aber ich liebe sie, und wenn ich etwas wert bin, dann ihretwegen, nur ihretwegen!"

Mit dieser Aussage wiederholte er lediglich eine moralische Regel, die er zu Beginn seiner literarischen Karriere aufgestellt hatte, als er 1866 im Alter von sechsundzwanzig Jahren seine erste Sammlung kritischer Artikel, *Mes Haines* (*Was ich nicht leiden mag*), veröffentlichte:

> „Wer mich fragt, was ich als Künstler in dieser Welt zu tun habe, bekommt als Antwort: ‚Ich bin gekommen, um laut zu leben'."

1898 geht also eine lange Wegstrecke zu Ende, die von Prinzipien bestimmt war, die ein ganzes Leben lang immer wieder bekräftigt wurden: zu schreiben bedeutet, Worte auf das leere Blatt einer Gemütsbewegung zu setzen; sich zu engagieren bedeutet, einer moralischen Forderung nachzukommen, ungeachtet der damit verbundenen Gefahren.

Eine ähnliche Regung leitet diejenigen, die sich im Januar 1898 hinter ihn stellen, indem sie die beiden unmittelbar auf die Veröffentlichung von „J'accuse" folgenden Petitionen unterzeichnen. Ihr Vorgehen ist von Gefühlen geleitet. Sie „protestieren" und fordern die „Wiederaufnahme"

---

[8] Im Vorwort zu einer Sammlung von Kolumnen mit dem Titel *Une campagne*.

des Prozesses gegen Alfred Dreyfus; sie sind „erschüttert über die begangenen Unregelmäßigkeiten"; sie sagen, sie seien „erstaunt", „bewegt" von dem, was sie feststellen müssen. Einige Petitionen wählen die Sprache der Bewunderung. Die Unterzeichnenden einer am 2. Februar lancierten „Adresse à Émile Zola" („Eingabe an Émile Zola"), die „der Welt der Künste, der Wissenschaften und der Literatur" angehören, „beglückwünschen Émile Zola zu seiner edlen, kämpferischen Haltung, die er in dieser finsteren Dreyfus-Affäre eingenommen hat". Die gleiche Haltung bringt eine Petition zur Unterstützung von Picquart einige Monate später zum Ausdruck, die in den Zeitungen der Dreyfusarden ab dem 25. November veröffentlicht wird: Sie wendet sich „im Namen des missachteten Rechts gegen die Verfolgung und den Verrat von Oberst Picquart, dem heldenhaften Architekten des Wiederaufnahmeverfahrens, in der Stunde, da dieses zustande kommt".

Ebenso ins emotionale Register fällt der Text einer großartigen Petition, die im März 1898 zugunsten von Lucie Dreyfus von „Frauen" und „Müttern" lanciert wird, die „im Namen der Menschlichkeit und der missachteten Gerechtigkeit" protestieren. Sie bitten den Minister der Kolonien um „ein wenig Mitleid mit dieser unglücklichen und bewundernswerten Frau, Madame Lucie Dreyfus, deren Leiden alles Vorstellbare übersteigen"; sie fordern, „dass sie ihren Mann treffen und in der Zwischenzeit die handschriftlichen Briefe des Verurteilten von der Teufelsinsel erhalten darf"; und sie schicken der Frau des Hauptmanns einen Ausdruck ihrer „Bewunderung" und ihres „leidenschaftlichen Mitgefühls".

Diejenigen, die eine Petition mit ihrem Namen unterzeichnen, beweisen unbestreitbaren Mut. Sie geben sich der Öffentlichkeit preis und riskieren, von der nationalistischen Presse angegriffen zu werden. Als die ersten Listen veröffentlicht werden, empört sich *La Libre Parole*, da sie es für unzulässig hält, dass sich Professoren als Staatsbeamte erdreisten, öffentlich ihre Unterstützung für Alfred Dreyfus zum Ausdruck zu bringen. Aber der Mut der Dreyfusarden liegt genau in diesem Akt: aus der Anonymität herauszutreten, sich offen zu zeigen – „laut zu leben", um es mit Zola zu sagen. Die Petition zugunsten von Picquart (die mit mehr als 50 000 Unterschriften sehr erfolgreich war) treibt diesen Wunsch nach Transparenz sehr weit: Neben ihrem Namen geben die Unterzeichnenden oft auch ihren Beruf und sogar ihre Adresse an.

15 Basierte das Engagement für Dreyfus auf Gefühlen?

Der Unterstützungsbrief ist eine diskretere, weniger sichtbare Form des Engagements und zeigt die Bedeutung der Gefühle im Bewusstsein der Dreyfusarden. Im Januar und Februar 1898, zum Zeitpunkt von „J'accuse" und dem anschließenden Prozess, erhielt Zola hunderte solcher Briefe aus allen Regionen Frankreichs und sogar aus der ganzen Welt. Zwischen Juni und September 1899, als die Wiederaufnahme des Prozesses gegen ihren Mann lief, kam Lucie Dreyfus in den Genuss ähnlicher Solidaritätsbekundungen.

Die Verfasser dieser Briefe bringen vor allem ihre Bewunderung zum Ausdruck und entschuldigen sich manchmal für ihre Unverschämtheit, im Bewusstsein, dass sie „Fremde" sind, die kein spezielles Anrecht auf solche Äußerungen haben.[9] Einer dieser Unbekannten äußert Zola gegenüber am 14. Januar 1898:

> „Erlauben Sie einem Fremden, Ihnen zu sagen, dass Sie hier einen Akt an Mut, das heißt an Tugend, vollbracht haben, der dem des Parthenon gleichkommt, und an Schönheit eine jener Taten, die auf dem Gipfel der Geschichte erstrahlen und den Menschen von seiner Mittelmäßigkeit und seiner ganzen Niedertracht erlösen."

Gaston Laurent, Philosophieprofessor, wohnhaft in der Rue des Archives 9, schreibt:

> „Als ich Ihren Brief las, glaubte ich, die große Stimme Victor Hugos aus dem Grab auferstehen zu hören: Ja, sie ist wirklich wiederauferstanden. Sie nehmen Ihren Platz unter den großen Männern ein, die in der Geschichte im Namen Frankreichs sprechen: Sie können in Ruhe ihre Bilder anschauen und ihnen sagen: ‚Ihr alle, seid Zeugen'."

In ein anderes Register fällt diese Apostrophe vom 14. Januar von Ernest Lavergne, einem Restaurantkellner:

> „Seien Sie gegrüßt, Verteidiger der Menschheit, lassen Sie sich nicht von den Marionetten des Generalstabs, wie Sie jene so weise nennen, einschüchtern. Sie haben, Bürger, die Masse der Proletarier hinter sich, sie bewundert Sie in diesem Werk der moralischen Reinigung, und sie ist mit Sicherheit glücklich, dass Ihr kolossales Genie im Dienste der Unterdrückten steht."

---

[9] Von Marie Aynié gewählter Begriff für den Titel ihres Buches zu diesem Thema: *Les amis inconnus. Se mobiliser pour Dreyfus (1897-1899)*, Toulouse: Éditions Privat, 2011.

15 Basierte das Engagement für Dreyfus auf Gefühlen?

Aus der Feder von Cécile Cassot, wohnhaft in der Rue Saint-Marc 27, lesen wir:

> „Diesen Schrei nach Gerechtigkeit, den niemand auszustoßen wagte, haben Sie in Ihrem bewundernswerten Brief bestens zu Gehör gebracht. Niemals, ja niemals zuvor haben Sie einen solchen Tonfall angeschlagen. [...] Oh Meister, ich liebe Sie und folge Ihnen, denn für Wahrheit und Gerechtigkeit gibt es kein Geschlecht."

Des Weiteren ist von dieser Leserin, der *Thérèse Raquin* nicht gefallen hat (weil es ihr unmöglich ist, sich mit der Heldin des Romans zu identifizieren, deren Gefühle sie nicht teilt), noch zu lesen:

> „In Anbetracht Ihres bewundernswerten Briefes verneige ich mich heute vor dem Mann, der mutig genug ist, die Wahrheit zu sagen und einen Unschuldigen und ein Opfer zu verteidigen."

Am 11. September 1899 entschuldigt sich die in Paris lebende Élisabeth Lesœur bei Lucie Dreyfus für ihre Einmischung:

> „Sie kennen mich nicht und ich kenne Sie nur durch die respektvolle Bewunderung, die Sie in mir erwecken. Ihre stets so würdevolle und energische Haltung hat viele Menschen bewegt, die sich nicht trauen, es Ihnen zu sagen; ich für meinen Teil kann ein solches Schweigen heute nicht mehr aufrechterhalten, und auch wenn meine Annäherung indiskret erscheinen sollte, möchte ich Ihnen hiermit all mein tiefes und leidenschaftliches Mitgefühl bekunden."

Die gleiche Haltung nimmt Madeleine Lajoye am 17. September, dem Tag nach dem Prozess von Rennes, ein:

> „Ich bin nur eine Fremde für Sie, und ich werde wahrscheinlich nie die Ehre haben, Sie kennenzulernen. Aber seit Beginn der so leidenschaftlichen Debatten, die in Rennes eröffnet wurden und für Sie die Stationen des Leidenswegs markiert haben, den Sie so mutig durchlaufen, habe ich den sehnlichen Wunsch verspürt, Ihnen ein bescheidenes Zeugnis der Bewunderung und des Mitgefühls zu übermitteln."

Die absurde Verurteilung durch den Kriegsrat von Rennes empört Alice Bichenot, die am 10. September aus Valence schreibt:

> „Mein Herz blutet für Sie und ich finde keine Worte, um auszudrücken, was ich fühle. Ich kann nur mit Ihnen weinen. Es gibt jedoch etwas, das ich Ihnen unbedingt mitteilen möchte: Dieses jüngste Urteil hat nichts an unserer Überzeugung von der Unschuld des unglücklichen Hauptmanns Dreyfus geändert. Diese neuen Debatten hätten sie eher gestärkt, wenn sie denn einer Stärkung bedurft hätte. Ich sage unsere Überzeugung, weil viele von uns hier seit langem an diese Unschuld glauben, und ich kenne viele Familien, in denen die so plötzliche wie unerwartete Nachricht eine echte

15 Basierte das Engagement für Dreyfus auf Gefühlen?

Betroffenheit ausgelöst hat und von vielen mit Tränen und Schluchzen aufgenommen wurde."

Zum gleichen Thema erklärt Marie Raban, eine Einwohnerin von Barbery im Departement Oise, Folgendes:

„Wäre Hauptmann Dreyfus freigesprochen worden, hätte ich mir nicht erlaubt, Ihnen zu schreiben, aber er ist wieder einmal verurteilt worden, und sowohl Sie als auch er leiden. Wie bescheiden die Person auch sein mag, von der es ausgeht, ein Zeichen der Achtung und des Mitgefühls ist immer ein Trost, und wenn Sie nur wüssten, Madame, wie sehr ich mich mit Ihrem Schmerz und mit seinen Leiden verbinde!"[10]

Das Engagement für Dreyfus beruht auf zwei miteinander verbundenen Gefühlen: der Empörung über das begangene Unrecht und der Bewunderung für diejenigen, die dagegen kämpfen. Die Unterzeichnenden von Petitionen sowie die Autorinnen und Autoren von Unterstützungsbriefen begleiten Zola, Picquart und Lucie Dreyfus mit ihrer inneren Bewegtheit. Sie zittern mit ihnen. Sie identifizieren sich mit den Werten, die sie verkörpern. Diese heldenhaften Figuren ermöglichen es ihnen, die Bedeutung der laufenden Auseinandersetzung besser zu verstehen. Während er darüber nachdenkt, was Picquart repräsentiert haben könnte, ist Bernard Lazare, der ihn nicht sehr mochte (weil er ihm seine Ausflüchte vorwarf), gezwungen, dies anzuerkennen:

„Die Masse war nicht *dreyfusard*, sie war *picquardistisch*, sie marschierte, als sie einen prüden Helden in roten Reithosen hatte."

Und er fügt hinzu:

„Unter diesem Gesichtspunkt war Picquart nützlich. Mit abstrakten Ideen allein lässt sich ein Volk nicht aufrüttel. Er hat es möglich gemacht, das Drama greifbar zu machen."

Die unverhohlene Bewunderung (die zugegebenermaßen ihre Grenzen hat, wenn wir den Einwand von Bernard Lazare berücksichtigen) ist zweifellos das, was das Engagement der Dreyfusarden von modernen sozialen Bewegungen unterscheidet, die ebenfalls von einem starken Gefühl der Empörung angetrieben werden – von den spanischen „Indignados" von 2011 bis

---

[10] Die Zitate aus den Briefen an Lucie Dreyfus sind dem Werk von Marie Aynié entnommen. Die Briefe an Zola stammen aus dem Archiv des Centre d'Étude sur Zola et le Naturalisme (Institut des Textes et Manuscrits modernes, CNRS/ENS).

15 Basierte das Engagement für Dreyfus auf Gefühlen?

zu den französischen „Gelbwesten". Die Empörten unserer Zeit folgen der Aufforderung von Stéphane Hessels Pamphlet *Indignez-vous!* (*Empört Euch!*) aus dem Jahr 2010, das zu einem allgemeinen Aufstand gegen alle möglichen Formen von Ungerechtigkeit aufruft. Sie betrachten die Empörung als eine absolute Ausdrucksform, die sie sogar zum Hass führen kann.

Vor diesem Hass wurden die Dreyfusarden größtenteils bewahrt, denn sie waren der Meinung, dass sie mit ihrem Engagement zum Aufbau einer anderen Gesellschaft beitrugen, die allen Menschen neue Rechte bringen würde. Ihre Hoffnungen wurden in den Anfängen einer Demokratie geboren, die auf ihre Fähigkeit vertraute, eine neue Zukunft zu erfinden. Sie besaßen eine Eigenschaft, die in den heutigen Revolten wahrscheinlich nicht mehr vorhanden ist: von der Empörung zur Bewunderung überzugehen.

16 Waren die Sozialisten Dreyfusarden?

„À un prolétaire" ... Der Aufruf erscheint am Montag, den 8. August 1898 auf der Titelseite von *L'Aurore*. Er bildet den Titel eines Artikels von Octave Mirbeau, der eine wesentliche Frage für die damals stattfindende Auseinandersetzung stellt. Betrifft die Dreyfus-Affäre die Arbeiterklasse? Sollen sich Sozialisten mit ihr auseinandersetzen? Ja, antwortet Mirbeau, ohne zu zögern, und wendet sich an den „Proletarier", dem er einen offenen Brief schreiben will. Du sollst dazu gebracht werden, das Interesse an dieser Geschichte zu verlieren, sagt ihm Mirbeau, denn es gehe um „einen reichen Mann, einen Offizier, einen Erzfeind", aber „die Ungerechtigkeit, die ein Lebewesen trifft – und sei es dein Feind –, trifft auch dich". Denn es sei die „Menschheit", der „Unrecht getan" werde ...

„Indem du ihn verteidigst, den alle brutalen Kräfte, alle Leidenschaften einer untergehenden Gesellschaft unterdrücken, verteidigst du dich selbst in ihm, verteidigst du dein Recht auf Freiheit und auf Leben, das so schwer erkämpft wurde, zum Preis von so viel Blut!"

In diesem Artikel prangert Octave Mirbeau energisch den Dogmatismus von Jules Guesde an, der zur selben Zeit die Anhänger des *Parti ouvrier français* (der Französischen Arbeiterpartei) zur Neutralität in dem laufenden Konflikt aufforderte. Dies verkündete ein Manifest, das die Zeitung *Le Socialiste* einige Tage zuvor, am 24. Juli, veröffentlicht hatte:

„Die sozialistische Partei kann sich nicht ohne Täuschung und Verrat für einen einzigen Augenblick von ihrem Kurs ablenken lassen, ihren eigenen Krieg aussetzen und sich in der Berichtigung von individuellem Unrecht verlieren, das seine Wiedergutmachung in der allgemeinen Wiedergutmachung finden wird."

Eine solche Haltung empört Mirbeau zutiefst. Er fordert sein Gegenüber auf, dem Beispiel von Jaurès zu folgen, der beschlossen hat, sich für die Sache der Dreyfusarden zu engagieren: Wie Zola sehe Jaurès klar, was auf dem Spiel steht, denn er sei „ein großer Verfechter, ein großer Fürsprecher und eine große Seele der Gerechtigkeit!"

In diesem Monat August 1898 sind die Sozialisten in der Tat gespalten. Einerseits hat sich die französische Arbeiterpartei hinter Guesde gegen eine Einmischung entschieden und beharrt auf einer Position, die bereits in einem am 20. Januar 1898 in *La Petite République* und *La Lanterne* veröffentlichten Manifest zum Ausdruck gebracht wurde, welches das „Proletariat" aufforderte, sich von „diesem Schlachtfeld" fernzuhalten, auf dem sich „zwei rivalisierende Fraktionen der Bourgeoisie" gegenüberstanden, „die Opportunisten und die Kleriker", die sich darauf geeinigt hätten, „die Demokratie zu verraten und zu bezwingen", „das Volk zu bevormunden, die Gewerkschaften zu zerschlagen, das kapitalistische Regime und das Lohnsystem mit allen Mitteln zu verlängern".

Auf der anderen Seite gibt es diejenigen, die der Meinung sind, dass die große Konfrontation, die das Land zerreißt, nicht ignoriert werden kann: Jean Allemane, Chef des *Parti ouvrier socialiste révolutionnaire* (der Revolutionären Sozialistischen Arbeiterpartei, mit anarchistischer Tendenz), der von Anfang an seine Unterstützung für Zola zum Ausdruck gebracht hat, und Jean Jaurès.[11] Im Januar hatte Jaurès aus Solidarität das Manifest von *La Petite République* unterzeichnet, doch nachdem er bei den Parlamentswahlen im Mai 1898 seinen Sitz als Abgeordneter verloren hat und seinen Wahlkreis Carmaux aufgeben musste, kann er nunmehr unabhängig handeln. Dank Lucien Herr, dem Bibliothekar der *École normale supérieure*, der die Petitionen zugunsten von Alfred Dreyfus initiiert hat, ist er über alle Umstände der Affäre bestens informiert. Außerdem hat er beschlossen, seiner Stimme Gehör zu verschaffen.

In den vergangenen Monaten hat er die Regierung durch seine Interventionen im Plenarsaal mehrfach in Schwierigkeiten gebracht. Aber da er nun nicht mehr auf der parlamentarischen Bühne steht, will er sich auf einem anderen Terrain äußern, dem des Journalismus, und zwar genau zu dem Zeitpunkt, als Zola, der sich im englischen Exil befand, zum Schweigen gezwungen war. Auch er hat die Absicht, sein „J'accuse" zu lancieren. Sein Beitrag besteht aus einer Reihe von Artikeln, die in den Monaten August und September 1898 in *La Petite République* erscheinen, bevor sie in einem Band veröffentlicht werden. Der Titel, den er gewählt hat, *Les Preuves* (Die

---

[11] In einem offenen Brief, der in *L'Aurore* am 16. Januar 1898 veröffentlicht wurde.

Beweise), zeigt deutlich, was er bezweckt: die Unschuld des Hauptmanns Dreyfus zu beweisen.

Der Text von *Les Preuves* ist lang. Der Band hat einen Umfang von 294 Seiten. Jaurès geht methodisch auf den gesamten Fall ein, indem er nacheinander die Argumente der Antidreyfusarden untersucht. Er beginnt mit dem angeblichen Geständnis, das Dreyfus am Tag seiner Degradierung abgelegt haben soll, und zeigt, dass es sich dabei um ein unbegründetes Gerücht handelt. Danach analysiert er ausführlich den Inhalt des *Bordereaus* und der grafologischen Gutachten, wobei er betont, dass die angehäuften Anschuldigungen nicht stichhaltig sind. Dann steht die Person Esterhazys im Zentrum seiner Aufmerksamkeit. Er entlarvt die von Esterhazy zu seiner Verteidigung vorgebrachten Lügen, indem er ihre Absurdität herausstreicht.

Die letzten Artikel befassen sich mit den Aktivitäten der „Kriegsämter", die Dreyfus loswerden wollten, und mit der Arbeit der „Fälscher", die eine leere Anklageakte auf trügerische Weise füllen sollten. Jaurès prangert die verhängnisvolle Rolle von Du Paty de Clam an (wie Zola weiß er nicht, was Henry alles zu verantworten hat). Und er beendet seinen kämpferischen Appell, indem er auf die „Verbrecher" hinweist:

> „Aber gewiss sind sie Verbrecher, die Offiziere wie Du Paty de Clam, die ein monströses Verfahren gegen Dreyfus angezettelt haben. General Mercier ist ein Verbrecher, denn er hat Dreyfus hinterrücks mit wertlosen Dokumenten belastet, die der Angeklagte nicht kennen konnte und über welche die Richter selbst nicht frei diskutieren konnten. Kriminell sind auch jene Generäle und Stabsoffiziere, die, als sie durch Oberst Picquart von der Unschuld von Dreyfus und dem Verrat von Esterhazy erfuhren, Oberst Picquart bestraften und sich mit dem Verräter Esterhazy verbündeten."

Die letzten Zeilen fordern eine unparteiische Justiz, die in der Lage ist, endlich Licht ins Dunkel zu bringen: „Keine geheimen Sitzungen! Keine Dunkelheit! Gerechtigkeit am helllichten Tag! Die Wiederaufnahme am helllichten Tag, für die Rettung des Unschuldigen, für die Bestrafung der Schuldigen, für die Belehrung des Volkes, für die Ehre des Vaterlandes!" Eine rhetorische Dynamik, die jener gleichkommt, von der die letzte Seite von Zolas „J'accuse" beseelt war.

Mit all seinen Artikeln besticht der Band *Les Preuves* sowohl durch die Genauigkeit seiner Darstellung als auch durch die Kraft seiner Worte. Mit dem Ansatz des Historikers verbindet Jaurès die Methode des Philologen, der auf die Details der Aussagen achtet. Während er sich einerseits auf die wichtigsten Presseartikel stützt, die den Verlauf der Affäre geprägt haben, sowie andererseits auf den vom Verlag Stock gedruckten Bericht über den Prozess gegen Émile Zola, sammelt er Fakten und stellt Aussagen einander gegenüber, um Widersprüche zu beseitigen und die Wahrheit ans Licht zu bringen. Indem er jedem Element den ihm gebührenden Platz zuweist, dekonstruiert er den Mechanismus der Legenden.

Damit spricht Jaurès die öffentliche Meinung an, die er zu überzeugen hofft. Doch zunächst wendet er sich an seine sozialistischen Genossen, denen er zeigen will, dass diese Auseinandersetzung auch sie betrifft. Der erste seiner Artikel, der am 10. August veröffentlicht wird, enthält eine lange Ausführung über das „sozialistische Interesse". Alfred Dreyfus, erklärt er ihnen, dürfe nicht als Bourgeois, als Offizier aus einer privilegierten Welt betrachtet werden.

> „Er ist durch das Übermaß an Unglück jeglichen Klassenmerkmals beraubt; er ist nur noch die Menschheit selbst, im höchsten Grad des Elends und der Verzweiflung, den wir uns vorstellen können."

Er verkörpert eine gerechte Sache, denn „er ist der lebende Zeuge militärischer Lügen, politischer Feigheit, von Verbrechen der Macht". Für ihn zu kämpfen, bedeutet also, sowohl für die Menschheit als auch für die Arbeiterklasse zu kämpfen.

Der Wortlaut von *Les Preuves* hatte eine erhebliche Wirkung auf die öffentliche Meinung. Aber es geschah noch etwas Außergewöhnlicheres. In den letzten Augusttagen, als *La Petite République* einen Artikel nach dem anderen über die von Jean Jaurès geduldig rekonstruierte Wahrheit lieferte, schien die Geschichte den Lauf des Schicksals zu beschleunigen und vor aller Augen die Richtigkeit der vom Sozialistenführer vorgetragenen Beweise verkünden zu wollen. Godefroy Cavaignac, seit Ende Juni Kriegsminister in dem von Henri Brisson geleiteten Kabinett, hatte seinen Adjutanten, Hauptmann Cuignet, beauftragt, eine erneute Untersuchung der Anklage vorzunehmen.

Das zentrale Schriftstück war die Fälschung von Henry aus dem Jahr 1896. Der Betrug wurde von Cuignet entdeckt. In die Enge getrieben, konnte sich der Minister nicht entziehen. Es war ihm nicht mehr möglich, die Echtheit eines solchen Dokuments zu verteidigen, während die von

Jaurès geführte Pressekampagne immer mehr an Bedeutung gewann. Oberstleutnant Henry musste sein Verbrechen zugeben. Er wurde festgenommen und beging am 31. August Selbstmord in seiner Zelle des Mont Valérien, in der er inhaftiert war. Der Weg für die Wiederaufnahme des Prozesses durch den Kassationsgerichtshof war frei. Henrys Selbstmord rechtfertigte die Notwendigkeit einer Untersuchung. Der von Jaurès erstellte dokumentarische Gesamtüberblick konnte als Einleitung in seine Ermittlungen dienen.

Jaurès schaltete sich erst spät in die Dreyfus-Affäre ein. Doch nachdem er sich einmal auf sie eingelassen hatte, gab er nicht mehr nach und wurde einer der Hauptakteure der Ereignisse, die folgen würden. Im September 1899, nach der absurden Verurteilung durch den in Rennes tagenden Kriegsrat, gehörte er zu denjenigen, welche die Notwendigkeit einer Begnadigung akzeptierten, in der Überzeugung, dass die von Alfred Dreyfus erlittene Tortur beendet werden müsse. Im April 1903 ergriff er die Initiative, um die Affäre auf juristischer Ebene neu aufzurollen. Von der Rednerbühne aus legte er in zwei langen Parlamentssitzungen dar, dass das Urteil des Prozesses von Rennes aufgehoben und der gesamte Fall wiederaufgenommen werden müsse. Sein entschiedenes Eingreifen führte zur zweiten Revision durch den Kassationsgerichtshof.

Die Bedeutung der zurückgelegten Wegstrecke lässt sich ermessen, wenn wir einige Jahre zurückgehen und eine Szene betrachten, die sich am 24. Dezember 1894, zwei Tage nach Abschluss des Prozesses gegen Alfred Dreyfus, ereignete. An diesem Tag spricht Jaurès im Plenarsaal im Namen der sozialistischen Fraktion. Er empört sich über die Ungerechtigkeit, die vor den Militärgerichten herrsche. Warum, so fragt er, wurde dieser Hauptmann, der des Hochverrats beschuldigt wird, nur zur Deportation verurteilt? Warum wird er am Leben gelassen, während unter anderen Umständen „gewöhnliche Soldaten, die sich einer Minute Fehlverhalten und Gewalt schuldig machen, ohne Mitleid und ohne Gnade erschossen werden"? Der Mann, dessen Leben soeben verschont worden ist, ein Angehöriger einer privilegierten Klasse, verdient in seinen Augen keine Nachsicht ... Aber das war vor der Krise, die durch die Enthüllungen vom November 1897 ausgelöst wurde. Damals war das ganze Land, mit Ausnahme der Angehörigen des Angeklagten, von der Schuld des jüdischen Offiziers

16 Waren die Sozialisten Dreyfusarden?

überzeugt, von dem die Presse behauptete, er habe dem Feind Dokumente von erheblicher Bedeutung geliefert.

17 Hat die öffentliche Meinung die Sache des Alfred Dreyfus unterstützt?

Auf Internetseiten, in historischen Werken oder Schulbüchern wird das Bild häufig wiedergegeben: Alfred Dreyfus in Habachtstellung, mit erhobenem Haupt und starrem Blick, steht einem riesenhaft aussehenden Adjutanten der Republikanischen Garde gegenüber, der gerade seinen Offizierssäbel zerbricht. Die Szene spielt sich im großen Hof der Pariser *École militaire* ab, deren Gebäude sich abzeichnen. Im Hintergrund sind Soldaten versammelt. In der Mitte des Bildes wirft die Kuppel des Invalidendoms, die in der Ferne zu sehen ist, einen goldenen Schein auf die Figuren. Es handelt sich um die Zeremonie anlässlich der Degradierung des Hauptmanns am 5. Januar 1895. Dieses Bild ziert die Titelseite der illustrierten Beilage des *Petit Journal*, die acht Tage später erscheint. Die Zeichnung ist nüchtern; sie versucht, die Realität so getreu wie möglich wiederzugeben. Die Bildunterschrift der Zeichnung ist jedoch eindeutig: „LE TRAÎTRE. Dégradation d'Alfred Dreyfus" („DER VERRÄTER. Die Degradierung von Alfred Dreyfus"). Auf den Innenseiten zeigt ein Kommentar das Entsetzen, das der Urheber der Grafik über die Tat des gerade unehrenhaft aus der Armee entlassenen Mannes empfindet.

Die Zeichnung des *Petit Journal* wird in einer Tageszeitung mit einer Auflage von über einer Million abgedruckt. Sie entspricht der Meinung der französischen Öffentlichkeit im Januar 1895, als der Prozess gegen den Hauptmann gerade stattgefunden hat, aber auch in den Jahren 1897 bis 1898, als der Skandal ans Licht kommt und die Frage nach der Unschuld des Verurteilten gestellt wird. Das Bild der öffentlichen Bestrafung des Verräters wird sich den Menschen einprägen. Es ist eine Szene, die wegen ihrer symbolischen Gewalt in Erinnerung geblieben ist. In einer der Ausgaben der *Archives d'anthropologie criminelle* (*Archiv der Kriminalanthropologie*), die zu Beginn des 20. Jahrhunderts veröffentlicht wurden, zitiert Professor Alexandre Lacassagne, der sich mit der Frage der Tätowierungen auf den Körpern von Prostituierten oder Straftätern befasst, den Fall eines ehema-

17 Hat die öffentliche Meinung die Sache des Alfred Dreyfus unterstützt?

ligen Soldaten namens Auguste Formain, der in ein Disziplinarbataillon nach Afrika geschickt wurde und sich zum Zeitvertreib mehr als hundert Zeichnungen, welche die Ereignisse der Dreyfus-Affäre darstellen, auf den ganzen Körper tätowieren ließ.

Abb. 17: Illustration aus *Le Petit Journal*, 13. Januar 1895: Die Degradierung von Dreyfus am 5. Januar 1895. „Alfred Dreyfus […] steht einem riesenhaft aussehenden Adjutanten der Republikanischen Garde gegenüber, der gerade seinen Offizierssäbel zerbricht."

Das zentrale Stück dieser epidermalen Gestaltung – sozusagen das Meisterstück dieses wahrhaftigen Museums der Affäre – nahm die gesamte Oberfläche des Rückens ein, vom Nacken bis zum unteren Ende der Nieren. Es war die Degradierung von Alfred Dreyfus, die durch die Titelseite des *Petit*

Journal verbreitet wurde. Dieses Kunstwerk hatte den Künstler, der es geschaffen hatte, drei Monate mühevoller Arbeit gekostet!

Abb. 18: Karikatur von Pépin, *Le Grelot*, 19. Dezember 1897: Der Wahrheitsbrunnen. Das Licht der Wahrheit, das die blinde Militärjustiz nicht erblicken kann und die antisemitische Presse eines Édouard Drumont löschen will, erstrahlt dank des beherzten Einsatzes von Zola und Scheurer-Kestner.

Welche Argumente überzeugen die öffentliche Meinung, die der Sache des Alfred Dreyfus lange Zeit mit überwältigender Mehrheit feindlich gegenüberstand? Um das herauszufinden, reicht es, in der Sammlung der Wochenzeitschrift *psst...!* zu blättern, die von Forain und Caran d'Ache Anfang Februar 1898 ins Leben gerufen wurde, als der Prozess gegen Émile Zola vor dem Pariser Schwurgericht anstand. Jede Woche illustrieren vier Seiten voller Karikaturen das Zeitgeschehen. Die Dreyfus-Affäre ist das beherrschende Thema. Die Texte sind sehr kurz und beschränken sich auf die Bildlegenden, welche die Zeichnungen begleiten. Der Diskurs tritt zugunsten des Bildes in den Hintergrund. Letzteres wird von den großen Obsessionen genährt, die dem nationalistischen Denken jener Zeit zugrunde liegen: Antisemitismus und Hass auf den Feind, verkörpert durch den preußischen Soldaten. Ziel ist es, die Vorstellungskraft der Leserschaft direkt anzusprechen, indem mit ihren Urinstinkten gespielt wird. Auf der Titelseite zeigen Forains Kompositionen die gräulichen Silhouetten der Figuren, die dem Spott des Publikums ausgesetzt sind. Im Inneren des Heftes präsentieren die Zeichnungen von Caran d'Ache, die sich gegenseitig ergänzen, komische Szenen, die sich gern im skatologischen Bereich bewegen.

Die Ausgabe 25, die am 23. Juli 1898, zum Zeitpunkt der Abreise von Émile Zola ins Exil, erscheint, stellt ein für Forains Stil typisches Titelbild dar. Es zeigt einen gebeugten Zola mit grimassenhaftem Gesicht, der in einen großen Mantel gehüllt ist, aus dem der Kopf eines Juden herausschaut, der ihn zu seiner Tat inspiriert haben könnte; hinter der zweigeteilten Figur steht ein preußischer Soldat, der in seinen Händen wie ein Puppenspieler alle Fäden der Handlung hält. Die Bildunterschrift beschränkt sich auf folgende Worte: „Allégorie. L'Affaire Dreyfus" („Allegorie. Die Dreyfus-Affäre"). Forain entspricht der antisemitischen Wahnvorstellung, die sein Publikum fordert. In Übereinstimmung mit der Etymologie des Begriffs „Allegorie" (der sich auf die Idee des Andersseins bezieht), weist er die Leserschaft auf ein Ziel hin, den Juden, diesen „anderen", der das Ziel von Hass und Hetze werden soll.

Haben die beiden Ereignisse der letzten Monate des Jahres 1898, der Selbstmord von Oberstleutnant Henry und die Entscheidung des Kassationsgerichtshofs, den Prozess gegen Alfred Dreyfus wiederaufzunehmen, die öffentliche Meinung verändert? Trotz der Argumente, die dagegen sprachen, war das nationalistische Lager entschlossen, Henrys Persönlichkeit zu verteidigen. Die führenden Köpfe der Antidreyusarden, Ernest Judet in *Le Petit Journal*, Henri Rochefort in *L'Intransigeant*, Édouard Drumont in *La Libre Parole*, feiern sein „Opfer". Die Fälschung, erklären sie, verberge echte Beweise, die nicht vorgelegt werden konnten, ohne einen Krieg mit Preußen zu riskieren. In einem Artikel, der am 6. und 7. September 1898 in der *Gazette de France* veröffentlicht wird, bezeichnet Charles Maurras Henry als Märtyrer, der sich aus Liebe zu seinem Vaterland umgebracht habe:

> „Von diesem kostbaren Blut, dem ersten französischen Blut, das in der Dreyfus-Affäre vergossen wurde, gibt es keinen einzigen Tropfen, der nicht noch dampft, wo immer das Herz der Nation schlägt."

17 Hat die öffentliche Meinung die Sache des Alfred Dreyfus unterstützt?

Die Witwe von Oberstleutnant Henry will das Andenken ihres Mannes verteidigen und auf die gegen ihn erhobenen Vorwürfe reagieren. Um sie zu unterstützen, ruft die Redaktion von *La Libre Parole* Ende 1898 eine Spendenaktion ins Leben. Zwischen dem 14. Dezember 1898 und dem 15. Januar 1899 werden in den Spalten der Tageszeitung achtzehn Listen mit fast 15 000 Unterschriften veröffentlicht. Sie spiegeln die Vielfalt der Meinungen wider, welche die nationalistische Bewegung ausmachen. Einige Schriftsteller haben sich in dieses Unterfangen gleichsam verirrt: Gyp, François Coppée, Jean Lorrain, Pierre Louÿs und Paul Valéry. Die meisten Abonnenten geben einfach ihren Namen neben dem Spendenbetrag an. Manche Spender betonen nachdrücklich ihre patriotische Gesinnung und loben die Armee.

Einige hingegen begründen ihre Geste, indem sie ihren Hass auf Juden verkünden, die sie aus Frankreich vertreiben wollen, denen sie „die Augen ausstechen", „die Beine abschneiden", die sie „aufhängen", „räuchern" wollen wie „Schinken" ... Andere bringen ihre Abneigung gegen „Intellektuelle" zum Ausdruck, die sie für „dekadent" oder „geistesgestört" halten. Ein „Denkmal der Schande", ein „Repertoire der Anrüchigkeiten", wird der Dreyfusard Pierre Quillard später schreiben, als er diese Listen in einem Band zusammenstellt, um die Unerträglichkeit ihrer Wortwahl zu verurteilen.

Die Heftigkeit der Anti-Dreyfus-Kampagne wird außerdem in der Plakatserie *Musée des Horreurs* (*Museum des Grauens*) deutlich, die 1899 von dem Karikaturisten Victor Lenepveu erstellt wurde. Die Verteidiger von Alfred Dreyfus werden in abscheulicher Weise dargestellt und in groteske Tiere verwandelt: Zola als Schwein („Le Roi des Porcs"), Picquart als Dromedar, Clemenceau als Hyäne, Jaurès als Elefant, Scheurer-Kestner als Bär, Labori als Esel, usw. Angesichts dieser Hetze bemüht sich die Presse der Dreyfusarden zu reagieren. Aber sie erweist sich als unterlegen im Erschaffen von Bildern und hat Mühe, die Ideale der Wahrheit und Gerechtigkeit, auf denen ihr Kampf beruht, zu illustrieren, während die andere Seite Gefallen daran hat, die Figuren des Feindes zu abstoßenden Kreaturen zu entstellen.

17 Hat die öffentliche Meinung die Sache des Alfred Dreyfus unterstützt?

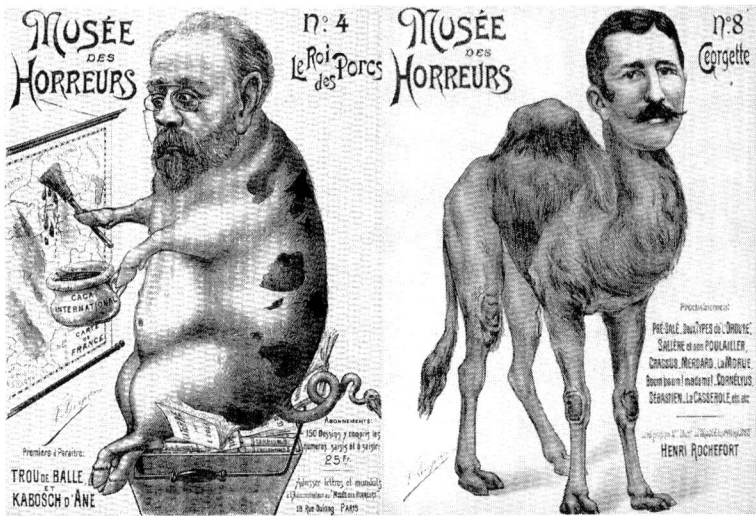

Abb. 19a/b: Karikaturen von Victor Lenepveu, *Musée des Horreurs*, 1899: Zola als „Le Roi des Porcs"; Picquart als Dromedar.

Im Gebäude des nationalistischen Denkens werden jedoch die ersten Risse sichtbar. Ein Beispiel für diesen langsamen Umschwung der öffentlichen Meinung, wie er sich im Laufe der Ereignisse vollzog, liefert ein Text von Marcel Proust in *Sodome et Gomorrhe* (*Sodom und Gomorrha*), einem der Bände von *À la recherche du temps perdu* (*Auf der Suche der verlorenen Zeit*). Die Szene spielt in den letzten Monaten des Jahres 1898, genau zu der Zeit, als *La Libre Parole* ihre berühmte Spendenaktion ins Leben rufen will ...

Der Prinz von Guermantes vertraut sich Swann an, einem Unterstützer von Dreyfus der ersten Stunde. Er gesteht ihm, dass sich seine Meinung zu dieser Affäre, die das Land so sehr spaltet, geändert hat. Zutiefst nationalistisch eingestellt und aus einer „Soldatenfamilie" stammend, hielt er es für unmöglich, dass „Offiziere Fehler machen können". Ihm wurde gesagt, dass „verwerfliche Machenschaften geschmiedet worden waren", dass „der *Bordereau* vielleicht nicht von Dreyfus stammte", aber ihm wurde gleichzeitig versichert, dass „der schlagende Beweis für seine Schuld vorlag". Dieser Beweis war das von Henry erfundene Dokument. Nun aber hatte er gerade erfahren, dass es eine Fälschung war! Und so hatte er, hinter dem Rücken seiner Frau, der Prinzessin, deren patriotische Gefühle er respektierte, angefangen, *L'Aurore* zu lesen. Seine Augen hatten sich geöffnet.

17 Hat die öffentliche Meinung die Sache des Alfred Dreyfus unterstützt?

Dreyfus war unschuldig! Von dieser Entdeckung gequält, wandte er sich an seinen Freund, den Priester Poiré, bei dem er zu seiner großen Überraschung ähnliche Gefühle entdeckte. Und er beschloss, ihn „Messen für Dreyfus, seine unglückliche Frau und seine Kinder" lesen zu lassen. Natürlich heimlich vor seiner Frau, die er nicht verwirren wollte! Doch als er eines Tages den Priester bittet, eine weitere Messe für diese unglücklichen Menschen zu lesen, deren Schicksal ihn so sehr beschäftigt, antwortet dieser, dies sei unmöglich, er sei bereits beschäftigt, da er gerade aus demselben Grund angesprochen worden sei. Aber wer ihn denn angesprochen habe, fragt der Prinz. Etwa jemand, der nicht zu „unserem Milieu" gehöre? „Keineswegs", antwortet der Priester. „Gibt es wirklich Menschen unter uns, die Dreyfus unterstützen?", ruft der Prinz. „Sie machen mich neugierig; ich würde mich ihm gern anvertrauen, wenn ich ihn kenne, diesen seltenen Vogel." Und der Priester ist gezwungen, dem Prinzen die Identität dieses „seltenen Vogels" zu enthüllen, der niemand anderes ist als die Prinzessin von Guermantes selbst! Letztere hatte bereits seit einigen Wochen ohne Wissen ihres Mannes, dem sie bei seiner Bekehrung zum Dreyfusismus vorausgegangen war, *L'Aurore* gelesen ...

Die Anekdote in *Sodom und Gomorrha* spiegelt die Verwirrung der Pariser Eliten angesichts eines wachsenden Skandals wider. Diese sind empfänglich für die Empörung, die Europa erfasst, dessen Presse mehrheitlich die Sache des Alfred Dreyfus unterstützt. Die ausländischen Zeitungen verstehen nicht die anhaltende Verblendung der Franzosen. Vor diesem Hintergrund kann der Kassationsgerichtshof mit seiner Revisionsarbeit beginnen, die trotz zahlreicher Schwierigkeiten am 3. Juni 1899 zur Aufhebung des fünf Jahre zuvor gefällten Urteils führt.

Ein Gedanke hat die Menschen belastet: die Aussicht auf die künftige Weltausstellung, die in Paris eröffnet werden soll. Darauf weist Zola hin. Frankreich, schreibt er, könne ein solches Ereignis nicht für die ganze Welt ausrichten, ohne zuvor die Frage nach Gerechtigkeit geklärt zu haben, die der Nation gestellt werde. „Wir sind an einem Schicksalstag für Ruhm und Ehre angekommen", schreibt er am 12. September 1899 in *L'Aurore*.

„Frankreich wollte sein Jahrhundert der Arbeit, der Wissenschaft, des Kampfes für Freiheit, Wahrheit und Gerechtigkeit feiern. Wie wir später sehen werden, hat es kein Jahrhundert gegeben, in dem die Anstrengungen großartiger gewesen sind. Und Frankreich hat sich mit allen Völkern der Welt verabredet, um seinen Sieg, die errun-

17 Hat die öffentliche Meinung die Sache des Alfred Dreyfus unterstützt?

gene Freiheit, die Wahrheit und die Gerechtigkeit, die es der Welt versprochen hat, zu ehren."

Bei diesem wichtigen Termin geht es vor allem darum, ihn nicht zu verpassen! Als die Weltausstellung im April 1900 auf dem Champ de Mars in Paris ihre Pforten öffnet, findet sie in einem relativ friedlichen Frankreich statt, das die Wirren der Dreyfus-Affäre hinter sich gelassen hat: Der zu Unrecht verurteilte Unschuldige ist soeben vom Präsidenten der Republik begnadigt worden, während sich die Abgeordneten und Senatoren anschicken, über ein Amnestiegesetz abzustimmen, mit dem die laufenden Gerichtsverfahren eingestellt werden sollen.

18 Welche Rolle haben die Tageszeitungen in der Dreyfus-Affäre gespielt?

Im Februar 1898, als der Prozess gegen Émile Zola vor dem Schwurgericht mitten in Paris stattfand, veröffentlichte *L'Aurore* in mehreren Ausgaben auf der Titelseite diese Tabelle, die nach Ansicht der Redakteure der Zeitung den Charakter der sich abspielenden Konfrontation zusammenfasste:

Für die Wahrheit	Für den Generalstab
La Petite République	*L'Intransigeant*
Le Radical	*La Libre Parole*
Le Rappel	*L'Écho de Paris*
La Lanterne	*La Gazette de France*
Les Droits de l'Homme	*Le Moniteur universel*
Le Parti ouvrier	*L'Éclair*
Le Libertaire	*Le Soleil*
La Fronde	*Le Peuple français*
Les Temps nouveaux	*Le Gaulois*
L'Aurore	*La Croix*

Zu dieser Tabelle gab es folgende Unterschrift:

„Auf der einen Seite die Sozialrepublik und das freie Denken, auf der anderen Seite der Säbel und das Weihwasserbecken."

Eine kontrastreiche Situation also. Zwei Lager. Zwei Mächte, die gegeneinander antreten. Keine Zeitung der Pariser Presse scheint im Hintergrund bleiben zu wollen. Jede zeigt, welchem Lager sie angehört.

Die von *L'Aurore* vorgenommene Klassifizierung unterstreicht die Bedeutung der Meinungspresse in einer Medienlandschaft, die aus einer Vielzahl miteinander konkurrierender Zeitungen mit oft geringer Auflage besteht, die jeweils versuchen, ihre Leserschaft zu halten, indem sie auf das Mittel der Polemik setzen. Allerdings definiert diese Aufteilung nicht genau die Grenzen zwischen den beiden Lagern. Auf der Seite der Dreyfusarden lässt sie *Le Siècle* aus und schließt *La Petite République* und *La Lanterne* ein, die in ihrer Tendenz sozialistisch sind, deren Engagement im Februar 1898 aber noch zaghaft ist. Für das Lager der Antidreyfusarden hebt sie die extreme, katholische und antisemitische Überzeugung hervor, die von *La Libre Parole* und *La Croix* vertreten wird. Die Zeitungen *Le Temps*, *Le Figaro* und *Le Journal des Débats* werden nicht erwähnt, und auch die große Nachrichtenpresse wie *Le Petit Journal*, *Le Petit Parisien*, *Le Journal* und *Le Matin*, deren Feindseligkeit gegenüber der Sache der Dreyfusarden doch außer Zweifel steht, wird beiseitegelassen. Ernest Judet, der Herausgeber des *Le Petit Journal*, schrieb damals Leitartikel mit patriotischen Untertönen, die auf einem unerschütterlichen Vertrauen in die Autorität der Armee beruhten. „Die Armee ist unsere Stärke und hat immer Recht", verkündete er: Dreyfus ist zwangsläufig schuldig, da er von einem Militärtribunal verurteilt worden ist.

Die Tabelle von *L'Aurore* erweckt den Eindruck einer gleichmäßigen Meinungsverteilung mit zehn Titeln in jeder Spalte, ohne jedoch das Missverhältnis der vorhandenen Kräfte zu verdeutlichen: Auf der Seite der Dreyfusarden stehen Zeitungen mit geringen Auflagen, und auf der Gegenseite, wenn wir die populäre Presse einbeziehen, Zeitungen mit beachtlichen Auflagen. *Le Siècle*, *Le Rappel* und *Le Radical* haben eine durchschnittliche Auflage von 30 000 Exemplaren; *La Fronde*, die Frauenzeitung (deren erste Ausgabe am 9. Dezember 1897 erschien), startet mit einer sehr geringen Auflage von 5000 bis 6000 Exemplaren; *L'Aurore* hat nach dem Erfolg von „J'accuse" in den ersten Monaten des Jahres 1898 eine hohe Auflage, die dann aber wieder auf ein bescheideneres Niveau sinkt. *La Libre Parole*, *L'Intransigeant* und *L'Éclair* haben dagegen eine Auflage von etwa 80 000 bis 100 000 Exemplaren. Die große Nachrichtenpresse fällt aufgrund ihrer Verkaufszahlen erheblich ins Gewicht: *Le Petit Journal* mit mehr als einer Million Exemplaren, *Le Petit Parisien* mit 700 000 Exemplaren, *Le Journal* mit 450 000 Exemplaren. Die Provinzpresse folgt der Mehrheitsmeinung und begnügt sich zumeist damit, den Inhalt der Pariser Leitartikel zu wiederholen, da sie keinen Grund sieht, das Urteil von 1894 anzufechten.

Die Presse der Antidreyfusarden ist sich ihrer Macht und ihres Einflusses auf die öffentliche Meinung sicher und verstärkt jede noch so kleine Tatsache, um ihr parteiisches Narrativ zu untermauern. Wir hatten bereits Gelegenheit zu erwähnen, wie sie die Legende der verschleierten Dame aufgriff, als Esterhazy sich gegen die Anschuldigungen verteidigen musste, die gegen ihn erhoben wurden. Die Legende vom Geständnis ist ein weiteres Beispiel dafür, wie ein einfaches Gerücht zu einer Gewissheit werden kann. Sie steht im Zusammenhang mit der Zeremonie der Degradierung von Alfred Dreyfus, die am 5. Januar 1895 im Hof der *École militaire* stattfand. Am Ende des Nachmittags berichten mehrere Abendzeitungen, darunter *Le Temps*, über Äußerungen des Verurteilten gegenüber Lebrun Renaud, dem Hauptmann der Republikanischen Garde, der mit der Organisation der Abläufe betraut ist: Er soll ihm gesagt haben, dass er „Dokumente ins Ausland geliefert" habe, jedoch um „wichtigere Dokumente in Bewegung zu bringen und zu erhalten". Am nächsten Tag wird die Geschichte von der Morgenpresse aufgegriffen. *Le Figaro* erwähnt sie und bewertet ihren Ursprung als zweifelhaft, aber die meisten Zeitungen schenken ihr großes Vertrauen. So verbreitet sich dieses Gerücht und wird schließlich zu einer Tatsache: Dreyfus hat gestanden! Trotz eines Dementis der Agentur Havas verbreitet sich das Gerücht weiter und wird zu einem belastenden Element gegen den Angeklagten. Die Generäle Gonse und Mercier nutzen es zu ihrer Verteidigung bei ihren Aussagen in den Jahren 1898 und 1899. Godefroy Cavaignac verwendet es in seiner Rede vor der Abgeordnetenkammer am 7. Juli 1898. Und später, bei den Debatten anlässlich der zweiten Revision, sieht sich der Kassationsgerichtshof gezwungen, ausführlich auf diese Geschichte zurückzukommen (insbesondere im Plädoyer des Generalstaatsanwalts Baudoin), um ihre Haltlosigkeit zu beweisen.

Zola verurteilt aufs energischste diesen Mechanismus der Produktion von Unwahrheiten in *Vérité*, seinem letzten, 1902 veröffentlichten Roman, in dem er das Muster der Dreyfus-Affäre wiederholt und in eine andere Welt überträgt. Seine Analyse ist es wert, herangezogen zu werden, da sie eine eindrucksvolle Zusammenfassung der Funktionsweise der Presse bietet.

In der kleinen Provinzstadt, in der die Handlung spielt und in welcher der jüdische Lehrer Simon eines Verbrechens beschuldigt wird, das er nicht begangen hat, lesen die Einwohner zwei Zeitungen, *La Croix de Beaumont* und *Le Petit Beaumontais*. Die erste, katholisch und antisemitisch (nach dem Vorbild von *La Croix*), führt eine heftige Kampagne gegen den Juden Simon, in Übereinstimmung mit den Positionen, die sie immer vertreten hat. Die zweite (in der wir *Le Petit Journal* wiedererkennen können) geht jedoch auf eine bösartigere Weise vor. Unter dem Deckmantel der Objektivität verzerrt sie Tatsachen und verbreitet Lügen, und zwar mit der gleichen Wirksamkeit wie ihre Konkurrentin:

„Das Volk war vergiftet, Zeitungen wie *La Croix de Beaumont* und *Le Petit Beaumontais* schenkten ihm jeden Morgen den abscheulichen Trank ein, der es verdirbt und in den Wahnsinn treibt. Arme kindliche Gemüter, Herzen ohne Mut, all die Leidenden und Unterworfenen, durch Knechtschaft und Elend abgestumpft, sind die leichte Beute von Fälschern und Lügnern, von Ausbeutern der öffentlichen Leichtgläubigkeit. Von jeher haben die Herrscher der Welt, die Kirchen, die Imperien, die Königshäuser, nur über die Scharen Elender geherrscht, indem sie sie vergifteten, nachdem sie sie beraubt hatten, indem sie sie in der Angst und Knechtschaft falscher Überzeugungen hielten."

Der Einfluss von *Le Petit Beaumontais* beruht auf der Einfachheit seiner Sprache, auf Artikeln, die für alle zugänglich sind: „Diese Zeitung verbreitete sich zuerst überall, ging durch alle Hände, blieb neutral, war überparteilich, eine einfache Sammlung von Fortsetzungsromanen, Boulevardnachrichten, liebenswürdiger populärwissenschaftlicher Artikel, in Reichweite der einfachsten Gemüter"; so wurde sie „der Freund, das Orakel, das tägliche Brot der Unschuldigen und Armen, der großen Menge, die nicht selbst denken kann."

Die Situation änderte sich allmählich mit der dramatischen Wendung, die durch die Verhaftung und den Selbstmord von Oberstleutnant Henry Ende August 1898 verursacht wurde. Natürlich will die nationalistische Presse davon nichts wissen. Es dauert nicht lange, bis sie Henry zu einem Helden macht, der sich aus Patriotismus geopfert hat, nachdem er für eine edle Sache gekämpft hatte. Die Logik der Fiktion beherrscht weiter das Denken. „Wir hatten uns so sehr an das Außergewöhnliche gewöhnt, dass wir alles Mögliche glaubten", kommentiert in diesem Zusammenhang Joseph Reinach. Doch in einigen bis dahin feindlich gesinnten Presseorganen wie *Le Temps*, *Le Figaro* und *Le Matin* werden Stimmen laut, die eine Wiederaufnahme des Prozesses gegen Alfred Dreyfus fordern und diese als unerlässlich erachten.

Das Spektakel des Prozesses von Rennes, die daraus resultierende absurde Verurteilung und die darauf folgende Begnadigung durch den Präsidenten am 19. September 1899 verändern die Lage. Der Kampf hat die Energien erschöpft. Da der Verurteilte gerade begnadigt worden ist, soll nun ein Schlussstrich gezogen werden. Zwischen den beiden gegensätzlichen Positionen gibt es viele, die für eine Beschwichtigung des Konfliktes

18 Welche Rolle haben die Tageszeitungen in der Dreyfus-Affäre gespielt?

plädieren. In der *Revue de Paris* fordert der Historiker Ernest Lavisse am 1. Oktober 1899 die Leserschaft auf, „ihren Hass zu opfern". Alle Beteiligten müssten in der Lage sein, zu vergessen und über die Dreyfus-Affäre „großzügig hinwegzugehen". Dem Ausdruck von Lavisse „[il faut] passer l'éponge" („Schwamm drüber!") folgend, wurde dies als „épongisme" („Spongismus") bezeichnet, wobei ein damals weit verbreiteter Begriff verwendet wurde (der heute nicht mehr in den Wörterbüchern zu finden ist). *Le Temps, Le Figaro, Le Matin* und *Le Petit Parisien* nehmen diese Zwischenposition ein und stellen sich auf die Seite der „presse ‚épongiste'", der „spongistischen" Presse, während die Scharen der Antidreyfusarden weiterhin die Unterstützung von *La Libre Parole, La Croix, L'Intransigeant* und sogar *Le Petit Journal* genießen.

Der Wunsch nach Beschwichtigung führte zur Verabschiedung des Amnestiegesetzes vom Dezember 1900, gegen das sich die entschiedensten Dreyfusarden wie Picquart und Clemenceau wehrten, die sich darüber empörten, dass die für die Wahrheit Kämpfenden genauso behandelt werden konnten wie Personen, die sich der schlimmsten Vergehen schuldig gemacht hatten. Da die öffentliche Meinung jedoch des Konflikts überdrüssig war, setzte sich der von der Regierung Waldeck-Rousseau angestrebte Kompromiss ohne größere Schwierigkeiten durch.

Die Frage des „Spongismus", der „Schwamm-drüber-Politik", stellte sich erneut im Jahr 1903, als die Akte der Affäre dem Kassationsgerichtshof vorgelegt wurde. Sollte die Lösung einer Urteilsaufhebung ohne Rückverweisung akzeptiert werden, das heißt ein Urteil, das Hauptmann Dreyfus zwar rehabilitieren würde, allerdings ohne eine Prüfung seines Falles durch einen obersten Kriegsrat? In seinen Artikeln in *L'Aurore* wandte sich Clemenceau energisch dagegen und geißelte die Feigheit des „parti de l'éponge", der „Schwamm-drüber-Partei". „Der Mensch hat noch nie irgendein Recht im Schlaf erlangt. Mit verschränkten Armen und verfahrenstechnischem Geschick auf den Sieg zu warten, bedeutet, auf die Früchte zu verzichten, die wir uns durch ihn versprechen", schrieb er in *L'Aurore* am 9. Dezember 1903. Und er fügte hinzu:

> „Die Belohnung liegt sowohl im endgültigen Erfolg, der mehr oder weniger lange umkämpft sein wird, als auch im Beispiel und in der Vollendung von Macht, sei sie individuell oder kollektiv, durch die wir mit einem gesteigerten Recht den Willen und die Kraft erobert haben werden, ihr Geltung zu verschaffen."

Seine Position blieb jedoch in der Minderheit, und die Dreyfusarden, angeführt von Jaurès – einem Befürworter eines vernünftigen Kompromisses – plädierten für die Lösung der Urteilsaufhebung ohne Rückverweisung, die schließlich im Juli 1906 angenommen wurde. Weniger unnachgiebig als Clemenceau hat Picquart sich damit abgefunden: „Wie immer sind die Hauptschuldigen davonkommen", schreibt er am 3. August 1906 an eine Freundin, „aber wir müssen uns beglückwünschen, dass der Unschuldige endlich rehabilitiert worden ist. Der Skandal von Rennes hatte gezeigt, dass dies trotz aller Bemühungen nicht leicht war."

Somit führte die radikale Opposition, an der die gesamte französische Presse in zwei Lager zerbrochen war, paradoxerweise zur Erfindung dieser mittleren Position, welcher der Begriff des „Spongismus" entspricht. Natürlich muss unterschieden werden zwischen dem absoluten „Spongismus" der im Dezember 1900 beschlossenen Amnestie – die einer diskussionslosen Löschung gleichkommt – und dem relativen „Spongismus" der Rehabilitierung, die 1906 erfolgte. Die beachtliche Arbeit des Kassationsgerichtshofs hat die Absurdität der Anschuldigungen gegen Alfred Dreyfus aufgezeigt, indem sie alle im Laufe der Jahre entstandenen Legenden entkräftet hat. Die *Action française*, in ihrem ewigen Antidreyfusismus erstarrt, wurde dadurch nicht entwaffnet, aber der Kampf, der sich abspielte, erschütterte die Standpunkte von Drumonts *Libre Parole*, deren Auflage drastisch auf dreißig- bis vierzigtausend Exemplare sank. Zahlreiche Leser, die der Inkohärenz ihrer Kampagnen überdrüssig waren, wandten sich von der antisemitischen Tageszeitung ab, deren Stern am Firmament der nationalistischen Presse erlosch.

19   Gab es eine vierte Dreyfus-Affäre?

Es sollte eine Art Apotheose werden: die Überführung der Asche von Émile Zola in das Pariser Panthéon. Der Epilog eines so langen Kampfes, in einer endlich gefundenen Ruhe und Gelassenheit. Die Unschuld von Alfred Dreyfus wurde am 12. Juli 1906 vom Kassationsgerichtshof offiziell anerkannt. Die Entscheidung, die getroffen wurde, schien eine natürliche Folge dieser gerichtlichen Wiedergutmachung zu sein: den Autor von „J'accuse" ins Panthéon aufzunehmen. Damit sollte dem 1902 verstorbenen Schriftsteller, der mit Wort und Tat den Kampf für Wahrheit und Gerechtigkeit symbolisiert hatte, eine glühende Hommage erwiesen werden.

Doch nichts lief so, wie erhofft. Die Leidenschaften waren nicht erloschen. Die Dreyfus-Affäre war aktueller denn je. Sie wurde wieder aufgenommen, heftiger als je zuvor, mit den letzten Erschütterungen im Jahr 1908, als die sterblichen Überreste Zolas ins Panthéon überführt wurden. Die damaligen Ereignisse waren so aufwühlend, dass sie als „vierte Dreyfus-Affäre" bezeichnet werden können.[12]

Kehren wir zum Anfang zurück. Alles beginnt mit einer endlos erscheinenden Sitzung der Abgeordnetenkammer am 13. Juli 1906, einen Tag nachdem der Kassationsgerichtshof zugunsten von Alfred Dreyfus entschieden hat. Es ist das Ende eines Sommertages, die letzte Parlamentssitzung vor den Ferien. Die Abgeordneten haben gerade zwei Gesetze verabschiedet, mit denen Dreyfus und Picquart wieder in die Armee aufgenommen werden, Ersterer im Rang eines Kommandanten, Letzterer als Brigadegeneral. Trotz hitziger Debatten hat eine Mehrheit die vorgelegten Texte ratifiziert. Das ist der Moment, in dem der sozialistische Abgeordnete

---

[12] Der Ausdruck stammt von Michel Drouin (*Zola au Panthéon. La quatrième affaire Dreyfus*, Paris: Perrin, 2008). – Wie zu Beginn erwähnt, durchlief die Dreyfus-Affäre zwischen 1894 und 1906 drei aufeinander folgende Phasen: die Verhaftung und der Prozess gegen Hauptmann Dreyfus im Jahr 1894, die Wiederaufnahme der Affäre in den Jahren 1897 bis 1899 und der gerichtliche Abschluss durch den Kassationsgerichtshof von 1904.

von Bourges, Jules-Louis Breton, einen Gesetzesentwurf einbringt, der darauf abzielt, Zola die Ehrung durch eine Ruhestätte im Panthéon zukommen zu lassen. Überschwänglich betont er die entscheidende Rolle, welche die Veröffentlichung von „J'accuse" gespielt hat:

> „Mit einem Schlag kam die Wahrheit ans Licht. Es war der Ausgangspunkt des langen und schmerzhaften Kampfes, in dem Zola keine Sekunde nachließ, trotz aller abscheulichen Beleidigungen und üblen Verleumdungen der ‚Schmutzpresse', trotz der Unglaubwürdigkeit und der ekelhaften Perfidität der nationalistischen und klerikalen Reaktion."

Die Vertreter der nationalistischen Rechten zeigen sich von dieser späten Intervention überrascht und reagieren nicht. Der Gesetzentwurf wird angenommen.

Die Debatte wird auf die Zeit nach der Sommerpause verschoben. Sie findet am 11. Dezember 1906 im Senat statt, in Anwesenheit von Clemenceau, der gerade zum Ratspräsidenten gewählt worden ist. Diesmal betreten die führenden Köpfe der Rechten die Bühne. Es wird leidenschaftlich debattiert. Ein Antrag auf Vertagung wird von Graf Emmanuel de Las Cases befürwortet. Henri Ponthier de Chamaillard fordert seine Kollegen auf: „Schickt nicht den Mann ins Panthéon, der die französische Rasse in allen ihren Elementen verleumdet hat." Im Lager der Dreyfusarden betont der Senator von Cantal, Eugène Lintilhac, die Bedeutung des literarischen Werks von Zola, den er als einen „Meister des Denkens und der Sprache" bezeichnet. Daraufhin meldet sich Clemenceau zu Wort. Er lässt die Argumente, die er gerade gehört hat, beiseite und zieht es vor, sein eigenes Zeugnis abzulegen, indem er sich an den Kampf erinnert, den er innerhalb der Redaktion von *L'Aurore* geführt hat. Improvisierend, unter dem Einfluss der Gefühle, findet er Worte von seltener Beredsamkeit:

> „Es hat Menschen gegeben, die sich den mächtigsten Königen widersetzen, die sich weigern, sich vor ihnen zu verbeugen. Nur sehr wenige Menschen haben sich gefunden, die sich der Menge widersetzen, die sich allein vor der oftmals im schlimmsten Wutausbruch verirrten Masse erheben, die sich unbewaffnet, mit verschränkten Armen dem unerbittlichen Zorn entgegenstellen, die es wagen, mit erhobenem Haupt ‚Nein' zu sagen, wenn ein ‚Ja' verlangt wird. Genau das hat Zola getan!"

Und er fügt mit Nachdruck hinzu:

19 Gab es eine vierte Dreyfus-Affäre?

„Genau das hat dieser Mann getan. Er trotzte seiner Zeit, er trotzte seinem Land … Er trotzte seiner Regierung; er hätte es im Namen der Gerechtigkeit und Wahrheit mit der gesamten Menschheit aufgenommen."

Dank seiner Rede gewinnt Clemenceau die Unterstützung des Parlaments. Das Gesetz wird schließlich vom Senat verabschiedet.

Erst im März 1908 flammt die Debatte in der Abgeordnetenkammer wieder auf, als über die Mittel abgestimmt wird, die für die Überführung der sterblichen Überreste erforderlich sind. Maurice Barrès tut sich bei dieser Gelegenheit besonders hervor. Er hat bereits mehrfach seine Abneigung gegen die Huldigung des Mannes zum Ausdruck gebracht, den er als Italiener, als „Entwurzelten", der den Werten des französischen Denkens fremd sei, betrachtet. Die Tribüne des Plenarsaals gibt ihm die Gelegenheit, seine Argumente zu wiederholen. Die Atmosphäre ist hitzig. Er wird mehrmals durch die unterschiedlichen Reaktionen auf seine Rede (Proteste auf der linken, Gelächter oder Applaus auf der rechten Seite) unterbrochen:

> „Der Mann, den Sie heiligsprechen werden, hat seine Karriere damit verbracht, die verschiedenen Klassen unserer Nation in großflächigen Fresken zu malen. Er hat in *La Terre* (*Die Erde*) den Bauern, in *L'Assommoir* (*Der Totschläger*) den Arbeiter, in *Le Bonheur des dames* (*Das Paradies der Damen*) den Verkäufer, in *Pot-Bouille* (*Ein feines Haus*) den Bourgeois und in *La Débâcle* (*Der Zusammenbruch*) den Soldaten beschrieben. Diese riesigen, täuschend echt wirkenden Panoramen geben vor, uns die Wahrheit zu vermitteln, doch sie sind im Gegenteil durch den Missbrauch des Pittoresken irreführend und verleumderisch. Welchen Schaden haben sie uns außerhalb Frankreichs zugefügt! Nur wer im Ausland gewesen ist, weiß, wie schwer es unseren Freunden fällt, den Ruf unserer Sitten zu verteidigen. Zolas Werk hat in der ganzen Welt dazu gedient, die Tugenden unserer Gesellschaft zu verkennen."

Louis Buyat, der Berichterstatter des Gesetzes, versucht, Zolas Werk zu verteidigen, aber seine Worte haben kaum Wirkung. Zu diesem Zeitpunkt beschließt Jaurès einzugreifen. Seine Antwort an Barrès ist der Höhepunkt dieser Parlamentssitzung. Um die Abgeordneten für seine Sache zu gewinnen, hat sich Barrès auf das Ansehen Victor Hugos berufen und seine Empörung darüber zum Ausdruck gebracht, dass Zolas Asche in der Gruft beigesetzt werden könnte, in der auch der Autor von *Les Misérables* (*Die Elenden*) begraben ist, der am 1. Juni 1885, wenige Tage nach seinem Tod, im Panthéon bestattet worden war. In seiner Antwort verteidigt Jaurès seinerseits das Erbe Hugos. Er erinnert an die Ideale des Fortschritts und der sozialen Gerechtigkeit, die mit der romantischen Bewegung verbunden sind. Und er zeigt, dass der Autor von *Germinal* die gleichen Ehren verdient, die einst dem Autor von *Les Misérables* zuteilwurden:

> „Zolas Ruhm, seine Ehre besteht darin, dass er die Kunst nicht wie Monsieur Barrès als eine Art melancholischen und trüben Teich betrachtet hat, sondern als einen großen Fluss, der alle Vermengungen des Lebens, alle Verwegenheiten der Wirklichkeit mit sich führt. Genau das hat das Volk mit seinem Instinkt in Zolas Werk erkannt, in dem Wahrheitssucher, in dem Kampfgefährten."

Jaurès verteidigt eine Vorstellung der Nation, die der von Barrès entgegengesetzt ist, und gewinnt die Unterstützung der Nationalversammlung, indem er aufzeigt, dass die „Tradition des Vaterlandes" nicht „verstümmelt" werden dürfe: Wenn Émile Zola würdig sei, eine solche Tradition zu verkörpern, dann deshalb, weil er „Kunst und Leben" nicht getrennt habe, sondern es verstanden habe, sie „in der Leidenschaft für die Wahrheit" zu vereinen.

Nachdem die Mittel endlich bewilligt sind, kann die mehrfach verschobene „Panthéonisierung" am 4. Juni 1908 stattfinden. An diesem Tag ist Zola der vierte Schriftsteller, dem eine solche Ehrung zuteilwird: nach Voltaire und Rousseau, die in den turbulenten Jahren der Französischen Revolution 1791 und 1794 zu Grabe getragen wurden, und nach Hugo im Jahre 1885.

Die Zeremonie beginnt bei strahlendem Sonnenschein an einem schönen Junimorgen. Der Sarg des Schriftstellers liegt im Mittelschiff des Kulturdenkmals, auf einem riesigen Katafalk, umgeben von Blumenkränzen. Armand Fallières, der Staatspräsident, ist ebenso anwesend wie Clemenceau, der Regierungschef, und Picquart, der Kriegsminister geworden ist. Die Marseillaise wird gespielt, gefolgt vom Vorspiel zu Alfred Bruneaus *Messidor* und dem Trauermarsch aus Beethovens *Eroica*-Sinfonie, bevor der Minister für das öffentliche Bildungswesen, Gaston Doumergue – der einzige vorgesehene Redner – das Heldentum des Autors von „J'accuse" preist. Das Publikum lauscht noch immer dem Finale von Beethovens Neunter Symphonie und dem „Chant du Départ", dem revolutionären „Lied des Aufbruchs".[13] Die Zeremonie endet mit einer Truppenparade vor dem Panthéon, im Angesicht der prominenten Gäste.

---

[13] „Das Lied des Aufbruchs", das 1794 von Étienne-Nicolas Méhul und Marie-Joseph Chénier verfasst und dessen ursprünglicher Titel „Hymne à la liberté" („Hymne

19 Gab es eine vierte Dreyfus-Affäre?

Gleichzeitig ertönen zwei Schüsse im Inneren des Gebäudes: Sie richten sich gegen Alfred Dreyfus, der am Arm und an der Schulter verwundet wird. Der Täter, der sofort festgenommen wird, ist ein Journalist namens Louis Grégori. Er wird sich als „glühender Patriot" darstellen und erklären, dass er die Demütigung der französischen Armee nicht habe ertragen können. Seine Geste ist ein Echo auf die Rufe der feindlichen Demonstranten, die sich in der Nähe versammelt haben und seit dem Vortag mit allen Mitteln versuchen, die Zeremonie zu verhindern. Die nationalistischen Kräfte, angeführt von den Mitgliedern der *Action française*, verurteilen die Ehrung Zolas, des „Italieners", des „Pornografen", des Schriftstellers „ohne Vaterland". Drei Monate später, im September, wird ihnen der Prozess gegen Grégori vor dem Pariser Schwurgericht die Gelegenheit bieten, ihre Pressekampagne fortzusetzen, und die Geschworenen werden den Angeklagten unter dem Einfluss ihrer „patriotischen" Reden freisprechen. Um sich zu verteidigen, behauptete Grégori, er habe nicht auf Alfred Dreyfus schießen wollen, sondern auf den „Dreyfusismus"! Zehn Jahre nach der Verurteilung des Autors von „J'accuse" spricht dasselbe Gericht mitten in Paris den Mann frei, der Dreyfus erschießen wollte ...

Heftige Debatten in der Presse und im Parlament, Massenkundgebungen auf der Straße, das Attentat und der Prozess gegen Grégori vor dem Schwurgericht – das Jahr 1908 mit seinen verschiedenen Ereignissen lässt alle polemischen Mechanismen der Dreyfus-Affäre wieder aufleben. Diejenigen, die sich im Namen ihrer Vorstellung des Vaterlandes erheben, wollen das Urteil des Kassationsgerichtshofs aus dem Jahr 1906 revidieren. Sie weigern sich, dieses Urteil als juristischen Schluss zu betrachten und argumentieren, dass der Kassationsgerichtshof mit der Aufhebung des Urteils von 1899, ohne den Fall an ein nachfolgendes Gericht zu verweisen, gegen Artikel 445 der Strafprozessordnung verstoßen habe, der ein neues Verfahren vorschreibe.

Charles Maurras verkörpert diese Meinungsströmung, deren Einfluss auf das intellektuelle Milieu immer größer wird. Als Zeichen dieses Einflusses kann er am 21. März 1908 die erste Ausgabe der Tageszeitung *L'Action*

---

an die Freiheit") von Robespierre geändert wurde, löste unter Napoléon Bonaparte von 1804 bis 1815 die „Marseillaise" als Nationalhymne Frankreichs ab, die erst nach der Julirevolution von 1830 wieder zur offiziellen Hymne ernannt wurde.

19 Gab es eine vierte Dreyfus-Affäre?

française herausbringen, die aus der neun Jahre zuvor von ihm gegründeten Zeitschrift hervorging. Für ihn wird die Affäre nie zu Ende sein. Sie wird ihn bis an sein Lebensende verfolgen, bis zu jenem Tag im Januar 1945, als er wegen seiner Unterstützung des Vichy-Regimes zu lebenslanger Haft verurteilt und in dem Moment, als er den Schuldspruch erfährt, ausrufen wird: „Das ist die Rache von Dreyfus!"

20 Ist die Dreyfus-Affäre mit der Calas-Affäre vergleichbar?

Die Dreyfusarden sind Kinder Voltaires. Ihre Verteidigung der Menschenrechte entspringt dem Denken der Aufklärung. Sie wird direkt von Voltaires *Traité sur la tolérance*, seiner Abhandlung *Über die Toleranz* aus dem Jahr 1763 inspiriert, in der alle Menschen aufgefordert werden, ihre religiösen Streitigkeiten zu beenden. „Mögen sich alle Menschen daran erinnern, dass sie Brüder sind! Mögen sie die Tyrannei, die über ihre Seelen herrscht, verabscheuen", ruft Voltaire am Ende seines Traktats aus, in einem „Gebet zu Gott", das sich weder an den Gott der Katholiken oder Protestanten, noch an jenen der Juden oder Muslime wendet, sondern an einen „Gott aller Wesen, aller Welten und aller Zeiten". Als Ergebnis des vom Lager der Dreyfusarden errungenen politischen Sieges stützt sich das Gesetz von 1905, das die Trennung von Kirche und Staat vorschreibt, auf die von Voltaire vertretenen Grundsätze der religiösen Toleranz.

Diese Verbindung zwischen Voltaires Denken und dem Kampf der Dreyfusarden ist jedoch nicht nur ideologischer Natur. Sie beruht auch auf der Rolle, die das Beispiel der Calas-Affäre für die Verteidiger des Hauptmanns Dreyfus und ihre Wahrnehmung des begangenen Unrechts spielte. Die Calas-Affäre ist gewissermaßen eine in die Regierungszeit Ludwigs XV. verlegte Dreyfus-Affäre. Ihr Verlauf in der zweiten Hälfte des 18. Jahrhunderts weist viele Ähnlichkeiten mit dem auf, was sich ein Jahrhundert später ereignen sollte.

Rufen wir uns kurz die Ereignisse ins Gedächtnis. Eines Abends im Oktober 1761 isst Jean Calas in Toulouse mit seiner Familie in seinem Haus in der Rue des Filatiers zu Abend. Er ist ein ehrlicher Kaufmann protestantischen Glaubens. Doch der Abend endet tragisch. Marc-Antoine, einer der Söhne von Calas, wird tot in seinem Laden im Erdgeschoss aufgefunden. Inhaftiert und beschuldigt, seinen Sohn getötet zu haben, weil er zum Katholizismus konvertieren wollte, beteuert Jean Calas seine Unschuld. Am 9. März 1762 wird er vom Parlament in Toulouse zum Tode verurteilt. Am

10. März wird der unglückliche Mann auf einem der Plätze der Stadt gerädert und anschließend hingerichtet. Dann wird sein Körper auf einem Scheiterhaufen verbrannt und seine Asche in den Wind gestreut. Dies sind die Ereignisse, die Voltaire Ende März zu Ohren kommen. Er beschließt sofort, sich für die Rehabilitierung des Verurteilten einzusetzen. In den folgenden Monaten schreibt er sehr viel. Er sammelt die Elemente des Prozesses in einer Broschüre mit dem Titel *Pièces originales concernant la mort des sieurs Calas et le jugement rendu à Toulouse* (*Originaldokumente über den Tod der Herren Calas und das in Toulouse gefällte Urteil*), die im Juli 1762 veröffentlicht wird. Im August folgt ein Pamphlet mit dem Titel *Histoire d'Élisabeth Canning et des Calas* (*Die Geschichte von Elisabeth Canning und den Calas*), in dem anhand von zwei Rechtsfällen die Funktionsweise der Justiz in Frankreich und England verglichen wird. Weitere Traktate folgen. Die Maßnahmen zeigen Wirkung. Im März 1763 genehmigt der Rat des Königs eine Berufung gegen das Urteil des Parlaments von Toulouse. Gleichzeitig wird der Text *Über die Toleranz* veröffentlicht, der dem Anliegen noch mehr Geltung verschafft. Nach mehreren gerichtlichen Umwegen wird Jean Calas schließlich im März 1765 auf Beschluss des königlichen Rates rehabilitiert.

Als sie sich im November 1897 in den Kampf begeben, erinnern sich die ersten Dreyfusarden an das Beispiel Voltaires. Joseph Reinach, der Scheurer-Kestner geraten hat, die Geschichte der Calas-Affäre zu studieren, nennt ihn in seinen an ihn adressierten Briefen liebevoll „Mon cher Arouet". Am 13. Dezember bringt *L'Aurore* auf der Titelseite unter dem Titel „Dreyfus und Calas" Auszüge aus Voltaires Briefen, die mit folgendem Kommentar versehen sind, der auf die Hetzreden gegen das „jüdische Syndikat" anspielt:

> „Wenn Voltaire ‚im Himmel, seiner letzten Ruhestätte', die Zeitungen der letzten Wochen gelesen hat, muss er festgestellt haben, dass die Artikel der Verteidiger von Dreyfus eine merkwürdige Ähnlichkeit mit den Briefen haben, die er schrieb, als er vom Calas-Syndikat dafür bezahlt wurde, für die Unschuld des Verurteilten einzutreten."

Ab dem 6. Januar 1898 veröffentlicht die Zeitung *Le Siècle* den von Armand Fouquier verfassten vollständigen Bericht über die Calas-Affäre.

Ein besonderes Ereignis machte im Dezember 1897 den Namen Voltaires zusammen mit dem Rousseaus in den Nachrichten bekannt. Es stand im Zusammenhang mit einer Frage, die durch die Presse ging: Enthalten die

Särge Voltaires und Rousseaus in der Krypta des Panthéon die sterblichen Überreste der beiden großen Schriftsteller, oder verschwanden die Gebeine während der Unruhen, die mit der Rückkehr der Bourbonen im Jahr 1814 einhergingen, als das Gebäude wieder für die katholische Religion freigegeben wurde? Gerüchte zu diesem Thema machen die Runde. Die Wahrheit soll ans Licht. Eine Senatskommission wird damit beauftragt, das Geheimnis zu lüften. Ihr gehören unter dem Vorsitz von Ernest Hamel, Senator des Départements Seine-et-Oise, unter anderem Jules Claretie von der *Académie française*, Senator Marcelin Berthelot, Mitglied der Akademie der Wissenschaften, sowie Ärzte und Journalisten an. Und sie beschließt, eine Untersuchung der Gräber vorzunehmen. Die Operation findet mit der gebotenen Feierlichkeit am 18. Dezember 1897 im Panthéon statt. Die Mitglieder der Kommission betreten die Kapelle, in der sich der Sarkophag Voltaires befindet. Der Sarg wird geöffnet. Es kommen Knochen zum Vorschein, die sorgfältig untersucht werden. Die Identifizierung wird durchgeführt. Der Schädel, dessen Decke und Unterkiefer zusammengeschoben sind, lässt ohne weiteres das ausgemergelte Gesicht des alten Mannes erkennen, das durch die Gemälde und Skulpturen, die es so oft dargestellt haben, berühmt ist. Die zur Zeremonie geladenen Gäste erhalten die Erlaubnis, vor dem offenen Sarg zu defilieren. Einer von ihnen bückt sich andächtig, als wolle er eine Reliquie in die Hand nehmen: Er muss gewarnt werden, dass er ja nichts mitnimmt! Der gleiche Eingriff wird am Sarg Rousseaus wiederholt und endet ebenfalls mit einer Identifizierung. Es kann aufgeatmet werden. Die Kontroverse ist beendet. Die glorreichen Gebeine können in den Gewölben des Panthéons in Frieden ruhen.

Als ehemaliger Präsident der *Société des Gens de Lettres*, der Gesellschaft der Literaten, war Zola offenbar eine der eingeladenen Persönlichkeiten.[14] Wie alle, die an dieser seltsamen Zeremonie teilnahmen, hat er vor dem offenen Grab in sich gehen können. Was wird uns vom überraschenden Verlauf, den literarische Schicksale nehmen, von Voltaire in Erinnerung bleiben? Das Gedenken an den Autor der *Contes* und des *Dictionnaire philosophique* oder das des Verteidigers von Calas, Lally-Tollendal und des Chevalier de la Barre? Ein Werk, das alle Formen des künstlerischen

---

[14] Dies schreibt einer seiner Biographen, Matthew Josephson, in seinem 1928 erschienenen Buch *Zola and his Time*.

Schaffens erkundet hat, oder dieser am Abend eines arbeitsreichen Lebens vollbrachte Kampf für unschuldige Menschen, die von der Justiz ihres Landes verurteilt wurden?

Es gibt mehrere Gründe, einen Zusammenhang zwischen der Dreyfus-Affäre und der Calas-Affäre herzustellen. Analysieren wir diesen besonderen Moment des Sich-Bekennens, der einen Intellektuellen dazu bringt, sich zu engagieren, sich aus seiner bequemen Gewohnheit zu lösen, um sich in die Tat zu stürzen, so entdecken wir bei Zola wie bei Voltaire die gleiche Emotion, die gleiche leidenschaftliche Reaktion, die sie dazu bringt, die größten Risiken einzugehen, trotz aller Ermahnungen zur Vorsicht. Zola engagiert sich, weil ihm die Geschichte des Alfred Dreyfus wie ein außergewöhnliches menschliches Drama erscheint. Er reagiert wie ein Romancier, der von dem Szenario fasziniert ist, das sich ihm bietet. Andere Justizaffären, die Situationen möglicher Ungerechtigkeiten aufweisen, mögen Voltaire gleichgültig gelassen haben. Doch als er die Einzelheiten des Martyriums von Calas erfährt, ist er tief bewegt. Er empfängt Donat, Calas' Sohn, in seinem Haus in Ferney. Und er weint mit ihm zusammen, als er den Bericht hört, der ihm über den Fall gegeben wird. Die Calas-Affäre geht ihm nicht mehr aus dem Kopf; sie wird ihn nie wieder loslassen; er wird mehrere Jahre damit leben, wie seine Korrespondenz zeigt: Sie hat, wie er sagt, „alle Kräfte seiner Seele ergriffen".

Schreiben entsteht aus dem Gefühl heraus. Über seinen „Brief an den Staatspräsidenten" (der Originaltitel von „J'accuse") wird Zola sagen: „Er kam wie ein Schrei aus mir heraus". Derselbe Ausdruck findet sich in Voltaires Korrespondenz, in der er alle seine Freunde alarmiert, um sie über das Schicksal von Calas zu informieren: Er will, so sagt er, „ganz Europa aufrühren und seine Schreie in den Ohren der Richter erklingen lassen".

Der Ansatz, der beiden Engagements zugrunde liegt, basiert auf der Überzeugung, dass ein bestimmtes Ziel erreicht werden kann: das Andenken Calas' zu rehabilitieren; Dreyfus aus dem Gefängnis zu holen. Die öffentliche Meinung ist Zeuge der getroffenen Maßnahmen. Letztere richten sich gegen ein Justizorgan (das Parlament von Toulouse oder die Militärgerichte), das die Rechte des Angeklagten missachtet und religiösen Vorurteilen unterliegt.

Voltaire und Zola gelingt es dank ihrer Schriften, eine bestimmte Geschichte in ein erbauliches Beispiel zu verwandeln. Es gelingt ihnen, eine Legende zu schaffen. Vor ihrer Leserschaft zeichnen sie die Figur eines unschuldigen Märtyrers, dessen Reinheit unbestritten ist. Calas und Dreyfus erscheinen als zwei Opfer, die sich ihrem Schicksal mit größtem Mut stellten – seien es die Leiden des Calas, der zu Tode gefoltert wird, oder die des Dreyfus, der im Hof der *École militaire* degradiert wird, während der Mob ihn beschimpft. In beiden Fällen unterstützt eine solidarische Familie die Opfer und beweist damit die Stärke der Sache, die sie antreibt. Im Fall der Calas bilden die Witwe des Verurteilten und seine Söhne Pierre und Donat den Familienrückhalt. Auf der Seite von Dreyfus sind es die Frau des Hauptmanns, seine beiden Kinder und sein Bruder Mathieu, der beschlossen hat, seine ganze Energie dem Kampf für eine Wiederaufnahme des Prozesses zu widmen.

Das intellektuelle Engagement geht über religiöse Unterschiede und parteipolitische Überlegungen hinaus: Voltaire ist nicht protestantisch, Zola ist nicht jüdisch. Es geht über die bestehenden Religionen hinaus und erhebt den Anspruch, ein universeller Gedanke zu sein und die Menschenrechte zu verteidigen.

Gehen wir so weit zu sagen, dass Voltaire und Zola den Unschuldigen, den sie verteidigen wollten, gut *ausgewählt* haben? Als Schriftsteller, die sich der Rolle bewusst waren, welche die öffentliche Meinung spielen kann, wenn ein Rechtsfall in die Öffentlichkeit getragen wird, wussten sie, dass die Ideen, die sie vertraten, auf dem Beispiel eines außergewöhnlichen, für alle verständlichen Dramas beruhten. Der Gegensatz zwischen Gut und Böse, zwischen Recht und Unrecht, war deutlich sichtbar. Sie brauchten ihn, um ihr Narrativ aufzubauen. Sie konnten sich nicht mit einer ungewissen Unschuld zufriedengeben.

21 Waren die Dreyfusarden in der Lage, über ihr Engagement zu berichten?

Dem Durcheinander der Ereignisse ausgeliefert, entwickelten die Hauptakteure der Dreyfusarden-Bewegung schon sehr früh den Wunsch, das, was sie erlebt hatten, schriftlich festzuhalten, um es aus dem Chaos zu befreien, in dem sich die Zeitgenossen versunken fühlten. Sie wollten über eine einfache, einmalige Reaktion hinausgehen und ihrem Denken den fertigen Ausdruck verleihen, den ein gedrucktes Werk mit sich bringt. Jaurès, Clemenceau, Zola, Reinach, Dreyfus selbst, oder auch Vertreter der jüngeren Generation wie Péguy oder Halévy, lieferten in unterschiedlicher Form ihren eigenen Beitrag zum Gebäude des kollektiven Gedächtnisses, das es zu errichten galt und das sie für notwendig hielten.

Jaurès ist der Erste, der dies mit dem im Oktober 1898 erschienenen Band *Les Preuves* (*Die Beweise*) tut. Im Laufe des Sommers hat er eine Reihe von Artikeln in der Tageszeitung *La Petite République* veröffentlicht, in denen er die Absurdität der Anschuldigungen gegen Dreyfus aufzeigt. Durch eine außergewöhnliche Wendung des Schicksals hat Henrys Selbstmord am 31. August der öffentlichen Meinung die Stärke seiner Betrachtung bewiesen. Die in die Enge getriebene Regierung unter dem Vorsitz von Henri Brisson hat den Kassationsgerichtshof gebeten, sich mit dem Fall zu befassen. Dies ermöglichte es Jaurès, seine Artikel in einem kohärenten Band zusammenzufassen, der den weiteren Verlauf der Ereignisse voraussehen und trotz aller Schwierigkeiten auf eine Lösung der aktuellen Krise hoffen konnte.

Clemenceau findet sich einige Monate später in derselben Situation wieder, als er Anfang 1899 den ersten Band seiner Kolumnen für *L'Aurore* über die Dreyfus-Affäre zusammenstellt. Sein Titel: *L'Iniquité* (*Die Ungerechtigkeit*). Im Vorwort schlägt er einen persönlichen Ton an. Er erklärt, dass er erst spät von der Unschuld des Alfred Dreyfus überzeugt wurde und dass er die Debatten des Zola-Prozesses abwarten musste, um sich davon zu überzeugen. Er betont jedoch den exemplarischen Wert der sich bietenden

21 Waren die Dreyfusarden in der Lage, über ihr Engagement zu berichten?

Auseinandersetzung: Der Verurteilte sei „ein lebendiges Symbol" für das „Versagen" einer Nation geworden.

„Dieser zeitweilige Vertreter einer ungerechten menschlichen Justiz erscheint plötzlich als Hauptzeuge aller Ungerechtigkeiten der Vergangenheit."

Sechs weitere Bände werden bis 1903 folgen, getrieben vom selben Wunsch, das Ideal einer Gerechtigkeit zu verteidigen, deren Grundsätze missachtet worden sind: *Vers la réparation* (*Auf dem Weg zur Wiedergutmachung*), *Contre la justice* (*Gegen die Justiz*), *Des juges* (*Von den Richtern*), *Justice militaire* (*Militärjustiz*), *Injustice militaire* (*Militärische Ungerechtigkeit*), *La Honte* (*Die Schande*). Insgesamt sind es mehr als 3300 Seiten.

Das Jahr 1901 ist geprägt von drei wichtigen Veröffentlichungen: Im Februar erscheint Émile Zolas *La Vérité en marche* (*Die Wahrheit auf dem Vormarsch*), im März der erste Band des großen historischen Gemäldes von Joseph Reinach und im Mai der Erlebnisbericht von Alfred Dreyfus mit dem Titel *Cinq années de ma vie* (*Fünf Jahre meines Lebens*). Die Autoren können Abstand gewinnen: Die Wirren der Affäre liegen hinter ihnen; im Dezember 1900 ist ein Amnestiegesetz verabschiedet worden, das eine vorläufige Lösung bietet.

Zola versammelt die Texte, die er zwischen November 1897 und Dezember 1900 zur Dreyfus-Affäre verfasst hat: seine erste Kampagne in *Le Figaro*, die beiden darauf folgenden Pamphlete *Lettre à la jeunesse* (*Brief an die Jugend*) und *Lettre à la France* (*Brief an Frankreich*) sowie die Reihe von Artikeln, die er anschließend in *L'Aurore* veröffentlicht hat, darunter „J'accuse". Im Vorwort erklärt er seine Absichten:

„Wenn ein Schriftsteller in einer Angelegenheit von dieser Schwere und Größe ein Urteil gefällt und die Verantwortung übernommen hat, ist es seine strenge Pflicht, dem Publikum die Gesamtheit seiner Rolle, die authentischen Dokumente vor Augen zu führen, nach denen allein es erlaubt sein wird, über ihn zu urteilen."

Er möchte „einen Beitrag zu der gerade entstehenden Akte der Dreyfus-Affäre" leisten, „Dokumente" liefern, die mit seiner „persönlichen Aktion" verbunden sind und deren Sammelband er „der Geschichte, der Gerichtsbarkeit von morgen" überlassen will.

Ein ähnliches Zeugnis will Alfred Dreyfus ablegen. Die Stärke seines Berichtes liegt in den persönlichen Dokumenten, die er enthält. Im Mittelpunkt des Werkes steht der Text des Tagebuchs, das zwischen April 1894

21 Waren die Dreyfusarden in der Lage, über ihr Engagement zu berichten?

und September 1896 auf der Teufelsinsel geschrieben wurde: ein ergreifendes Protokoll der Tage, die vergingen, und der täglichen Demütigungen in der großen Stille einer Gefangenschaft, die niemals zu enden schien. Der erste Teil geht dem Tagebuch voraus, indem er die Verhaftung und den Prozess schildert, während der letzte Teil die Zeit der Revision durch den Kassationsgerichtshof bis zur Rückkehr eines Sträflings nach Frankreich auf dem Kreuzer *Sfax* beschreibt, der seine Offiziersuniform zurückerhält und allmählich das Ausmaß einer Tragödie entdeckt, deren Mittelpunkt er war. Beide Teile beruhen auf Auszügen aus dem Briefwechsel mit Lucie. Der Kommentar ist nüchtern, die Fakten sind in strenger Chronologie aufgelistet. Alfred Dreyfus will sich nicht als Märtyrer darstellen, sondern er möchte seiner Leserschaft verständlich machen, wie diese Jahre aussahen, in denen er „von der Welt der Lebenden abgeschnitten" war, wie es in der kurzen Widmung an seine Kinder am Anfang des Buches heißt.

Ganz anders das Vorgehen von Joseph Reinach. Mit dem ersten Band seiner Geschichte der Affäre, der den Titel *Le Procès de 1894* (*Der Prozess von 1894*) trägt, beginnt Reinach ein langfristiges Projekt. In dem Bestreben, über die parteiische Sichtweise hinauszugehen und die Strenge eines Historikers zu erreichen, versuchte er, die Ereignisse zusammenzufassen und so detailliert wie möglich zu schildern. Er stützt sich auf umfangreiche Unterlagen, insbesondere auf die unveröffentlichten Memoiren von Scheurer-Kestner und Mathieu Dreyfus, zu denen er Zugang hatte. Er reiste sogar nach Berlin, um Schwartzkoppen, den ehemaligen deutschen Militärattaché in Paris, zu interviewen. In einer Sprache, die sich aus der Lektüre griechischer und lateinischer Historiker speist, mit Formeln, die sich an der Prägnanz von Polybius oder Tacitus orientieren, rekonstruiert er die dramatische Abfolge der Episoden, schildert die Konfrontationen, stellt die verschiedenen Akteure vor, zeichnet ihre Porträts und erforscht ihre Beweggründe.

Nach der positiven Aufnahme des ersten Bandes werden bis 1908 regelmäßig weitere Bände folgen: *Esterhazy*; *La Crise* (*Die Krise*); *Cavaignac et Félix Faure* (*Cavaignac und Félix Faure*); *Rennes*; *La Révision* (*Die Revision*). Jeder Band umfasst zwischen 600 und 700 Seiten. Anhänge vervollständigen die Darstellung. Ein großer zusammenfassender Index wird das monumentale Werk im Jahr 1911 krönen. Reinach hat seine Wette gewonnen. Sein Werk wird von nun an das unentbehrliche Nachschlagewerk für all diejenigen sein, die bis zu den verschlungenen Pfaden der Affäre vordringen wollen.

Ihm gegenüber steht in perfekter Opposition (sowohl inhaltlich als auch formal) die von der *Action française* erarbeitete Gegengeschichte, Henri Dutrait-Crozons *Précis de l'Affaire Dreyfus* (*Handbuch der Dreyfus-Affäre*), deren erste Auflage Anfang 1909 erscheint. Das Werk, das als Brevier für alle Anhänger der nationalistischen Bewegung dienen wird, wurde von zwei Offizieren, Oberst Georges Larpent und Major Frédéric Delebecque, verfasst, die sich hinter dem Pseudonym Dutrait-Crozon verbergen. Die Autoren unterstützen die These von Dreyfus' Schuld. In ihren Augen war Esterhazy nur ein „Strohmann", der an die Stelle des wahren Täters gesetzt wurde!

Als große Leser Reinachs reagieren Daniel Halévy und Charles Péguy 1910 abwechselnd in den *Cahiers de la quinzaine*, Ersterer mit *Apologie pour notre passé* (*Apologie unserer Vergangenheit*), Letzterer mit *Notre jeunesse* (*Unsere Jugend*). Im Jahr 1898, im Alter von 25 und 26 Jahren, hatten sie sich mit der ganzen Kraft ihrer Jugend in den Kampf gestürzt. Welche Lehren können sie zehn Jahre später ziehen? Péguy zeigt sich gnadenlos gegenüber den Politikern, denen er vorwarf, das Ideal der Dreyfusarden verraten zu haben, indem sie den errungenen Sieg ausnutzten. Weniger pessimistisch unterstreicht Daniel Halévy die solidarische Bewegung, die eine ganze Generation junger Intellektueller getragen hat:

„Nichts war weniger doktrinär als unsere Vereinigung. Sie bestand vor allem aus der Freude am Gespräch, aus dem Vertrauen, das uns half, unsere Gedanken füreinander zu formulieren. Durch die gemeinsame Abneigung gegen alle Sekten vermieden wir offenbar recht gut die Gefahr, uns als Sekte gegen die Sekten zusammenzuschließen."

Der Erste Weltkrieg und seine Millionen von Toten führen zu einem Bruch in der Kontinuität der Berichterstattung. Mitte der 1920er Jahre ist die Affäre für die jüngeren Generationen zu einer fernen Erinnerung geworden, zu einem Ereignis, auf das sich die Menschen zurückbesinnen, ohne seinen Inhalt genauer zu kennen. Die meisten der wichtigsten Akteure sind gestorben: Scheurer-Kestner, Émile Zola, Bernard Lazare, Picquart, Jaurès, Péguy, Du Paty de Clam, Mercier, Barrès, Esterhazy ... Um gegen diesen Gedächtnisverlust anzukämpfen, trägt Louis Leblois eine umfangreiche Dokumentation zusammen, deren Ziel es ist, die *Geschichte* von Reinach zu vervollständigen, indem er auf die Gerichtsarchive der Affäre vom Prozess

21 Waren die Dreyfusarden in der Lage, über ihr Engagement zu berichten?

1894 bis zur Rehabilitierung durch den Kassationsgerichtshof zurückgreift.[15] Das Werk, das mehr als 1000 Seiten umfasst, erscheint 1929 unter dem Titel: *L'Affaire Dreyfus. L'Iniquité. La Réparation. Les principaux faits et les principaux documents* (*Die Dreyfus-Affäre. Das Unrecht. Die Wiedergutmachung. Die wesentlichen Fakten und Dokumente*). Indem er die wichtigsten Schriftstücke eines komplexen Falles zusammenstellt, dessen innere Logik er analysiert, will Leblois den Verlauf eines historischen Prozesses aufzeigen, der trotz der Schwere der begangenen Fehler mit dem Sieg der Gerechtigkeit endete. Die Lehre, die er aus so viel angesammeltem Leid zieht, ist von Optimismus geprägt:

> „Das Schauspiel eines uneigennützigen Kampfes für die Gerechtigkeit reicht aus, um in großzügigen Herzen ein lebhaftes Verlangen nach Selbstlosigkeit zu wecken; aber eine genaue Kenntnis der gegnerischen Kräfte und Pläne, ein klarer Blick auf die geführten Auseinandersetzungen verstärken dieses Verlangen noch, indem sie zeigen, wie ein edles Ziel erreicht, ein großes Ideal verwirklicht werden kann."

Die positivistische Strenge des Werks von Louis Leblois steht im Gegensatz zum persönlichen Ton von Léon Blums *Souvenirs sur l'Affaire* (*Erinnerungen an die Affäre*), die einige Jahre später, 1935, veröffentlicht werden. In diesen Band nimmt Blum eine Reihe von Artikeln auf, die er für die Wochenzeitung *Marianne* geschrieben hat. Er behauptet nicht, ein Historiker zu sein. Im Gegensatz zu Leblois hat er sich nicht in Archivmaterial vertieft, sondern liefert einfache Erinnerungen, deren freie Darstellung er für sich beansprucht. Der Tod von Alfred Dreyfus am 12. Juli 1935 gibt ihm die Gelegenheit, auf seine Jugend zurückzublicken. Er will sich „frei ausdrücken", wie er im Vorwort erklärt, und fügt hinzu, dass er den ursprünglichen Text seiner Artikel nicht geändert, sondern lediglich einige sachliche Fehler, auf die er hingewiesen worden sei, in Anmerkungen korrigiert habe. Das Interesse an seinem Werk liegt in der Porträtgalerie, die der Leserschaft geboten wird.

Die Figuren der Vergangenheit erwachen unter der Feder des Chronisten zu neuem Leben, werden in ihren einzigartigen Haltungen und Reaktionen auf die Ereignisse festgehalten. Auf diese Weise treten Lucien Herr, Maurice Barrès, Anatole France, Jaurès, Clemenceau und Zola auf. Blum

---

[15] Im Juli 1897 hatte er eine entscheidende Rolle gespielt, indem er die Informationen, die Picquart ihm gegeben hatte, an Scheurer-Kestner weiterleitete.

21 Waren die Dreyfusarden in der Lage, über ihr Engagement zu berichten?

betont die außerordentliche Widerstandsfähigkeit der Antidreyfusarden darin, das Offensichtliche zu leugnen und die Wahrheit abzustreiten. Er hinterfragt die geheimnisvollen Aspekte der Affäre und sieht in Oberstleutnant Henry den Hauptverantwortlichen für die kriminellen Machenschaften. Seine Betrachtungen sind jedoch frei von Manichäismus. Fragen haben Vorrang vor Gewissheiten. Der Mann, der bald an der Spitze der Volksfrontregierung stehen wird, denkt über die Umwälzungen der Geschichte nach. Er weiß, dass er sich auf neue Kämpfe in einem krisengeschüttelten Europa vorbereiten muss, das vom Aufstieg des Nationalsozialismus bedroht wird.

22 Hat sich die Literatur für die Dreyfus-Affäre interessiert?

Hat die Literatur die Dreyfus-Affäre aufgegriffen? Zu dieser Frage kann auf Anhieb gesagt werden, dass sie sich damit sehr schwergetan hat. Dennoch war die Affäre ein literarisch schönes Thema. Es fehlte ihr an nichts, weder an der Intensität des Dramas noch an der Vielfalt der Figuren. Es gab jedoch mehrere Hindernisse. Zunächst einmal die Komplexität der Ereignisse. Welche Aspekte der Affäre sollten festgehalten werden? Die dunklen Machenschaften von Henry und Du Paty? Die Winkelzüge des finsteren Esterhazy? Der lange und schwierige Kampf der Intellektuellen? Die Meinungsverschiedenheiten innerhalb der Familie – die Freundschaften, die plötzlich zerbrachen, ohne Hoffnung auf Versöhnung? Oder die Not des Unschuldigen, der auf eine ferne Insel verbannt war?

Hinzu kam bei vielen Schriftstellern das Gefühl, dass es nicht möglich war, eine so schwere Krise, welche die gesamte französische Gesellschaft betraf, literarisch zu verwerten. Dies war zum Beispiel die Ansicht von Zola. Er trat in den Kampf der Dreyfusarden mit der Vorstellung ein, dass er eines Tages dessen aufmerksamer Chronist werden könnte, denn die Realität bot ihm ein außergewöhnliches Szenario, das er aufgreifen musste, aber er verwarf später diese Meinung. Kurz nach seiner Rückkehr aus dem Exil erklärte er im Juli 1899 gegenüber einem Journalisten, der ihn danach fragte:

> „Es wäre niedrig und schändlich von mir, die Dreyfus-Affäre auszunutzen. [...] *Niemals werde ich einen Roman oder ein Theaterstück über die Dreyfus-Affäre schreiben.* Nun, vielleicht werde ich eines Tages auf einigen Seiten meine persönlichen Eindrücke zum Zeitpunkt meiner Prozesse oder meines Exils zusammenfassen. Diese Notizen werden mein Beitrag zur Geschichte sein. Ich werde sie für Autoren verwenden, die zum Beispiel in fünfzig Jahren mit dem nötigen Abstand die Ereignisse unserer Zeit in ihrem wahren Licht betrachten wollen."

Das Thema wurde also den Historikern überlassen, und insbesondere dem ersten von ihnen, Joseph Reinach.

22 Hat sich die Literatur für die Dreyfus-Affäre interessiert?

Was blieb den Schriftstellern? Den Schauplatz zu inszenieren, die Zeugen zum Leben zu erwecken, den Umbruch zu verdeutlichen, der in den Köpfen der Menschen stattgefunden hatte. Eine wichtige Aufgabe, trotz allem. Dies hat Anatole France in *L'Anneau d'améthyste* (*Der Amethystring*) und *Monsieur Bergeret à Paris* (*Professor Bergeret in Paris*) getan, die 1899 und 1901 erschienen sind – die letzten beiden Bände einer Tetralogie mit dem Titel *Histoire contemporaine* (*Zeitgenössische Geschichte*). Die Handlung der Romane von Anatole France spielt in den Jahren 1897 bis 1898 in der Provinz, bevor sie in den Jahren 1899 bis 1900 in Paris fortgesetzt wird.

Im Mittelpunkt der Handlung steht ein Hochschullehrer, Professor Bergeret, eine zunächst unscheinbare Person, deren moralische Autorität sich aber im Laufe der Episoden immer mehr festigt. Als Beobachter der sozialen Auseinandersetzungen ist Bergeret ein aufmerksamer Zeitzeuge, ein Sprecher des Autors – die Inkarnation des für Dreyfus engagierten Intellektuellen schlechthin. Anatole France bietet jedoch keine direkte Rekonstruktion der Ereignisse der Affäre. Er lässt sie im Hintergrund und begnügt sich damit, sie zu einem Element von vielen der „Histoire contemporaine", der Zeitgeschichte zu machen, in die seine Figuren eintauchen.

In *Le Journal d'une femme de chambre* (*Tagebuch einer Kammerzofe*, 1900) macht Octave Mirbeau die Dreyfus-Affäre zu einem entfernten Ereignis, das im Hintergrund seiner Handlung bleibt. Er gibt sich damit zufrieden, den ideologischen Rahmen abzustecken: Durch die Figur des Dieners Joseph, eines Lesers der *Libre Parole* (den die Heldin Célestine schließlich heiratet), zeigt er, wie der Antidreyfusismus die Mentalität der Arbeiterklasse durchdringen konnte.

Zur gleichen Zeit arbeitet Marcel Proust am Projekt von *Jean Santeuil*. Im Februar 1898 hat er mit Begeisterung die Verhandlungen im Prozess gegen Émile Zola verfolgt. In seinem Roman rekonstruiert er einige Szenen ausführlich, um die großen Akteure des Dramas zu zeichnen – die Leichtigkeit des Oberstleutnants Picquart, der sich inmitten eines feindlichen Publikums bewegt, oder die Majestät des Generals de Boisdeffre, des Stabschefs der Armee, der in seiner Person die ganze Macht der militärischen Autorität verkörpert. Aber wie wir wissen, wird *Jean Santeuil* ein unvollendetes Werk bleiben (dessen Text erst 1952 publiziert wird), und als er das große Werk seines Lebens, *À la recherche du temps perdu* (*Auf der Suche der* verlorenen Zeit), in Angriff nimmt, gibt Proust seine Aufgabe als Historiker auf, um die gleiche Perspektive wie Anatole France einzunehmen. Die Affäre zieht sich wie ein roter Faden durch das Werk; die Leserschaft nimmt ihre Auswirkungen auf das Verhalten der Figuren in *Le Côté de Guermantes* (*Die Welt der Guermantes*) und *Sodome et Gomorrhe* (*Sodom und Gomorrha*) wahr, doch ist ihr keine größere Sequenz gewidmet. In *Le Côté de Guermantes* zum Beispiel bildet sie den zeitlichen Rahmen für die lange Diskussion zwischen Bloch und Monsieur de Norpois im Salon von Madame de Villeparisis. Die Leserschaft versteht, dass die Handlung zur Zeit des Zola-Prozesses im Februar 1898 spielt, doch die in *Jean Santeuil* angebotene Rekonstruktion findet nicht statt.

Anders als der Zeitungsartikel legt sich die romanhafte Erzählung nicht direkt fest. Ihr Verlauf wird nicht durch methodische Überlegungen unterstützt, welche die Wahrheitsfindung bevorzugen. Was sie interessiert, ist das Zögern, der Irrtum oder die Lüge. Deshalb ist sie offener für den Diskurs der Antidreyfusarden als für jenen der Dreyfusarden, wobei sie mit den distanzierenden Effekten spielt, welche die Erzählperspektive ermöglicht. Im Übrigen treten die Figuren, wenn sie Dreyfus' Thesen verteidigen, nicht als Triumphatoren auf, sondern zögerlich und von Zweifeln geplagt. Ausgehend von einem ihm eigenen Antrieb (der psychologischen Darstellung) interessiert sich der Roman mehr für die Ursachen, welche die Ansichten der Figuren erklären, als für die Ansichten selbst.

Anatole France gelingt es auf diese Weise, die Aktualität des Augenblicks in einer Romanhandlung festzuhalten, deren Gegenstand ursprünglich die Satire auf den Klerikalismus war. Die Möglichkeit eines Dreyfus feindlich gesinnten Diskurses bereichert die Figuren von Klerikern und engstirnigen Reaktionären, die er beschreiben will, in einzigartiger Weise. Ein solcher Mechanismus spricht auch Proust an, der zeigen will, wie sich die gesellschaftliche Meinung neu zusammensetzt, indem sie sich wandelt: in Swann oder Bloch, Dreyfusarden wegen ihrer jüdischen Herkunft; in Robert de Saint-Loup, der zunächst Dreyfusard wegen seiner Liebe zu der Jüdin Rachel ist und später zum Antidreyfusismus zurückkehrt, weil er ein Mann des Militärs ist; im Herzog von Guermantes, der von Natur aus, seiner Klasse verpflichtet, ein Antidreyfusard ist, der aber später zum Dreyfusismus übergeht, nachdem ihn soziale Begegnungen zur gegenteiligen Meinung bekehrt haben.

Ein Schriftsteller ist jedoch bei dem Versuch, die Ereignisse der Realität in den Mechanismus der Fiktion zu integrieren, so weit wie möglich gegangen: Roger Martin du Gard mit seinem 1913 erschienenen Roman *Jean Barois*. Die ästhetischen Entscheidungen von Martin du Gard ähneln denen von Anatole France und Marcel Proust – die Ablehnung einer auf den Prinzipien des historischen Romans basierenden Handlung. Die Affäre wird jedoch als Ereignisfolge in Szene gesetzt. Im zweiten Teil des Romans nimmt sie einen sehr wichtigen Platz ein. Jean Barois, die Titelfigur des Romans, nimmt als Journalist bei der kleinen Dreyfusard-Tageszeitung *Le Semeur* (inspiriert von *L'Aurore*) am Prozess gegen Zola teil: Die zehnte Sitzung vom 17. Februar 1898, eine der dramatischsten, wird ausführlich inszeniert, mit echten Zitaten aus dem Prozess. Der Roman von Martin du Gard bedient sich der Collage. Er verbindet reale Dokumente mit fiktiven Elementen. Er bringt uns das Geflüster der Geschichte zu Gehör, indem er eine theatralische Form des Schreibens bevorzugt.

Eine andere Lösung bot sich den Schriftstellern an: die allegorische Erzählung. Von der Affäre zu sprechen, aber auf Umwegen, indem eine andere Geschichte erzählt wird, die sich als Spiegel anbietet. Diese Wahl trafen Zola mit *Vérité* (Wahrheit, 1902) und Anatole France mit *L'Île des pingouins* (Die Insel der Pinguine, 1908) – der eine in ernster, der andere in komischer Weise. Bei der Abfassung von *Vérité* hält sich Zola an die sich selbst gegebene Anweisung, nicht ausdrücklich über die Ereignisse zu sprechen, die er erlebt hat. Sein Plan ist es zunächst, das säkulare Schulwesen zu Beginn des 20. Jahrhunderts im Kampf gegen die mächtigen religiösen Gemeinden darzustellen. Aber er konstruiert eine Handlung, die in ihrem Verlauf den Mechanismus der Dreyfus-Affäre aufgreift: Simon, ein jüdischer Lehrer, wird zu Unrecht beschuldigt, seinen Neffen vergewaltigt und getötet zu haben; die Bemühungen, die angestellt werden, um seine Unschuld zu beweisen, ist dem Kampf der Dreyfusarden der Jahre 1897 bis 1899 nachempfunden. Anatole France, der humorvolle Historiker der erstaunlichen Nation der Pinguine, gibt seinem Helden Pyrot (der beschuldigt wird, einige tausend Heuballen gestohlen zu haben, die für die nationale Kavallerie bestimmt waren) das tragische Schicksal von Alfred Dreyfus.

Diese Romane vermitteln ein ziemlich vollständiges Bild der Affäre. Die wichtigsten Ereignisse wiederholen sich, ihre politische Dimension bleibt erhalten, aber die gesamte Handlung wird in einen anderen Raum, außerhalb der realen Zeit verlegt – bei Zola in die Kleinstadt Maillebois, bei Anatole France auf die Insel der Pinguine. Durch ihre Präzision übertreffen diese allegorischen Erfindungen die Romane, die lediglich einen Hintergrund zeichnen. In *Vérité* sieht Zola in einem lange zurückliegenden Verbrechen, das zwei Komplizen verbindet, den Grund für den Schutz, den Philibin (Henry) Gorgias (Esterhazy) gewährt; in *L'île des pingouins* zeigt Anatole France, dass die Verurteilung Pyrots das Ergebnis einer Erpressung des Kriegsministers Greatauk (Mercier) durch den Prinzen von Boscénos (Drumont) ist. Diese Klärung geht jedoch mit einem erzählerischen Verwirrspiel einher. Den Gesetzen der Allegorie folgend, schreitet die Erzählung maskiert voran. Ihre Interpretation ist nicht immer einfach. Sie verlangt von der Leserschaft, dass sie die notwendigen Verbindungen zwischen den erfundenen Figuren und den realen Situationen herstellt.

Es gibt eine literarische Form, die keine der eben genannten moralischen Vorbehalte erfahren hat. Ihr Ziel war es ausdrücklich, die dramatische Quelle der Dreyfus-Affäre *auszunutzen*, um eine frei erfundene Geschichte mit zahlreichen Wendungen zu schaffen, in der sich Realität und Fantasie vermischen. Es handelt sich um Populärliteratur, deren Ausdrucksform der Fortsetzungsroman ist. Wir hatten bereits Gelegenheit, dieses Thema anzusprechen, als wir in dem Esterhazy gewidmeten Kapitel die beiden Romane von Victor von Falk erwähnten, die in den ersten Jahren des 20. Jahrhunderts erschienen sind: *Alfred Dreyfus ou Le martyr de l'île du Diable* (*Alfred Dreyfus oder Der Märtyrer von der Teufelsinsel*),[16] erweitert durch *Zola et Picquart. Les Champions de la vérité et de la justice* et *Le secret de la dame voilée ou La fin des sinistres épreuves du capitaine Dreyfus* (*Zola und Picquart. Die Kämpfer für Wahrheit und Recht* und *Das Geheimnis der verschleierten Dame oder Das Ende des entsetzlichen Schicksals des Kapitän Dreifuss* [sic])[17] – 238 Kapitel und 4160 Seiten im ersten Fall, 109 Kapitel und 2400 Seiten im zweiten Fall. Der Stoff für diese unendlichen Geschichten war unerschöpflich und tauchte in der Zwischenkriegszeit zwischen 1931

---

[16] Deutscher Originaltitel: *Auf ewig getrennt? Oder Kapitän Dreyfus und seiner Gattin ergreifende Erlebnisse, Schicksale und fürchterliche Verbannung. Sensations-Roman*, Berlin: A. Weichert, 1898.

[17] Die Originalausgabe dieses „Sensations-Romans" erschien 1899 in Berlin bei A. Weichert.

und 1933 wieder auf. Daraus entstand eine neue Romanreihe, *Le Calvaire d'un innocent* (*Der Leidensweg eines Unschuldigen*), die wie die vorherigen in Form von wöchentlichen Ausgaben veröffentlicht wurde – insgesamt 612 Kapitel und 5184 Seiten. Der illustrierte Umschlag der ersten Ausgabe trug den Untertitel: *Dreyfus. Le déporté innocent à l'île du Diable – le martyre de sa malheureuse épouse* (*Dreyfus. Der unschuldig Deportierte auf der Teufelsinsel – das Martyrium seiner unglücklichen Frau*).[18]

Auf die Kapitel des *Calvaire d'un innocent* folgen Seiten mit abenteuerlichsten Erfindungen und Chroniken, welche die Realität der Ereignisse abbilden sollen. Nichts wird ausgelassen, alle entscheidenden Wendepunkte der Affäre fließen in die Fiktion ein, von Dreyfus' Verhaftung 1894 bis zu Grégoris Mordversuch 1908. Es werden Dokumente eingefügt – Auszüge aus Artikeln von Zola oder aus dem Briefwechsel zwischen Alfred Dreyfus und seiner Frau. Die Logik des Fortsetzungsromans dominiert jedoch. Wie bei Victor von Falk werden auch hier zahlreiche Frauenfiguren vorgestellt. In Verbindung mit den männlichen Figuren helfen sie, die Gründe zu erklären, welche die Protagonisten zum Handeln antreiben. Das Thema der *Femme fatale* spielt eine wichtige Rolle. So erfährt die Leserschaft gleich zu Beginn, welche Intrige der Affäre zugrunde liegt, indem sie den Charakter der finsteren Amy Nabot entdeckt, die sich trotz ihrer Liebe (sie liebte einst den „schönen" Alfred Dreyfus, der ihr die „reizende" Lucie Hadamard vorzog ...) mit Oberstleutnant Henry verbündet und so die Verhaftung des unglücklichen Hauptmanns verursacht hat!

Welch erstaunliche Macht der Populärliteratur! Die Erzählzeit gibt durch ihre ständige Ausdehnung die Ereignisse wieder, welche die Zeit der realen Geschichte geprägt haben. Durch die wöchentliche Aufteilung der Folgen erlebt die Leserschaft Woche für Woche das „Martyrium" der Unschuld. Wie auch immer das zu erleidende Unglück aussieht, sie weiß, dass sie auf ein glückliches Ende hoffen kann. Sie braucht nur weiterzulesen ...

---

[18] Der Autor ist ein Schriftsteller, von dem nur das Pseudonym Jules d'Arzac bekannt ist. Er greift den Roman *Unschuldig getrennt: Dreyfus, des unschuldig Verbannten und seiner Gattin ergreifendes Schicksal* von Eugen von Tegen auf, der 1930 im Mignon-Verlag (Dresden) veröffentlicht wurde. Die französische Ausgabe basiert auf dem Original in deutscher Sprache, das sie weiterentwickelt und um neue Episoden ergänzt.

Es ist bemerkenswert, dass alle oben genannten Romane von den Dreyfusarden inspiriert sind. So seltsam es auch klingen mag, der Antidreyfusismus hat sich in der Romanliteratur nicht durchgesetzt. Natürlich gibt es einige Anti-Dreyfus-Romane, aber sie wurden nicht von einflussreichen Autoren geschrieben.[19] Weder Léon Daudet noch Maurice Barrès wagten sich auf dieses Gebiet. Sie zogen es vor, ihren Kampf in der Presse zu führen und ihre ganze Kraft der Polemik zu widmen. Die Barrès-Trilogie *Roman de l'énergie nationale* (*Les Déracinés, L'Appel au soldat, Leurs Figures*) – Roman der nationalen Energie (Die Entwurzelten, Der Ruf an den Soldaten, Ihre Figuren) – bietet eine politische Geschichte der Dritten Republik, die mit der Panama-Affäre endet, ohne darüber hinauszugehen.

Der Antidreyfusismus triumphierte in der Karikatur und brachte in den illustrierten Zeitungen Bilder seltener Gewalt hervor. Die Territorien des Romans sind ihm größtenteils unbekannt geblieben. Wir werden uns nicht darüber beklagen.

---

[19] Wie zum Beispiel *Le Journal d'un grinchu* von Gyp (1898) oder *Les Trois Poteaux de Satory* von George Bonnamour (1908).

23 Ist die Dreyfus-Affäre ein gutes Filmthema?

Die auf diese Epoche spezialisierten Historikerinnen und Historiker weisen gern auf die Tatsache hin, dass die Geburt des Kinos zeitgleich mit der Dreyfus-Affäre stattfand. Über den Revisionsprozess von Rennes im Sommer 1899 berichteten die Medien der ganzen Welt, während dies beim Dreyfus-Prozess im Dezember 1894 oder sogar beim Zola-Prozess im Februar 1898 nicht der Fall war. Viele Journalisten und Fotografen reisten an, sodass etwa einhundert Fotos erhalten geblieben sind, von der Stadt Rennes, dem Gymnasium, in dem der Prozess stattfand, und den Zuschauergruppen, die den Gerichtsverhandlungen beiwohnten.

Die Kameraleute, die vor Ort waren, konnten den Gerichtssaal nicht filmen, aber sie konnten einige bewegte Bilder von der um das Gymnasium versammelten Menge, den Gendarmen zu Pferd oder Lucie Dreyfus machen, der Frau des Hauptmanns, in Begleitung des Anwalts Fernand Labori. Diese flüchtigen Bilder gehen dem ersten Kinofilm über die Dreyfus-Affäre voraus.[20] Georges Méliès drehte ihn Ende des Sommers 1899 in dem kleinen Studio, das er im Garten seines Hauses in Montreuil eingerichtet hatte: Er besteht aus einer Reihe von zehnminütigen Szenen.

Méliès' Film bietet *rekonstruierte* Nachrichten, die den Anspruch erheben, ein möglichst getreues Bild der Realität zu vermitteln. Die festen Einstellungen, die eine starke dramatische Konnotation haben, konzentrieren sich auf die Figur des Dreyfus. Sie betonen die Ausein-andersetzungen und lassen sich in ihrem Szenenaufbau von den zahlreichen Zeichnungen aus der illustrierten Presse inspirieren. Die Abfolge wird durch die Titel unterstrichen, die jede Szene ankündigen: „Das Diktat des *Bordereaus*", „Die Teufelsinsel", „Dreyfus in Ketten", „Der Selbstmord von Oberst Henry", „Die Landung in Quiberon", „Das Gespräch von Dreyfus und seiner Frau in Rennes", „Das Attentat auf Anwalt Labori", „Der Kampf der

---

[20] Siehe die Filmografie am Ende dieses Buches.

Journalisten", „Der Kriegsrat tagt in Rennes". Die ersten Szenen bilden eine Art Prolog. Sie heben die Qualen hervor, die der Verurteilte erleiden musste (das Diktat, das Du Paty de Clam Dreyfus bei seiner Verhaftung auferlegt hat, und die Bedingungen seiner Inhaftierung auf der Teufelsinsel), bevor sie den Selbstmord von Oberstleutnant Henry in seiner Zelle des Mont Valérien zeigen. Der Prozess von Rennes wird im zweiten Teil behandelt, von der Ankunft des Angeklagten in Frankreich (sein Ausschiffen auf der Halbinsel Quiberon in der Bretagne) bis zu den Prozesstagen, einschließlich des bewegenden Wiedersehens von Alfred Dreyfus und seiner Frau und des Anschlags, bei dem der Anwalt Fernand Labori eine Schussverletzung erlitt. Das Einschreiten Zolas und die politischen Kämpfe der damaligen Zeit werden beiseitegelassen. Für Méliès zählt allein die Geschichte eines Unschuldigen, der zu Unrecht verurteilt wurde.

Zur gleichen Zeit, im Jahre 1899, veröffentlicht die Firma Pathé eine *Dreyfus-Affäre* in sechs Bildern. Es werden zwei weitere Filme zum selben Thema folgen, der erste 1902 unter der Regie von Ferdinand Zecca, der zweite 1907 unter der Regie von Lucien Nonguet. Dabei handelt es sich wiederum um rekonstruierte Wochenschauen in Form von festen Einstellungen. Der Film von Nonguet dauert etwa zehn Minuten. Er wurde 1908 fertiggestellt. Die Unschuld von Alfred Dreyfus war zu diesem Zeitpunkt offiziell anerkannt; es ist also möglich, eine vollständige Darstellung der Affäre zu liefern. Die letzte Szene der Rehabilitationszeremonie ist der Höhepunkt des Films.

Diese Filmproduktionen werden jedoch nur eine begrenzte Wirkung haben, weil die Zensur ab 1915 jegliche Darstellung der Dreyfus-Affäre im Kino verbietet, da sie die öffentliche Ordnung stören könnte. Dieser Ausschluss wird etwa vierzig Jahre lang, bis Anfang der 1960er Jahre, dauern.

In der Zwischenkriegszeit kam die Dreyfus-Affäre im Ausland wieder auf die Leinwand. Drei Filme prägen diese Zeit: in Deutschland Richard Oswalds *Dreyfus* aus dem Jahre 1930; in England ein Jahr später *Dreyfus. The Case* von F. W. Kraemer und Milton Rosmer; und in den Vereinigten Staaten 1937 *The Life of Émile Zola* von William Dieterle. Diese Filme wurden in Frankreich verboten, darunter auch der von Dieterle, der 1938 auf Antrag der französischen Regierung sogar aus der offiziellen Auswahl des Filmfestivals von Venedig gestrichen wurde!

23 Ist die Dreyfus-Affäre ein gutes Filmthema?

Dieterles Film war in den Vereinigten Staaten ein großer Erfolg. Der Film wurde in Hollywood mit drei Oscars ausgezeichnet und mit berühmten Schauspielern besetzt: Paul Muni als Zola und Joseph Schildkraut als Alfred Dreyfus. Das Drehbuch bietet eine fiktionalisierte Sicht auf das Leben Émile Zolas. Der erste Teil zeigt den Schriftsteller, der mit dem sozialen Elend konfrontiert ist: Die vertraulichen Mitteilungen einer Prostituierten namens Nana ermöglichen es ihm, den ersten Roman zu schreiben, der ihn berühmt machen wird. Auf dem Höhepunkt seines Ruhms, als er gerade in die *Académie française* eintreten will, beginnt er seinen Kampf für Dreyfus, nachdem ihn die Frau des Verurteilten besucht hat. Kurz vor dem Zweiten Weltkrieg will Dieterle vor allem eine Botschaft des Friedens und der Menschlichkeit vermitteln.

Zwanzig Jahre später hat die Dreyfus-Affäre trotz der Umwälzungen, welche die Welt gerade erfahren hat, nichts von ihrer Aktualität eingebüßt. Eine neue Version von ihr bietet das amerikanische Kino mit *I Accuse!* (*Ich klage an!*) von José Ferrer im Jahr 1958. Im Mittelpunkt steht die Figur des Alfred Dreyfus, die vom Regisseur selbst dargestellt wird. Der Film beschreibt den Apparat der Militärjustiz und konzentriert sich dabei auf die drei aufeinanderfolgenden Kriegsräte, die Dreyfus verurteilt bzw. Esterhazy freigesprochen haben.

Nachdem die Zensur ihren Griff gelockert hat, kann der französische Film endlich seine eigene Sichtweise verwirklichen. Dies geschieht durch das Fernsehspiel *Émile Zola ou la Conscience humaine* (*Émile Zola oder das menschliche Gewissen*), das in vier Teilen im April und Mai 1978 auf Antenne 2 ausgestrahlt wird. Der Regisseur ist Stellio Lorenzi, der Drehbuchautor Armand Lanoux, Autor der 1954 erschienenen Biografie *Bonjour Monsieur Zola*. Die Inszenierung gibt der Handlung des Schriftstellers den Vorzug. Jean Topart spielt einen Zola mit einer unnachahmlichen Stimme, während François Chaumette seinen Verteidiger Fernand Labori verkörpert. Zwischen den einzelnen Szenen ist Archivmaterial eingefügt. Der Mittelteil des Films basiert auf dem Prozess gegen den Schriftsteller, der in langen Sequenzen gezeigt wird, in denen sich die Anhänger der beiden Lager gegenüberstehen.

Es ist erneut das Fernsehen, das sich für die Dreyfus-Affäre interessiert, diesmal in Großbritannien, wo 1991 das TV-Drama *Can a Jew Be Innocent?* (*Kann ein Jude unschuldig sein?*) unter der Regie von Jack Emery entsteht. Zur gleichen Zeit greift der amerikanische Fernsehsender HBO dieses Thema mit dem Film *Prisoner of Honor* (*Der Gefangene der Teufelsinsel*) von Ken Russell auf. Das Drehbuch konzentriert sich auf die Welt der Armee, wobei die Beschreibung des Generalstabs im Mittelpunkt steht und hebt den Mut von Oberst Picquart (dargestellt vom Schauspieler Richard Dreyfuss) hervor, der sich gegen die Militärhierarchie auflehnt.[21]

Das französische Fernsehen nimmt den hundertsten Jahrestag der Affäre (der 1994 mit verschiedenen Veranstaltungen begangen wird) zum Anlass, ein neues Drama in zwei Teilen von Yves Boisset (nach einem Drehbuch von Jorge Semprun) mit dem Titel *L'Affaire Dreyfus* (*Die Dreyfus-Affäre*) zu produzieren, das im Mai 1995 auf Arte und im Oktober desselben Jahres auf France 2 ausgestrahlt wird. Es wird ein hoher technischer Aufwand betrieben. Alle Etappen der Geschichte werden nachgezeichnet, von den Anfängen bis zur Aufhebung des Prozesses gegen den Angeklagten im Juni 1899. Das Drehbuch betont die teuflische Komplizenschaft zwischen Esterhazy (gespielt von Pierre Arditi) und Henry (gespielt von Bernard-Pierre Donnadieu). Es analysiert den Mechanismus der von den Militärs geführten Intrige, bevor mit Henrys Geständnis alles zusammenbricht.

Der Film *J'accuse* (*Intrige*) von Roman Polanski, der 2019 in die Kinos kommt, schließt diese Reihe von Verfilmungen ab. Wir analysieren ihn im nächsten Kapitel. Die Bedeutung dieses Films und sein breites Echo in Frankreich und in der ganzen Welt rechtfertigen, dass wir ihm besondere Aufmerksamkeit schenken.

Welche Bilanz lässt sich aus diesem kurzen Überblick ziehen?[22] Was zuerst ins Auge fällt, ist der Anteil, den das amerikanische Kino mit so

---

[21] Der amerikanische Schauspieler Richard Dreyfuss, Koproduzent des Films, interessierte sich für die Geschichte der Dreyfus-Affäre, weil er glaubte, mit Alfred Dreyfus verwandt zu sein, bevor er seinen Irrtum erkannte (sein Name wird „Dreyfuss" und nicht „Dreyfus" geschrieben).

[22] Wir lassen die zahlreichen Dokumentarfilme beiseite, die sich mit dem Thema befasst haben, wie etwa *Dreyfus ou l'intolérable vérité* (*Dreyfus oder die unerträgliche Wahrheit*) von Jean A. Chérasse und Patrice Boussel aus dem Jahr 1974, *Le Sabre brisé* (*Der zerbrochene Säbel*) von Paule Zadjermann aus dem Jahr 1994 oder *Le Dossier secret de l'affaire Dreyfus* (*Die Geheimakte der Dreyfus-Affäre*), der 2015 im Rahmen der Sendung *L'Ombre d'un doute* (*Der Hauch eines Zweifels*) ausgestrahlt wurde.

23 Ist die Dreyfus-Affäre ein gutes Filmthema?

wichtigen Regisseuren wie William Dieterle, José Ferrer oder Ken Russell einnimmt. Vor Roman Polanskis Film hat Frankreich nur zwei Fernsehdramen produziert – abgesehen von den allerersten Filmen, die von Georges Méliès und Lucien Nonguet zu Beginn der Stummfilmzeit gedreht wurden. Diese Situation erklärt sich aus der Bürde der Zensur, die lange Zeit auf dem französischen Film lastete. Sie zeugt aber auch von dem internationalen Interesse, welches das Drama der Dreyfus-Affäre von Anfang an hervorrief.

Es ist offensichtlich, dass das Kino – vor allem, wenn es nicht aus Frankreich kommt – einen Freimut und Wagemut besitzt, zu denen die Literatur nicht in der Lage war, da sie sich angesichts eines Ereignisses, das sie für zu komplex hielt, meist auf eine Hintergrundbeschreibung beschränkte. Von Anfang an interessierten sich die Filmschaffenden für die Geschichte eines unschuldigen, zu Unrecht verfolgten Mannes. Während die Dreyfus-Historiografie, auf politische Aspekte und kollektive Kämpfe bedacht, auch ohne Dreyfus auskommen konnte (wie der Titel von Marcel Thomas' 1961 erschienenem Werk *L'Affaire sans Dreyfus* zeigt), begleitete die Dreyfus-Filmografie hingegen stets das Schicksal des 1894 Verurteilten.

In ihrem erzählerischen Verlauf greifen die eben genannten Filme mehr oder weniger die großen unvermeidlichen Passagen auf (die Entdeckung des *Bordereaus*, der Prozess gegen den Angeklagten, die Degradierung, die Teufelsinsel, die Veröffentlichung von „J'accuse", Henrys Selbstmord ...). Die Drehbuchautoren können von einem bereits geschriebenen Theaterstück profitieren, dem Drama der Gerichtsverhandlungen, aus dem sie nur noch schöpfen müssen, um ihre Dialoge zu verfassen. Das amerikanische Kino, welches das Gerichtsdrama (das *courtroom drama*) erfunden hat, hat diese Ader weitgehend ausgeschöpft, angefangen mit dem Film von William Dieterle, der Émile Zola zu einem wortgewandten Romanautor macht, der dazu imstande ist, während seines Prozesses vor dem Schwurgericht das gesamte Publikum zu bewegen.

Es lassen sich zwei Tendenzen erkennen, die sich auf die Darstellung der Welt des Militärs oder der intellektuellen Kreise konzentrieren. Auf die brillante Darstellung des Zola-Prozesses von William Dieterle folgt der Blickwinkel von José Ferrer, der den Prozess auslässt und nur an der Darstellung der Militärgerichte festhält. Ein ähnlicher Kontrast besteht zwischen den beiden Dramen des französischen Fernsehens: Stellio

23 Ist die Dreyfus-Affäre ein gutes Filmthema?

Lorenzis Werk stellt die Handlung Zolas in den Mittelpunkt, während Yves Boisset sich vor allem für den Verlauf einer düsteren Spionageaffäre mit zahlreichen Wendungen interessiert. Roman Polanskis Film folgt dieser Tendenz, indem er trotz seines Originaltitels (*J'accuse*) vor allem eine militärische Geschichte der Dreyfus-Affäre erzählt.

Die Wahl berühmter Schauspieler trägt dazu bei, den Schwerpunkt auf die eine oder andere Figur zu legen. Die Besetzung spielt eine wichtige Rolle. Die Regisseure sind sich dessen sehr bewusst. Von diesem Spiel mit dem Bekanntheitsgrad erhoffen sie sich den Erfolg ihres Films.

Die Produktionen sind von ihrer Zeit geprägt. Die Drehbücher stützen sich auf zeitgenössische Quellen – Biografien oder historische Werke, welche die Geschichte der Affäre mit dem Ziel aufgreifen, einen neuen Zugang zu ihr zu finden.[23] Die Frage des Antisemitismus, die in modernen Spielfilmen sehr präsent ist (wie der von Jack Emery gewählte Titel *Can a Jew Be Innocent?* andeutet), ist in den Filmen vor dem Zweiten Weltkrieg praktisch nicht vorhanden. William Dieterle (der doch vor dem Regime in Nazi-Deutschland in die USA geflohen ist) erwähnt sie nicht, weil die Hollywood-Studios bei diesem Thema äußerst vorsichtig sind. Der Begriff „Jude" taucht in den ersten Sätzen auf, Esterhazy wird zum Komplizen von Drumonts Verleumdungen, und Dreyfus trägt auf der Teufelsinsel eine gestreifte Kleidung, die an jene der Deportierten in den Konzentrationslagern erinnert.

All diese Adaptionen nehmen sich die Freiheit, Diskussionen oder Auseinandersetzungen zwischen den Figuren zu erfinden, die in der realen Geschichte nicht überliefert sind. Da sie nicht alles erzählen können, formen sie auf ihre Weise den Stoff einer Affäre, die sie mithilfe von Kürzungen darstellen müssen: Sie treffen eine Auswahl aus der Reihe der Prozesse; Zolas Engagement wird auf „J'accuse" reduziert; die Debatten vor dem Kassationsgericht werden nie erwähnt. Sie zeichnen die Grundzüge eines Dramas, aus dem sie eine Lehre für das Publikum ziehen wollen, an das sie sich richten.

---

[23] Zum Beispiel die Zola-Biografien von Matthew Josephson und Armand Lanoux für die Filme von Dieterle und Lorenzi oder das Buch von Jean-Denis Bredin über die Dreyfus-Affäre für den Film von Yves Boisset.

24 Wie hat Roman Polanski die Dreyfus-Affäre dargestellt?

Der Film von Roman Polanski, der zuerst im September 2019 auf dem Filmfestival von Venedig gezeigt wurde, kam im November 2019 unter dem Titel *J'accuse* in die französischen und im Februar 2020 unter dem Titel *Intrige* in die deutschen Kinos.

Der Film war ein großer Publikumserfolg, trotz der Kontroversen um die Person des Regisseurs Roman Polanski. In Frankreich wurde er in nur wenigen Wochen von mehr als 1,5 Millionen Zuschauern gesehen. Der Film erhielt zahlreiche Auszeichnungen: den Großen Preis der Jury bei den Filmfestspielen in Venedig, gefolgt von drei Césars bei der Verleihung des nationalen Filmpreises in Frankreich im Februar 2020 (für die besten Kostüme, für die beste Adaption und für die beste Regie).

Der Erfolg eines auf den ersten Blick schwer zugänglichen historischen Films, der ein komplexes Ereignis behandelt, ist auf die Qualität der gebotenen Rekonstruktion zurückzuführen: bemerkenswerte Kulissen, eine Reihe renommierter Schauspieler (mit den Hauptdarstellern Jean Dujardin als Oberstleutnant Picquart und Louis Garrel als Alfred Dreyfus), der perfekte Aufbau eines Drehbuchs, dem es gelingt, das dramatische Interesse von Anfang bis Ende des über zweistündigen Spektakels aufrechtzuerhalten.

Der Film hat eine lange Entstehungsgeschichte. Ihm geht der historische Roman des britischen Schriftstellers Robert Harris, *An Officer and a Spy*, voraus, der 2013 veröffentlicht und im selben Jahr unter dem Titel *Intrige* ins Deutsche und im Jahr darauf unter dem Titel *D* ins Französische übersetzt wurde. Streng genommen ist der Film jedoch nicht das Ergebnis einer Adaption des Romans. Seine Entstehungsgeschichte ist komplex: Roman Polanski hatte schon seit mehreren Jahren über den Stoff nachgedacht. Er lud Robert Harris ein, an diesem Thema zu arbeiten. Harris, ein Autor von historischen Thrillern über die römische Antike und die Neuzeit, nahm das Projekt an. Nachdem er umfangreiches Material gesammelt hatte, begann er mit dem Schreiben seines Romans und überlegte, wie die Dreyfus-Affäre inszeniert werden könnte. Und der Film entstand, nachdem das Budget für die Dreharbeiten zusammengestellt worden war, aus dieser Vorarbeit anhand eines Drehbuchs, das von Roman Polanski und Robert Harris gemeinsam überarbeitet wurde. Harris' Entscheidung, die Geschichte auf die Persönlichkeit von Oberstleutnant Picquart zu konzentrieren, der die Ereignisse aus erster Hand miterlebt hatte, erwies sich als klug. Die Geschichte der Dreyfus-Affäre wurde durch diese Straffung leichter zugänglich. Da sie sich in einem klar umrissenen Erzählrahmen, der Armee, abspielte, bot sie eine Konfrontation, die das Filmplakat zusammenfasst: Zwei Offiziere stehen sich gegenüber und sehen sich an, der zu Unrecht des Verrats beschuldigte Hauptmann Alfred Dreyfus und der Chef der Spionageabwehr, Oberstleutnant Picquart, der sich gegen seine Vorgesetzten stellte und versuchte, die Anerkennung des begangenen Fehlers zu erreichen.

Der Film basiert auf einer Abfolge von Sequenzen, die ausgehend von Picquarts Ermittlungen die juristischen Etappen der Affäre nachzeichnen: den Prozess im Dezember 1894, der zur Verurteilung von Alfred Dreyfus führte; die Ermittlungen von General de Pellieux im November 1897, als der Name des wahren Schuldigen, Esterhazy, bekannt wurde; den Prozess gegen Zola im Februar 1898 nach der Veröffentlichung von „J'accuse"; die Inhaftierung von Picquart, der aus der Armee vertrieben wurde; und schließlich den Prozess in Rennes im Sommer 1899, der mit einer erneuten Verurteilung des Hauptmanns endete, bevor ihn eine Begnadigung durch den Präsidenten von seinem Martyrium befreite.

Die Wirkkraft des Drehbuchs beruht auf der Präzision dieser historischen Darstellung. Die relativ kurzen Szenen passen sich dem Verlauf der Ereignisse an und umschiffen die Klippen eines Melodramas, das den Zuschauer durch zu geschwätzige Dialoge zu rühren versucht. Es wird eine Bildästhetik bevorzugt, die auf den grafischen Vorbildern der Malerei und der Presse des späten 19. Jahrhunderts basiert. Die Titelseiten des *Petit Journal* finden sich unterschwellig in der Art und Weise wieder, wie beispielsweise die Degradierung des Verurteilten im großen Hof der *École militaire* (in der Eröffnungsszene des Films), die Verhaftung Picquarts, das Duell zwischen Picquart und Henry oder das Attentat auf den Anwalt Fernand Labori während des Prozesses in Rennes behandelt werden. Die

Landpartie zu Beginn des Films, die Picquart in Ville-d'Avray im Kreise seiner Freunde zeigt, verweist auf Gemälde von Manet oder Monet, während mehrere Innenaufnahmen durch Werke von Vuillard oder Toulouse-Lautrec inspiriert sind. Diese Präsenz der Vergangenheit spiegelt sich in der Auswahl der Schauspieler wider, deren Aussehen, Haltung, ja sogar deren Gesichtsausdruck dem Publikum den Eindruck vermittelt, dass die in der Presse des ausgehenden 19. Jahrhunderts gezeichneten Porträts für die Zwecke des Kinos zum Leben erweckt werden – die elegante Silhouette von General de Boisdeffre (dem Generalstabschef), der füllige Körper von General Billot (dem Kriegsminister) mit seinem aufgedunsenen Gesicht oder, lebensecht, der massige Oberstleutnant Henry mit dem Körperbau eines Bauern, der von einem außergewöhnlichen Grégory Gadebois verkörpert wird. Auch die Nebenrollen werden nicht vernachlässigt. Mathieu Amalric zum Beispiel gelingt es, den Wahnsinn des Experten Bertillon, dessen Einlassungen vorgaben, Dreyfus' Schuld wissenschaftlich zu beweisen, ungemein treffend darzustellen. Dadurch kann der Film die Bedeutung von Dokumenten wie dem *Bordereau* hervorheben, dem Brief, der für die Verurteilung des Alfred Dreyfus verantwortlich war, oder dem *Petit Bleu*, dem Telegramm, dessen Entdeckung es Picquart ermöglichte, die Spur von Esterhazy aufzunehmen.

Die Fiktion – die das Kino trotz allem verlangt – wird durch die Geschichte von Picquarts Affäre mit Pauline Monnier in die Handlung eingebunden, einer Frau, die mit einem hohen Beamten des Außenministeriums verheiratet ist, von dem sie sich schließlich scheiden lässt, da sie selbst von der Ungnade betroffen ist, in die ihr Geliebter gefallen war. Die Figur der Pauline Monnier (die auf der Leinwand von Roman Polanskis Ehefrau Emmanuelle Seigner verkörpert wird) ist nicht das reine Produkt einer romantischen Erfindung. Pauline Monnier hat tatsächlich existiert. Was uns im Film über ihre Liaison mit Picquart erzählt wird, stimmt mit dem überein, was wir über sie wissen, obwohl sich ihre genaue Persönlichkeit noch den Kenntnissen der Geschichtsforschung entzieht.[24] Diese Liebesbeziehung wird in dem vorbereitenden Text, den Robert Harris'

---

[24] Pauline Monnier taucht flüchtig in den Briefen Zolas an seine Frau Alexandrine auf, behält dabei aber leider einen Großteil ihrer Rätselhaftigkeit.

24 Wie hat Roman Polanski die Dreyfus-Affäre dargestellt?

Roman liefert, ausführlich behandelt, aber es muss auch auf eine wesentliche Quelle hingewiesen werden: Ken Russells Film *Prisoner of Honor* (*Der Gefangene der Teufelsinsel*), den wir im vorigen Kapitel erwähnt haben und dessen Handlung sein Augenmerk ebenfalls auf die Figur des Picquart richtet, die vom amerikanischen Schauspieler Richard Dreyfuss hervorragend verkörpert wird. Wie bei Polanski wird auch bei Ken Russell das Porträt des rebellischen Offiziers durch die Erwähnung einer Liebesbeziehung zu einer verheirateten Frau – in *Prisoner of Honor* heißt sie Eloise – ergänzt und zwar nach einem in beiden Drehbüchern durchaus vergleichbaren Muster.

Es wird eine militärische und juristische Geschichte der Dreyfus-Affäre angeboten. Sie entspricht der Wahl, die in den meisten früheren filmischen Darstellungen getroffen wurde, die wir im vorherigen Kapitel besprochen haben, vom Kurzfilm von Georges Méliès aus dem Jahr 1899 bis zum Film von Yves Boisset aus dem Jahr 1995. Sie unterscheidet sich von dem Ansatz, den William Dieterles Film *The Life of Émile Zola* aus dem Jahr 1937 oder Stellio Lorenzis Fernsehserie *Émile Zola ou la Conscience humaine* (*Émile Zola oder das menschliche Gewissen*) aus dem Jahr 1978 verfolgten, die eine intellektuelle Geschichte der Affäre bevorzugten, indem sie das Handeln Émile Zolas in den Vordergrund stellten.

So beschäftigt sich Roman Polanskis Film trotz des Versprechens seines französischen Titels eigentlich nicht mit der Rolle, die der Romancier spielte. Eine Szene, die etwa in der Mitte des Films angesiedelt ist, zeugt von dieser Schwierigkeit. Picquart geht eines Abends zu Zolas Verleger Georges Charpentier, bei dem er sich mit der kleinen Gruppe von Dreyfus-Verteidigern trifft, um ihnen alles zu erzählen, was er weiß, und den Autor der *Rougon-Macquart* aufzufordern, sich in den Kampf zu stürzen. Diese Szene, die im Übrigen der historischen Realität widerspricht (Zola und Picquart trafen sich erst im Februar 1898, als der Prozess gegen den Romancier stattfand), bemüht sich um eine ungeschickte Annäherung der beiden Teile einer Gesamtgeschichte, die das Drehbuch nicht wiederzugeben vermag.

Der Film besitzt jedoch einen großen Vorzug. Er betont die gewalttätigen Ausschreitungen, welche die Veröffentlichung von „J'accuse" und den anschließenden Prozess im Februar 1898 begleiteten. Eine kurze, aber dramatische Szene (im Drehbuch als „Autodafé-Szene" bezeichnet) spiegelt

24 Wie hat Roman Polanski die Dreyfus-Affäre dargestellt?

diese Gewalt wider: Sie zeigt eine Gruppe von Demonstranten, die mitten in Paris Exemplare der Zeitung *L'Aurore*, in der „J'accuse" gedruckt wurde, zusammen mit Romanen von Zola in ein riesiges Feuer werfen. Wenige Augenblicke später zertrümmern andere Demonstranten die Schaufensterscheibe eines Geschäfts, das von einem jüdischen Ladenbesitzer geführt wird.

Die Frage des Antisemitismus wird also nicht vergessen. Sie wird auf verschiedene Weisen hervorgehoben: durch diese Straßenszenen oder durch die kontrastreichen Porträts, die von den in die Affäre verwickelten Militärs gezeichnet werden. Picquart wird zu Beginn des Films bei der Degradierungszeremonie als überzeugter Antisemit dargestellt und dann gezeigt, wie er sich nach und nach von seinen Vorurteilen befreit. Die Erzählung wird jedoch nicht von Triumphgefühlen begleitet. Roman Polanski hat den apotheotischen Schluss abgelehnt, der den Sieg der Wahrheit und der Gerechtigkeit feiert, wie er in den Darstellungen der Dreyfus-Affäre im Kino üblich ist. Sein Film endet mit einer Szene in gebrochenen Farbtönen, die frei erfunden sein könnte, die aber der historischen Realität entspricht, da die dort gesprochenen Worte mit dem übereinstimmen, was Alfred Dreyfus selbst in seinen Tagebüchern berichtet hat.

Wir befinden uns im November 1906 ... Die Dreyfusarden haben gewonnen. Georges Clemenceau ist Ratspräsident geworden. Er hat Picquart ins Kriegsministerium berufen, der als Brigadegeneral wieder in die Armee aufgenommen und einige Zeit später zum Divisionsgeneral ernannt wurde. Auch Alfred Dreyfus wurde wieder in die Armee aufgenommen, allerdings nur mit dem Rang eines Kommandanten, der seine Jahre in Haft nicht berücksichtigte. Deshalb sucht er den neuen Minister auf, um ihn zu bitten, dass diese Ungerechtigkeit behoben wird. Der Minister lehnt jedoch ab, da er den Zwängen des politischen Machtspiels unterliegt. Die beiden Männer lassen es dabei bewenden und trennen sich. Picquart, der trotz allem freundlich sein will, sagt zu Dreyfus, er habe es ihm, Dreyfus, zu verdanken, dass er sich an seinem Platz befinde ... Sein Gesprächspartner erwidert mit einer gewissen Steifheit in der Haltung: „Nein, Mon Général, Sie haben es dorthin geschafft, weil Sie Ihre Pflicht getan haben."

Obwohl Roman Polanski ein historisches Thema behandelt hat, ist ein persönlicher Film entstanden, der sich nahtlos in sein bisheriges Werk einfügt. Durch die Figur des Ermittlers Picquart konnte er die Dreyfus-Affäre auf seine Weise gestalten. Dabei fand er seine eigene Faszination für heimliche Intrigen und das Drama von Menschen, die von einem erbarmungslosen Schicksal getroffen werden, wieder. Indem er die Rolle des *Petit Bleu* hervorhebt, verliert er sich nicht in einer Randanekdote, die nur dazu dient, einen Moment des Drehbuchs auszufüllen. Stattdessen verleiht er ihm eine tiefe Bedeutung, indem er die Rolle hervorhebt, die das Auftauchen unerwarteter Dokumente bei der Enthüllung der Wahrheit spielt.

Schließlich ist die Inszenierung antisemitischer Gewalt ein Echo auf die jüdische Kindheit des Regisseurs, der während des Zweiten Weltkriegs die dunklen Stunden im Krakauer Ghetto erlebte und den Konzentrationslagern, in die seine Eltern deportiert wurden, entkommen konnte, bevor er nach Kriegsende in der Welt des Kinos die Möglichkeit fand, ein neues Leben zu beginnen.

25 Gibt es in der Dreyfus-Affäre noch ungelöste Rätsel?

Die Rätsel der Geschichte üben eine große Faszination auf den menschlichen Geist aus. Sie beginnen, wenn das Wissen aufhört, wenn Zweifel über die Natur eines Ereignisses oder die Identität einer Person aufkommen. Die Dreyfus-Affäre, die wie ein gewaltiger Fortsetzungsroman mit den außergewöhnlichsten Wendungen wahrgenommen wurde, gab den Zeitgenossen immer wieder Rätsel auf. Jedoch hat sich – vom Beitrag von Joseph Reinach zu Beginn des 20. Jahrhunderts über die zweite Revision durch die Richter des Kassationsgerichtshofes bis hin zu den historischen Forschungsarbeiten unserer Zeit – die Geschichte nach und nach geordnet, die Ungewissheiten wurden geklärt, sodass wir davon ausgehen können, dass die Affäre heute keine Rätsel mehr aufwirft.

Infolge nachlässiger Ermittlungen, bei denen der Antisemitismus eine wichtige Rolle spielte, wurde ein Unschuldiger unter Verstoß gegen alle rechtlichen Vorschriften verurteilt, und die Verantwortlichen für dieses Verbrechen wollten ihren Fehler nie eingestehen und beharrten auf ihrer Haltung, bis sie schließlich eine riesige politische Krise auslösten, die Frankreich jahrelang zerriss.

Der Skandal der Affäre liegt nicht in dem begangenen Fehler, sondern in der hartnäckigen Weigerung der militärischen und politischen Behörden, sich auf eine Revision des ursprünglichen Urteils einzulassen. Dies zeigte Marcel Thomas 1961 in *L'Affaire sans Dreyfus* (*Die Affäre ohne Dreyfus*), einer bahnbrechenden Studie, die den Weg für spätere Synopsen ebnete. Jean-Denis Bredin in seiner Erzählung *L'Affaire* (1983), Vincent Duclert mit seiner Biografie des Hauptmanns Dreyfus (2006) und Bertrand Joly, Autor einer *Histoire politique de l'affaire Dreyfus* (einer *Politischen Geschichte der Dreyfus-Affäre*, 2014), sind in diese Richtung gegangen. Die gleiche Perspektive findet sich in der meisterhaften Studie von Philippe Oriol, der, in Konkurrenz zu Joseph Reinachs Unternehmen, 2014 eine umfassende Geschichte der Affäre von ihren Ursprüngen bis heute vorlegte.

25 Gibt es in der Dreyfus-Affäre noch ungelöste Rätsel?

Neben diesen gründlichen Analysen, die in der Affäre ein „Staatsverbrechen" (Vincent Duclert) oder eine in den Büros des Generalstabs ersonnene „Intrige" (Philippe Oriol) sehen, hat sich im Laufe des 20. Jahrhunderts bis heute unaufhörlich eine andere Geschichte, eine Parallelgeschichte, entwickelt. Weil die Affäre wie ein gigantisches Puzzle erscheint, dessen Teile ständig in Bewegung gesetzt werden können. Weil die Haltung eines Henry, eines Mercier – einen Verräter zu schützen – schwer verständlich bleibt und das Gewissen empört. Mittelmäßigkeit findet sich auf allen Ebenen: bei Esterhazy, der mit Schwartzkoppen einen Kuhhandel eingeht, indem er ihm Dokumente ohne größeren Wert liefert; bei Henry, einem engstirnigen Geist, der sich blind dem Willen seiner Vorgesetzten unterwirft; bei Mercier, einem zynischen und berechnenden Minister, der nur an der Erhaltung seines Postens interessiert ist. Auch ein Bedürfnis nach Heldengeschichten führt dazu, dass Einzelpersonen mit mehr Komplexität beladen werden, als sie tatsächlich besitzen, in der trügerischen Hoffnung, dass sie dadurch bei ihrem Auftritt vor dem Tribunal der Geschichte etwas Größe erlangen.

Unter den Fragen, die sich stellen, taucht immer wieder das Problem auf, das sich aus Henrys Machenschaften ergibt. Was waren Henrys Motive? Hatte er geheime Verbindungen zu Esterhazy? Das war die Meinung von Joseph Reinach.[25] Er machte sie zu einem wichtigen Element in seiner Erklärung des Mechanismus der Dreyfus-Affäre. Zola war von dieser These angetan. „Henrys Mitschuld wäre an dem Tag, an dem sie bewiesen wird, das große, entscheidende Licht", schreibt er am 23. Januar 1899 an Reinach:

„Ihre Diskussion, Ihre Argumentation lässt mir keine Ruhe. Sie schaffen es, mich zu überzeugen, so sehr schmeichelt die Hypothese meiner Vernunft."

Und tatsächlich wird Zola das Schema von *Vérité* (*Wahrheit*) auf der Idee einer okkulten Beziehung zwischen Gorgias und Philibin aufbauen, den beiden Figuren, die in seinem Roman Esterhazy und Henry darstellen. In dieser geheimen Triebkraft wird er ein Mittel finden, um die Fäden seiner Handlung effektiver zu verknüpfen.

Aus diesem Bedürfnis nach einer höheren Rationalität heraus entwickelte sich die Parallelgeschichte der Dreyfus-Affäre. Sie entstand in den 1930er

---

[25] Die Geschichtsforschung unserer Zeit folgt ihm in diesem Punkt nicht.

25 Gibt es in der Dreyfus-Affäre noch ungelöste Rätsel?

Jahren, als die letzten Zeugen der Affäre noch lebten und die öffentliche Meinung mit zwei konkurrierenden Thesen konfrontiert war, von denen die eine die Unschuld von Dreyfus behauptete und die andere im Gegenteil die Schuldfrage verteidigte, auf der Grundlage des von den Mitgliedern der *Action française* verwendeten Breviers *Précis de l'Affaire Dreyfus* (*Handbuch der Dreyfus-Affäre*) von Dutrait-Crozon, das 1909 veröffentlicht und 1924 in einer erweiterten Fassung neu aufgelegt wurde.

Zwei Werke eröffneten das Spiel der Hypothesen, die auf der Idee basierten, dass der Mechanismus der Affäre durch die Geheimaktion der französischen und deutschen Spionageabwehr erklärt werden könnte: *Histoire et psychologie de l'affaire Dreyfus* (*Geschichte und Psychologie der Dreyfus-Affäre*) von Henri Mazel aus dem Jahr 1934 und *Les Côtés mystérieux de l'affaire Dreyfus* (*Die geheimnisvollen Seiten der Dreyfus-Affäre*) von Armand Charpentier aus dem Jahr 1937. Für Henri Mazel handelte es sich um einen von der deutschen Spionageabwehr inszenierten Coup, um den Gegner zu destabilisieren. Für Armand Charpentier wollte Oberst Sandherr, der von Dreyfus' Schuld überzeugt war (den Beweis dafür erhielt er angeblich von einem seiner Agenten im Elsass), dem Hauptmann eine Falle stellen, indem er Esterhazy den *Bordereau* verfassen ließ; Henry, der ins Vertrauen gezogen wurde, bemühte sich anschließend, das Geheimnis um jeden Preis zu wahren. Die Unschuld von Alfred Dreyfus wurde nicht in Frage gestellt, aber es wurde betont, dass er das Opfer eines schrecklichen Irrtums gewesen sei. Als er seine Hypothese aufstellte, erklärte Henri Mazel, er wolle die Geister versöhnen, um den unüberwindbaren Konflikt zwischen Dreyfusarden und Antidreyfusarden zu beenden.

In der zweiten Hälfte des 20. Jahrhunderts setzten mehrere Bücher diese Tendenz fort. Ihre Titel betonen gern die Bedeutung der Geheimnisse, die sie glauben, enthüllen zu können: *L'Énigme Esterhazy* (*Das Rätsel Esterhazy* von Henri Guillemin, 1962), *L'Affaire Dreyfus. La clé du mystère* (*Die Dreyfus-Affäre: Der Schlüssel zum Geheimnis* von Michel de Lombarès, 1972), *Dreyfus ou l'intolérable vérité* (*Dreyfus oder die unerträgliche Wahrheit* von Jean A. Chérasse und Patrice Boussel, 1975),[26] *L'Affaire et le Grand Secret* (*Die Affäre und das große Geheimnis* von Ida-Marie Frandon, 1993), *Un secret bien gardé. Histoire*

---

[26] Das Buch ergänzt einen Dokumentarfilm, den die beiden Autoren 1974 gedreht hatten und in dem verschiedene Zeitzeugen wie François Mitterrand, Michel Debré, Alain Krivine, Henri Guillemin oder Marcel Thomas zu Wort kamen.

25 Gibt es in der Dreyfus-Affäre noch ungelöste Rätsel?

militaire de l'affaire Dreyfus (Ein wohlgehütetes Geheimnis: Militärgeschichte der Dreyfus-Affäre von Jean Doise, 1994), *Les Vérités cachées de l'affaire Dreyfus* (Die verborgenen Wahrheiten der Dreyfus-Affäre von Armand Israël, 2000), *Le Bureau des secrets perdus* (Die Abteilung der verratenen Geheimnisse von Jean-François Deniau, 2000). Diese Werke variieren dieselben Grundannahmen, wobei jedes versucht, weiter zu gehen als sein Vorgänger.

Henri Guillemin geht davon aus, dass hinter Esterhazy der Schatten eines „dritten Mannes" zu sehen ist, eines hochrangigen Offiziers, der aufgrund einer Erpressung Geheimnisse an den Feind weitergab und der geschützt werden sollte. Michel de Lombarès und Jean A. Chérasse stellen die Hypothese eines geheimen Krieges zwischen den Geheimdiensten der beiden Länder auf (die Deutschen hätten den *Bordereau* hergestellt, um ihre Gegner in eine Falle zu locken). Die meisten Autoren (Ida-Marie Frandon, Jean Doise, Armand Israël und Jean-François Deniau) sind jedoch der Meinung, dass alles auf ein Ablenkungsmanöver zurückzuführen ist, das vom französischen Geheimdienst gegen Berlin durchgeführt wurde.

Worum ging es dabei? Die Befürworter der „Ablenkungsthese" stellen fest, dass sich unter den Dokumenten, die in dem Bordereau erwähnt wurden, auch die Kanone des Modells 120 befindet. Zur gleichen Zeit entwickelten die Streitkräfte jedoch eine viel modernere Kanone, das Modell 75, ein Artilleriegeschütz mit einer starken Bremse, die ihm eine große Zielsicherheit verleiht. Sie fügen hinzu, dass die französische Armee dank dieser Kanone dem deutschen Vormarsch zu Beginn des Ersten Weltkriegs erfolgreich widerstehen wird. Die Geheimnisse der Herstellung dieser neuen Waffe mussten also gewahrt werden, weshalb die falschen Angaben auf dem *Bordereau* eine Täuschung darstellten.

Die Befürworter dieser These können jedoch keine ernsthafte Antwort auf den Einwand geben, der sich aus der Rolle Picquarts im Verlauf der Ereignisse ergibt. Wie ist es denkbar, dass der Nachfolger von Oberst Sandherr an der Spitze des Geheimdienstes von einer solchen Operation nichts gewusst hätte? Die Uneinigkeit mit Henry reicht nicht aus, um alles zu erklären. Picquart hätte niemals so reagiert, wie er es getan hat, wenn seine Vorgesetzten ihm hätten beweisen können, dass Esterhazy in Wirklichkeit ein Doppelagent war, als er zu ihnen kam, um seine Informationen weiterzugeben. Er blieb jedoch bei seiner Haltung und missachtete all seine

Karrierechancen. Er verhielt sich so, weil es nie ein Ablenkungsmanöver gegeben hatte.

Die Autoren dieser Bücher schieben alle Hindernisse beiseite und sind davon überzeugt, dass sie Recht haben. Sie schlüpfen in die kleinsten Zwischenräume des Dramas und sind sich sicher, eine Antwort auf alle Probleme finden zu können. So widmen sie zum Beispiel den verdächtigen Umständen rund um den Selbstmord von Oberstleutnant Henry im August 1898 besondere Aufmerksamkeit. Die Geschichte regt ihre Fantasie an. Henry wurde tot in seiner Zelle im Mont Valérien aufgefunden, mit einem Rasiermesser in der linken Hand, obwohl er Rechtshänder war. Hatte er sich selbst die Kehle durchgeschnitten, wie behauptet wurde? Armand Charpentier ist von der offiziellen These nicht überzeugt. Er zieht zunächst die Hypothese einer Flucht in Betracht (Henry hätte überlebt, der Sarg, in dem er begraben wurde, hätte in Wirklichkeit nur Steine enthalten!), um schließlich die Idee eines Mordes zu vertreten (ein Gesandter des Generalstabs hätte den Unglücklichen mit einer verhängnisvollen „Boulette" vergiftet und ihm dann die Kehle durchgeschnitten). Armand Israël folgt diesem Ermittlungsansatz und glaubt, in den Archiven der Polizeipräfektur den Namen des Mörders entdeckt zu haben: einen gewissen Lionel de Cesti, einen Betrüger, der in verschiedene zwielichtige Geschäfte verwickelt und wahrscheinlich ein Handlanger der Statistikabteilung war.

Jean-François Deniau wiederum greift eine bereits von Ida-Marie Frandon vorgebrachte Idee auf und treibt die These einer Verschwörung zum Schutz der Geheimnisse um die Kanone des Modells 75 auf die Spitze. Demnach hätte der Artilleriehauptmann Alfred Dreyfus, der sich der Bedeutung dieser neuen Waffe bewusst war, aus Patriotismus akzeptiert, als schuldig angesehen zu werden – natürlich nur vorübergehend. Er hätte sich also heldenhaft geopfert!

Die Idee von Jean-François Deniau inspirierte Didier van Cauwelaert, der 2011 ein Buch mit dem Titel *Le Journal intime d'un arbre* (*Tagebuch eines Baumes*) verfasste. Ein seltsames Buch, dessen zentrale Figur ein Baum ist, ein außergewöhnlich langlebiger Birnbaum, der Zeuge historischer Ereignisse ist, die sich über mehrere Jahrhunderte hinweg abgespielt haben. Eines der Kapitel, „Die Veredelung", beschreibt ein Treffen zwischen Alfred Dreyfus und General Mercier. Die Szene spielt 1921, kurz nach dem Ersten Weltkrieg. Die beiden Männer sprechen endlich miteinander. Mercier

25 Gibt es in der Dreyfus-Affäre noch ungelöste Rätsel?

rechtfertigt sich, indem er behauptet, er habe eine Operation inszeniert, um den preußischen Feind zu täuschen und die Geheimnisse der französischen Artillerie zu schützen. Dreyfus hört ungläubig den Enthüllungen des dem Tod nahe stehenden alten Mannes zu, der in einer Gärtnerlatzhose zu ihm spricht und gerade dabei ist, eine Veredelung am Stamm des ehrwürdigen Birnbaums vorzunehmen.

Dieses Thema weiterentwickelnd und mit dem Wunsch, ihm noch mehr Raum zu geben, verfasste Didier van Cauwelaert das Libretto für eine Oper, die im Mai 2014 in Nizza mit der Musik von Michel Legrand aufgeführt wurde. Das Stück, das auf einer umfangreichen Besetzung basiert und mit erheblichen materiellen Mitteln inszeniert wurde, bietet eine Gesamtschau der Ereignisse. Es lässt Esterhazy zu Wort kommen, der die gesamte Geschichte aus seiner Sicht erzählt. Dieser ist kein „Unhold", wie uns der Librettist lehrt, sondern ein „Ganove", der schreckliche Geheimnisse mit sich trägt, die ihn belasten. Vergleichbar mit dem Chor einer antiken Tragödie erscheinen die Figuren auf nicht deutlich erkennbare Weise als Opfer desselben Schicksals.

Indem sie sich in die Hinterhöfe wagen, gehen die im Bereich der Parallelgeschichten Forschenden das Risiko ein, die Schwere des juristischen Verbrechens zu verschleiern, das im Zentrum der Machenschaften steht, die zur Verurteilung von Alfred Dreyfus führten. Sie lenken unsere Aufmerksamkeit vom Wesentlichen ab. Aber zugegebenermaßen beflügeln sie mit einigem Erfolg unsere Vorstellungskraft. Und zweifellos ist es eines der Merkmale der Affäre, dass die Legenden sie von allen Seiten durchdringen und alsbald wiederkehren, nachdem sie bereits verworfen zu sein schienen, indem sie mit dem Anschein der Wahrheit spielen.

26 Musste Zola für sein Engagement sterben?

„Ich wollte Feuer in meinem Kamin anzünden lassen", berichtet Zola am 12. Oktober 1899 in einem Brief an seine Frau Alexandrine (die sich gerade auf einer Italienreise befindet), aber „es entstand so viel Rauch, dass wir fliehen und alle Fenster öffnen mussten", und er fügt in scherzhaftem Ton hinzu, sein Freund Fernand Desmoulin behaupte, dass „Antidreyfusarden auf das Dach gestiegen sind, um unsere Kamine zu verstopfen". Eine unwichtige Bemerkung? Drei Jahre später, am 29. September 1902, wird Émile Zola an Kohlenmonoxiddämpfen ersticken, die aus dem Kamin seines Schlafzimmers kommen, dessen Schornstein verstopft ist. Desmoulins beiläufiger Scherz bewahrheitet sich als düstere Vorhersage. Die 1902 durchgeführte polizeiliche Untersuchung schloss jedoch die Hypothese einer Fremdeinwirkung aus: Sie kam zu dem Schluss, dass es sich um einen einfachen Unfall handelte.

Doch ein Vierteljahrhundert später, im April 1928, wird ein Schornsteinfeger namens Henri Buronfosse einem Freund gestehen, für den Tod des Schriftstellers verantwortlich zu sein: Er hätte Arbeiten am Dach eines Nachbarhauses genutzt, um den Kamin im Schlafzimmer zu verstopfen und ihn kurz darauf wieder zu öffnen, sodass er zum Zeitpunkt der Untersuchung keinem Verdacht ausgesetzt war. Diese späte Enthüllung ist überraschend. Mehrere Elemente machen sie jedoch wahrscheinlich. Henri Buronfosse (der am 24. Mai 1928, einen Monat nach seiner Aussage, an einem Herzinfarkt starb) war 1902 tatsächlich als Schornsteinfeger tätig. Als Mitglied der von Paul Déroulède geleiteten *Ligue des Patriotes* (*Liga der Patrioten*) gehörte er zu den Führungskadern der Organisation und übte Verantwortung in deren Ordnungsdienst aus. Pierre Hacquin, der Mann, der dieses Geständnis aufnahm, kann als glaubwürdiger Zeuge angesehen werden. Er kannte Buronfosse seit vielen Jahren. Sein Zeugnis wurde jedoch erst 1953 einem jungen Journalisten der *Libération*, Jean Bedel, übergeben, der damals eine Reihe von Artikeln mit dem Titel „Zola a-t-il été assassiné?" („Wurde Zola ermordet?") veröffentlichte. Da viele Jahre verstrichen waren, konnten außer diesen berichteten Äußerungen keine handfesten Beweise vorgelegt werden. Wenn wir uns jedoch die Akten des gesamten Falls genau anschauen, gibt es viele Hinweise darauf, dass Pierre Hacquins Enthüllungen Beachtung verdienen.[27] Es ist also durchaus möglich, dass Buronfosse dem Autor von „J'accuse", dem „Verräter", dem „vaterlandslosen" Romancier, der in seinen Augen schuldig war, die Ehre der Armee verletzt zu haben, den Schornstein verstopfte. Wollte er Zola ermorden oder sich nur einen üblen Scherz erlauben – ähnlich dem, den Fernand Desmoulin sich ausgedacht hatte? Jedenfalls hatte der Streich des Schornsteinfegers an diesem Tag ein tragisches Ende.

Leider gehören Attentate zu den politischen Gepflogenheiten der damaligen Zeit, wie mehrere Beispiele zeigen: da wäre Labori, der während des Prozesses in Rennes im August 1899 von einer Kugel in den Rücken getroffen wurde; oder Alfred Dreyfus, der im Juni 1908, am Tag der Zeremonie zur Überführung von Zolas sterblichen Überresten, von Grégori verletzt wurde; und nicht zuletzt Jaurès, der am 31. Juli 1914 im Café du Croissant ermordet wurde. Außerdem müssen wir, ohne bis zum Drama des Attentats zu gehen, die Momente großer Gewalt erwähnen, die sich zur Zeit der Dreyfus-Affäre abspielten und von Extremisten, verblendet von nationalistischer Leidenschaft, ausgelöst wurden.

Die Gewalt entlud sich in den Monaten Januar und Februar 1898 nach der Veröffentlichung von „J'accuse" und in der Zeit des Prozesses gegen Émile Zola vor dem Pariser Schwurgericht. Die französische Hauptstadt wurde von ständigen Demonstrationen erschüttert, mit Rufen wie „Es lebe die Armee! Tod den Juden! Nieder mit Zola!", die eine bunt gemischte Menge aus Studenten, Handwerkern und Arbeitern von sich gab. Am 17. Januar kommt es bei einer nationalistischen Versammlung im Tivoli-Vauxhall zu einer Schlägerei zwischen Antisemiten und Anarchisten. Am nächsten Tag ziehen aufgeregte Studentenbanden durch das Quartier Latin, beschimpfen Zola und rufen „Nieder mit den Verrätern!". Die gleichen Szenen spielen sich in den folgenden Tagen ab. Wiederholt werden Schau-

---

[27] Zu dieser Frage haben wir eine Untersuchung durchgeführt, deren Ergebnisse unter anderem veröffentlicht wurden in „Mort de Zola. Un rideau de fumée", in: *Les Grandes Énigmes de l'histoire*, Sammelband, herausgegeben unter der Leitung von Jean-Christian Petitfils (Paris: Perrin, 2020).

fenster von Geschäften, deren Inhaber Juden sind, eingeschlagen. Die nationalistische Agitation gipfelt am 23. Januar in einer antisemitischen Versammlung im Saal der Mille-Colonnes in Montparnasse. Danach flaut sie ab, nimmt jedoch während der Anhörungen zum Zola-Prozess wieder an Fahrt auf und zwingt die Behörden dazu, den Justizpalast mit einem Kordon aus Polizisten und Gendarmen zu schützen. Am 11. Februar, dem fünften Verhandlungstag des Prozesses, überfällt ein wütender Mob die Textilfabrik Bernheim Frères am Boulevard Voltaire. Er ruft „Tod den Juden!", zertrümmert Fensterscheiben, demoliert Maschinen und verletzt eine Arbeiterin.[28]

In dieser Zeit finden in den Provinzhauptstädten Marseille, Lyon, Bordeaux, Nantes und Rouen ähnliche Demonstrationen statt. In Algier, das unter dem Einfluss des Antisemiten Max Régis (Herausgeber der Zeitung *L'Antijuif algérien*) steht, fordern sie mehrere Todesopfer unter der jüdischen Bevölkerung – in der französischen Metropole kann die Polizei dieses Szenario glücklicherweise verhindern.

Während des Prozesses im Februar 1898 wird Émile Zola, als er zum Gerichtsgebäude geht und als er es verlässt, mehrfach von einer tobenden Menge bedroht. Am 8. Februar, nach der zweiten Anhörung, kommt es beinahe zur Tragödie. Der Romanautor wird von einer wütenden Bande umringt, die bereit ist, ihn zu lynchen, doch dank des beherzten Einschreitens einer Gruppe von Freunden kann das Schlimmste verhindert werden. Die Polizei trifft von nun an Vorsichtsmaßnahmen; bei öffentlichen Auftritten wird der Schriftsteller geschützt. Seine engsten Vertrauten, Fernand Desmoulin, Alfred Bruneau, Eugène Fasquelle und Octave Mirbeau, übernehmen die Rolle von Leibwächtern. „Desmoulin und ich", erzählt Bruneau, „informierten abwechselnd in aller Frühe die Polizei, die diese Auskunft verlangte, über den Ort, an dem wir zu Mittag essen sollten. Zwei Wagen warteten vor dem angegebenen Haus auf uns: In den einen stiegen wir mit Zola ein, im anderen befanden sich die Beamten der Sicherheitspolizei, um die Menge auf Abstand zu halten und sie zurückzudrängen, falls

---

[28] In seinem Buch zu diesem Thema (*Le Moment antisémite*, Paris: Fayard, 1998) betitelt Pierre Birnbaum das Kapitel, das sich mit den Pariser Demonstrationen befasst, mit „Paris brûle-t-il?" („Brennt Paris?"). Roman Polanskis Film *J'accuse* (*Intrige*, siehe Kapitel 24) gibt das Klima der städtischen Unruhen treffend wieder.

die Stimmung in der Umgebung des Justizpalastes unerwartet aggressiv werden sollte."

Diese Gewalt inspiriert den belgischen Maler Henry de Groux zu seinem *Zola aux outrages* (*Die Verspottung Zolas*). Er greift das Thema eines Gemäldes auf, das er einige Jahre zuvor im Brüsseler Salon unter dem Titel *Le Christ aux outrages* (*Die Verspottung Christi*) ausgestellt hat, und zeigt den Romancier, wie er sich mühsam durch eine hysterische Menge bewegt – hassverzerrte Gesichter, grimassenhafte Züge, leere Blicke, über denen ein Schwarm von Spazierstöcken schwebt, bereit zuzuschlagen.

Dieser Hass findet seinen Ausdruck in den Schmähbriefen, die Zola zu dieser Zeit erhält. Es sind zwar nicht so viele wie die zahlreichen Bewunderungsschreiben,[29] die ihn erreichen, aber sie sind dennoch repräsentativ für das Klima einer Epoche. Briefe, Postkarten, Telegramme, diese Sendungen nehmen alle Formen an, bis hin zu abscheulichen Umschlägen, die mit Flecken oder Exkrementen beschmiert sind. In manchen Briefen argumentieren die Verfasser ausführlich, erläutern ihre Beweggründe und sind so ehrlich, ihre Aussagen zu unterschreiben. Viele begnügen sich jedoch mit anonymen Nachrichten, in denen sich eine Litanei von sich traurig wiederholenden Beleidigungen entlädt: „Nieder mit Émile Zola, dem Beschützer der Juden!", „Nieder mit Zola, dem Vaterlandslosen, dem Makkaronifresser!", „Elender Schurke", „Dreckiger Schuft, Verräter", „Dreckiges, an die Juden verkauftes Schwein", „Faulpelz, dreckiger Lump, Tod allen Mitgliedern des Dreyfus-Syndikats!", „Ewige Schande für den Judas der Moderne!", „Sendung eines Familienvaters an den Verteidiger des Verräters, der feiger ist als Dreyfus selbst, niederträchtiger, schändlicher, abscheulicher als der abscheulichste Mensch". Im Namen der „Öffentlichkeit" ereifert sich der Autor eines Briefes: „Jetzt reicht es! Ganz Frankreich, angewidert und empört über so viel Dreistigkeit, Zynismus und Leichtfertigkeit, schreit nach Rache an Ihnen, und die wohlverdiente Sühne wird beginnen. Ihr Name wird von der gegenwärtigen Generation verflucht und von der Nachwelt gebrandmarkt werden" – der letzte Satz ist durch einen breiten Federstrich hervorgehoben. In einer der wütendsten Nachrichten wird prognostiziert:

---

[29] Siehe Kapitel 14.

"Du sollst krepieren, gelähmt von deinem Maul und von der Mülltonne, die dein schmutziges Hirn ist – ach, du sollst leiden" (das letzte Wort ist dreimal unterstrichen).

Von allen Seiten wird „Zola, der Pornograf", „Monsieur Pot-Bouille",[30] der Autor von *Nana*, derjenige, der es gewagt hat, die katholische Kirche mit seinem Roman über die Stadt Lourdes zu beleidigen, angegriffen.[31] Auf den Boulevards verkaufen zur selben Zeit Straßenhändler antisemitische Lieder oder Broschüren, in denen Zola „le youpin" (abwertend für „der Jude") die Hauptfigur ist. Es sind die Angestellten des berühmten Napoléon Hayard, der aufgrund seines Vornamens „Kaiser der Straßenhändler" genannt wird und dessen Geschäftstätigkeit damals den Pariser Markt dominiert. Sein Ansehen beruht auf der Verbreitung einer Vielzahl von Schmähschriften, die er jeden Tag mithilfe einer Armee von Zeitungsverkäufern, die ihre Ware wortreich anpreisen, an allen Straßenecken von Paris verbreitet.

Zu Napoléon Hayards Werken gehört auch ein *Offizielles Testament von Émile Zola*, in dem unter anderem folgende Posse zu lesen ist:

> „Ich, der Unterzeichnete, bin im Begriff, zu vertrotteln und fühle, dass meine Fähigkeiten nachlassen ... Ich vermache daher meine gesamten Werke den öffentlichen Toilettenhäuschen, die sie zu dem Zweck verwenden werden, der sich *von selbst anbietet*. Nachdem ich lange Zeit auf *Das Paradies der Damen* der äußeren Boulevards bedacht war, und nun verstehe, dass diese Aufgabe zu schwer („trop *Lourdes*") für mich wird ... Nachdem ich versucht habe, Reklame für mich zu machen, indem ich die Sache des Juden *Dreyfus* in die Hand nahm, und dieser Versuch nur in einem gewaltigen *Zusammenbruch* endete, schwöre ich heute all dem ab, *Was ich nicht leiden mag*, und bevor ich zur *Erde* zurückkehre, möchte ich meinen Besitz unter denen aufteilen, die mir das eingebrockt haben ..."[32]

Eine Todesanzeige (in einer Auflage von 120 000 Exemplaren) fordert Passanten auf, sich zur Beerdigung des „Pornografen und Verteidigers des *Verräters Dreyfus*" Émile Zola zu begeben, der „im Alter von 58 Jahren im

---

[30] In Anlehnung an den Roman *Pot-Bouille* (1883), deutscher Titel: *Ein feines Haus* bzw. *Der häusliche Herd*.
[31] Dokumente aus dem Archiv des Centre d'Étude sur Zola et le naturalisme (Institut des Textes et Manuscrits modernes, CNRS/ENS).
[32] Der Text zitiert verschiedene Werktitel Zolas: *Au Bonheur des Dames* (*Das Paradies der Damen*), *Lourdes*, *La Débâcle* (*Der Zusammenbruch*), *Mes haines* (*Was ich nicht leiden mag*), *La Terre* (*Die Erde*).

Palais de Justice von Paris, im *Schwurgerichtssaal*, an einer langen und schmerzhaften akuten *Skandalitis* gestorben ist, die durch eine Erweichung des Gehirns in Verbindung mit einer Verdauungsstörung durch *israelitischen Kuchen* verursacht wurde". Nach der Zeremonie, so heißt es in der Anzeige, „wird ein monströses Fressgelage unter dem Vorsitz von *Coupeau*, *Mes-Bottes* und *Bibi-la-Grillade*[33] alle Teilnehmer in den großen Salons des *Assommoir* (des *Totschlägers*) versammeln", und zum Dessert „wird die Mouquette,[34] um die schlechte Laune der Anwesenden zu vertreiben, auf den Tisch steigen und vor allen ihre hintere Physiognomie zur Schau stellen, die den Erfolg von *Germinal* ausmachte und die Zolas Fotografie darstellt". Der Text endet mit einem „De Profundis" an „Zola Kif-Kif-Bouricot Salopus" und ist unter anderem von „Salomon Prépuce", der „Baronin (Lévy) d'Ange" und den Baronen „Isaïe Kahn-Hull", „Blum Poudd-Yng" und „Kohn-Nass" unterzeichnet.

Vorausgesetzt, dass es ihm ein Bedürfnis war, hat der Schornsteinfeger Henri Buronfosse in dieser Gossenprosa reichlich Nahrung für seine Mordfantasien finden können.

---

[33] Romanfiguren aus *L'Assommoir* (*Der Totschläger*).
[34] Romanfigur aus *Germinal*.

27 War es notwendig, für die Sache des Alfred Dreyfus zu kämpfen?

Die Dreyfus-Affäre kann aus der Perspektive ihres Ausgangs als ein Sieg der Vernunft über die Entfesselung der Leidenschaften analysiert werden – als Beweis dafür, dass ein republikanisches Regime seine Fehler rückgängig machen kann, um der Gerechtigkeit zum Sieg zu verhelfen. Die Komplexität der Ereignisse, die zahlreichen Wendungen der Situation und die Härte der Konfrontation zwischen den beiden gegnerischen Lagern verleihen ihr einen außergewöhnlichen Charakter, der durch eine in den meisten Gerichtsfällen nicht vorhandene politische Dimension ergänzt wird. Diese Faktoren erklären ihre außergewöhnliche internationale Resonanz. Davon zeugt beispielsweise der Philosoph Emmanuel Levinas, der gern an die Haltung seines Vaters (eines Juden litauischer Abstammung) angesichts der Geschehnisse in Frankreich erinnerte:

> „Ein Land, das sich völlig zerreißt, das sich spaltet, um die Ehre eines kleinen jüdischen Offiziers zu retten, das ist ein Land, in das wir schnell reisen müssen!"[35]

Abgesehen von rationalen Argumenten hat das Gefühl, an einem einzigartigen Ereignis teilzunehmen, viele Dreyfusarden in den Kampf geworfen. Am 21. Februar 1898, als der Prozess gegen Zola sich seinem Ende zuneigt, schreibt Octave Mirbeau an einen Freund:

> „Am Ausgang wurden wir heute lautstark ausgebuht und verfolgt. Das war wunderbar! Am Mittwoch werde ich wieder beim Prozess sein. Am letzten Tag kann ich den bewundernswerten Zola nicht im Stich lassen."

Die gleiche Haltung findet sich bei Charles Péguy, der von seinen Erinnerungen in *Notre jeunesse* (*Unsere Jugend*) berichtet, oder bei Daniel Halévy, der sich nach dem Sinn dieser neuartigen „Bruderschaft" fragt, die so viele Akteure mit unterschiedlichem Hintergrund zusammenbrachte:

---

[35] Eine Anekdote, von der Jean Daniel in *La Prison juive* (Paris: Odile Jacob, 2003, S. 68) berichtet.

27 War es notwendig, für die Sache des Alfred Dreyfus zu kämpfen? _____

Abb. 20: Der Prozess gegen Zola vor dem Pariser Schurgericht in einer Zeichnung aus *Le Progrès illustré* vom Sonntag, 13. Januar 1898.

„Was bekämpften wir? Wir wussten es kaum. Die Armee? Das war nicht unser Wunsch. Die Rechtswidrigkeit eines Urteils? Auch nicht, wir hatten sie hingenommen."

Und er findet diese Antwort:

„Wir weigerten uns, ein von den Massen erzwungenes Urteil zu bestätigen, wir revoltierten gegen einen von Demagogen diktierten Terror."

27 War es notwendig, für die Sache des Alfred Dreyfus zu kämpfen?

Indem er die Erfahrung der Dreyfusarden zu einem absoluten Ideal macht, stellt Péguy zwei radikal heterogene Denkweisen gegenüber – die Unterscheidung ist berühmt geworden: die „Mystik" auf der einen Seite und die „Politik" auf der anderen. Von der einen zur anderen ist kein Übergang möglich. Die politische Erfahrung zerstört zwangsläufig die mystische Hoffnung. Eine Frage beschäftigt ihn, als er den Ansturm auf die Macht nach dem Sieg des radikalen Blocks betrachtet, den wilden Antiklerikalismus des Ministeriums Combes, die Skandale aller Art, welche die ersten Jahre des 20. Jahrhunderts kennzeichneten, und die Kompromisse, die ein sozialistischer Führer wie Jaurès eingehen musste, um die herrschende Macht zu unterstützen: Ist es noch möglich, das Erbe der Dreyfusarden mit Stolz anzutreten?

Deshalb lehnte Péguy alles ab, was dieser politische Kampf mit sich brachte: die endlosen Kämpfe, das Vergessen der christlichen Tradition, in der Frankreich stand, die eitle Selbstgefälligkeit derer, die sich zu Siegern erklärten und damit die Spaltung einer Nation, die so viel gelitten hatte, noch vertieften. Es gab ein Ideal. Dieses durfte nicht mit dem Ergebnis verwechselt werden, zu dem die politische Intrige führte.

> „Wir dürfen also nicht den Mystikern die Schuld für die Streitigkeiten, die Kriege und die politischen Feindschaften geben, wir dürfen die Unzuverlässigkeit der Politiker nicht auf die Mystiker abwälzen."

Und er wiederholte mit Nachdruck:

> „Wir behaupten im Gegenteil, dass wir Mystiker das Herz und das Zentrum des Dreyfusismus sind und waren, dass wir es immer gewesen sind, und dass wir allein es repräsentieren."

Radikaler war die Position, die Georges Sorel 1909 in *La Révolution dreyfusienne* (*Die Dreyfusianische Revolution*) vertrat. Dieses Pamphlet eines ehemaligen Dreyfusarden enthält eine eindeutige Anklage: Durch seine negativen Auswirkungen hat der Dreyfusismus die republikanischen Institutionen so weit beschädigt, dass sie in den Zustand der Ohnmacht zurückgefallen sind, in dem sich das Zweite Kaiserreich befand; er hat das Schauspiel einer gigantischen Farce geboten; seine berühmtesten Figuren ähneln den Marionetten einer Komödie.

27 War es notwendig, für die Sache des Alfred Dreyfus zu kämpfen?

„Revolutionen sind romantischen Dramen sehr ähnlich: Lächerliches und Erhabenes sind auf so unentwirrbare Weise miteinander verwoben, dass es oft schwierig ist, über Männer zu urteilen, die gleichzeitig Narren und Helden zu sein scheinen."

Denjenigen, die sich mit der Trennung zwischen „Mystik" und „Politik" schwertaten, blieb nur der Rückzug ins Private, die Rückkehr zu den traditionellen Werten des Katholizismus oder der Anschluss an die nationalistische Bewegung – Wege, die Charles Péguy (durch sein Bekenntnis zum katholischen Glauben in *Le Mystère de la charité de Jeanne d'Arc – Das Geheimnis der Nächstenliebe der Johanna von Orléans*) und Georges Sorel (durch seine Annäherung an nationalistische und monarchistische Kreise) auf ihre eigene Weise beschreiten sollten.

Die Belletristik ist in dieser Hinsicht ein hervorragendes Zeugnis und spiegelt die Ernüchterung wider, die am Vorabend des Ersten Weltkriegs die Gemüter beherrschte. Am Ende von Anatole Frances *L'Île des Pingouins* (*Die Insel der Pinguine*, 1908) stellt sich der Astronom Bidault-Coquille bittere Fragen über den Kampf, den er geführt hat. Er sinniert „auf seiner alten Feuerpumpe, unter der Ansammlung der Nachtgestirne":

„Musst du als ein höherer Geist betrachtet werden, nur weil du in einem bestimmten Punkt etwas mehr Weitsicht gezeigt hast als das gemeine Volk? Ich fürchte im Gegenteil, dass du, Bidault-Coquille, ein großes Unverständnis für die Bedingungen der intellektuellen und moralischen Entwicklung der Völker an den Tag gelegt hast. Du warst der Meinung, dass die sozialen Ungerechtigkeiten wie Perlen aufgereiht seien und dass es genüge, eine Perle herauszuziehen, um den ganzen Rosenkranz herunterzubeten. Das ist eine sehr naive Vorstellung."

In *Jean Barois* (1913) haben die Figuren von Roger Martin du Gard ähnliche Empfindungen. Eines der letzten Kapitel des Romans legt dem Philosophen Luce, Barois' Vordenker, diese Worte in den Mund:

„Das große Übel ist, dass das französische Volk kein moralisches Volk ist; und warum? Weil seit Jahrhunderten die Politik und das Interesse über dem Recht stehen. Eine neue Erziehung wird nötig sein ... Es ist wahr, unser Ziel ist nicht erreicht, aber es ist deshalb nicht verfehlt: Es ist auf dem Weg der Verwirklichung."

Luce zeigt sich angesichts des Laufs der Geschichte optimistisch, indem er hinzufügt:

„Es ist ein berühmtes Jahrhundert, das mit der Revolution begann und mit der Affäre endet!"

27 War es notwendig, für die Sache des Alfred Dreyfus zu kämpfen?

Diese Bemerkung ergänzend, wäre hinzuzufügen, dass das 20. Jahrhundert mit der Affäre begann. So stellte es sich Émile Zola in seinem letzten Romanzyklus, *Les Quatre Évangiles* (*Die vier Evangelien*), vor: Er sah in der Erfahrung der Dreyfus-Affäre ein organisierendes Prinzip, das es ermöglichte, in die Zukunft zu blicken – fähig, eine Familienmoral (im Roman *Fécondité* – *Fruchtbarkeit*), neue Beziehungen zwischen Kapitalismus und Arbeiterklasse (in *Travail* – *Arbeit*) und eine andere Vorstellung von Gerechtigkeit (in *Vérité* – *Wahrheit*) zu begründen.

Die Affäre, die so als Referenzmodell herangezogen wird, dringt in die Geschichte des 20. Jahrhunderts ein und begleitet deren Umwälzungen. Welche pädagogischen Tugenden werden ihr zugeschrieben? Um sich von den Albträumen des Ersten Weltkriegs zu befreien, greifen einige Intellektuelle in den 1920er Jahren die Affäre auf, um die Werte zu verteidigen, die ihnen wichtig sind. Sie nährt die pazifistischen Überlegungen des Philosophen Alain in *Mars ou La guerre jugée* (1921; *Mars oder Die Psychologie des Krieges*, 1985).

Sie inspiriert Julien Benda zu seiner autobiografischen Analyse in *La Jeunesse d'un clerc* (*Die Jugend eines Intellektuellen*, 1927). Zwei gegensätzliche Vorstellungen stehen sich in Bendas Erinnerung gegenüber: auf der einen Seite die hasserfüllte Gewalt der antidreyfusardischen Massen, die den Lügen der Demagogen unterworfen waren; und auf der anderen Seite die mutige Ausübung eines rationalen Denkens, das die dreyfusardischen Intellektuellen unter Beweis stellen konnten. „Die Dreyfus-Affäre", schreibt er, „spielte eine entscheidende Rolle in der Geschichte meines Geistes durch die Schärfe, mit der sie mir blitzartig die Hierarchie der Werte, die den Kern meines Wesens ausmacht, und meinen organischen Hass auf das gegnerische System vor Augen führte. Durch sie lernte ich mich als absoluten Rationalisten kennen, das heißt als jemanden, der sich in einem Konflikt zwischen den Interessen der Vernunft und denen des Sozialen oder Nationalen leidenschaftlich und ohne das geringste Zögern für die ersteren entscheidet." Julien Benda geht sogar so weit, den Ersten Weltkrieg als „eine Wiederholung der Dreyfus-Affäre" zu bezeichnen, indem er das Ereignis als Schlüssel zum Verständnis der Geschichte betrachtet: Deutschland, das 1914 in Belgien einmarschiert war, habe sich auf den Boden der Illegalität begeben, so wie es vor ihm General Mercier und seine Komplizen getan hatten. Der Verweis mag überraschen. In abgeschwächter

Form werden wir ihn in Léon Blums *Souvenirs sur l'Affaire* (Erinnerungen an die Affäre) von 1935 wiederfinden:

> „Die Affäre war eine menschliche Krise, weniger ausgedehnt und weniger lang andauernd, aber ebenso gewaltsam wie die Französische Revolution oder der Erste Weltkrieg."

Die französische Niederlage von 1940 und die Einsetzung der Vichy-Regierung reaktivieren die Kluft zwischen den Erben des Dreyfusismus und denen des Antidreyfusismus. Die *Action française* von Charles Maurras wird zu einer der ideologischen Säulen des Regimes von Marschall Pétain. Die Verfechter des Nationalismus haben den Eindruck, dass sich die Geschichte zu ihren Gunsten gewendet hat: Für Maurras, der dies in einem berühmten, im Februar 1941 veröffentlichten Artikel verkündet, ist es eine „göttliche Überraschung"!

Auf der anderen Seite werden die Feindseligkeit gegenüber dem Nationalsozialismus und die Ablehnung des Antisemitismus viele Intellektuelle dazu führen, sich für die Résistance zu entscheiden. Auch hier stehen sich „deux France", zwei unversöhnliche Konzeptionen Frankreichs gegenüber, auch wenn die Situation komplex bleibt und wir uns in diesem Bereich vor einer zu schnellen Sichtweise hüten sollten.[36]

Als Symbol einer Protestbewegung, bei der die Empörung am Anfang des Engagements steht, behält die Affäre ihre ganze Aktualität in der zweiten Hälfte des 20. Jahrhunderts. Sie dient beispielsweise einem Intellektuellen wie Pierre Vidal-Naquet als Referenz, als er sich gegen die Folter während des Algerienkriegs ausspricht. „Für mich war der Algerienkrieg der Auslöser, der mich zu einem aktiven Dreyfusarden gemacht hat", sagt er 2006 in *L'Histoire est mon combat* (Die Geschichte ist mein Schlachtfeld), einer Reihe von Interviews, in denen er seinen Werdegang als Aktivist nachzeichnet.[37]

Es gibt heute viele Gründe für die Ausübung eines *aktiven* Dreyfusismus. An erster Stelle steht der Kampf gegen den Antisemitismus, der in seinen

---

[36] Simon Epstein zeigt, dass es auch auf Seiten des Vichy-Regimes eine Reihe von ehemaligen Dreyfusarden gab (*Les Dreyfusards sous l'Occupation*, Paris: Albin Michel, 2001).

[37] Siehe Pierre Vidal-Naquet, „Un dreyfusard en action", in: *Être dreyfusard hier et aujourd'hui*, herausgegeben von Gilles Manceron und Emmanuel Naquet, Rennes : Presses Universitaires de Rennes, 2009.

27 War es notwendig, für die Sache des Alfred Dreyfus zu kämpfen?

heimtückischsten Formen zurückkehrt und die Grundfesten unserer Demokratie angreift. Dies ist die dringlichste Herausforderung unserer Zeit in einer Welt, die durch die Verbreitung von Intoleranz geprägt ist.

Die ewige Dreyfus-Affäre mit ihren vielfältigen Lehren ... Charles Péguys Worte haben nichts von ihrer prophetischen Dimension verloren:

„Je länger die Affäre beendet ist, desto offensichtlicher wird die Tatsache, dass sie niemals zu Ende geht."

Chronologie der Ereignisse

1894
26. September: Der französische Militärgeheimdienst fängt einen Brief (den „Bordereau") ab, der an Schwartzkoppen, den deutschen Militärattaché in Paris, adressiert ist.
15. Oktober: Verhaftung des Hauptmanns Alfred Dreyfus, welcher der Spionage für Deutschland beschuldigt wird: Die Handschrift des „Bordereau" scheint ihn zu belasten.
19. bis 22. Dezember: Prozess gegen Alfred Dreyfus vor dem Kriegsrat in Paris. Der Angeklagte wird für schuldig befunden und zur Deportation in eine Festungsanlage verurteilt.

1895
5. Januar: Der Hauptmann Dreyfus wird im großen Hof der *École militaire* in Paris öffentlich degradiert.
21. Februar: Deportation von Dreyfus nach Französisch-Guayana, wo er auf der Teufelsinsel inhaftiert werden soll.
13. April: Alfred Dreyfus wird auf die Teufelsinsel überführt.
1. Juli: Kommandant Picquart (der bald zum Oberstleutnant befördert werden soll) wird zum Leiter des Nachrichtendienstes der Armee ernannt. Er tritt die Nachfolge von Oberst Sandherr an.

1896
Anfang März: Durch das Abfangen eines Telegramms (des „Petit Bleu") findet Picquart den Namen des wahren Schuldigen heraus: Esterhazy.
August bis September: Picquart teilt seinen Vorgesetzten, General de Boisdeffre und General Gonse, mit, was er herausgefunden hat; er wird jedoch nicht gehört.
Ende Oktober: Kommandant Henry stellt eine Fälschung („Le faux Henry") her, die Dreyfus belasten soll.
Anfang November: Bernard Lazare veröffentlicht seine erste Broschüre über die Affäre (*Une erreur judiciaire. La vérité sur l'Affaire Dreyfus* [*Ein Justizirrtum: Die Wahrheit über die Dreyfus-Affäre*]).
16. November: Picquart wird aus seinem Amt entfernt und auf eine Mission geschickt.

1897
Juni und Juli: Picquart vertraut sich seinem Freund, dem Anwalt Louis Leblois, an. Scheurer-Kestner, der Vizepräsident des Senats, beschließt, eine Kampagne für die Rehabilitierung von Dreyfus zu führen.

13. November: Scheurer-Kestner überzeugt Zola von Dreyfus' Unschuld.
15. November: Zweite Broschüre von Bernard Lazare (*Une erreur judiciaire. L'Affaire Dreyfus* [*Ein Justizirrtum: Die Dreyfus-Affäre*]).
25. November: In *Le Figaro* wird Zolas erster Artikel zugunsten von Alfred Dreyfus veröffentlicht („Monsieur Scheurer-Kestner").
1. und 5. Dezember: Fortsetzung von Zolas Kampagne in *Le Figaro*: „Le Syndicat" („Das Syndikat"), „Procès-verbal" („Protokoll").
14. Dezember: Zola veröffentlicht bei seinem Verleger Fasquelle den *Brief an die Jugend* (*Lettre à la jeunesse*).

1898
7. Januar: Zola veröffentlicht den *Brief an Frankreich* (*Lettre à la France*).
10. und 11. Januar: Prozess gegen Esterhazy, der vom Kriegsrat freigesprochen wird.
13. Januar: Zola veröffentlicht sein „J'accuse" („Ich klage an") in *L'Aurore*.
7. bis 23. Februar: Prozess gegen Zola und die Redaktion von *L'Aurore* vor dem Pariser Schwurgericht. Der Romanautor wird zu einem Jahr Haft verurteilt.
2. April: Aufhebung der Verurteilung Zolas durch das Kassationsgericht (wegen Formfehlern).
23. Mai: Erneuter Prozess gegen Zola vor dem Schwurgericht in Versailles. Sein Anwalt legt Berufung ein.
18. Juli: Wiederaufnahme des Prozesses gegen Zola vor dem Schwurgericht in Versailles. Der Romancier wird endgültig verurteilt und geht ins Exil nach England.
10. August: Jean Jaurès beginnt mit der Veröffentlichung von *Les Preuves* (*Die Beweise*) in *La Petite République*.
30. und 31. August: Oberstleutnant Henry gesteht dem Kriegsminister Cavaignac, dass er der Urheber der Fälschung ist, die Dreyfus belastet. Er wird verhaftet und begeht in seiner Zelle im Mont Valérien Selbstmord.
27. bis 29. Oktober: Die Strafkammer des Kassationsgerichts erklärt den Antrag auf Wiederaufnahme des Verfahrens gegen Alfred Dreyfus für zulässig.

1899
16. Februar: Tod des Präsidenten Félix Faure.
18. Februar: Wahl von Émile Loubet zum Staatspräsidenten.
3. Juni: Das Kassationsgericht hebt das Urteil von 1894 auf: Dreyfus wird an einen neuen Kriegsrat verwiesen.
5. Juni: Rückkehr von Émile Zola nach Frankreich.
9. Juni: Alfred Dreyfus verlässt die Teufelsinsel und tritt die Rückreise nach Frankreich an.
22. Juni: Pierre Waldeck-Rousseau bildet die Regierung der „republikanischen Verteidigung".
7. August bis 9. September: Prozess gegen Alfred Dreyfus vor dem Kriegsrat in Rennes. Der Angeklagte wird erneut für schuldig befunden, ihm werden jedoch „mildernde Umstände" zugestanden.
19. September: Alfred Dreyfus wird vom Staatspräsidenten begnadigt.

Chronologie der Ereignisse

1900

18. bis 24. Dezember: Die Abgeordnetenkammer und der Senat verabschieden ein Amnestiegesetz in Bezug auf alle Ereignisse im Zusammenhang mit der Affäre.

1902

29. September: Tod Émile Zolas in seiner Pariser Wohnung in der Rue de Bruxelles.

1903

6. und 7. April: In der Abgeordnetenkammer fordert Jaurès die Revision des Urteils durch den Kriegsrat von Rennes.

1904

3. März: Beginn der Debatten des Kassationsgerichtshofs zur zweiten Revision des Prozesses gegen Alfred Dreyfus.

1906

12. Juli: Das Kassationsgericht hebt das Urteil des Kriegsrats von Rennes auf und stellt fest, dass die Verurteilung von Alfred Dreyfus „irrtümlich und zu Unrecht" erfolgt sei. Es wird keine Rückverweisung an ein späteres Gericht vorgenommen.

13. Juli: Die Abgeordnetenkammer nimmt Dreyfus und Picquart wieder in die Armee auf (Ersteren im Rang eines Schwadronchefs, Letzteren im Rang eines Brigadegenerals). Am selben Tag stimmt sie für die Überführung von Zolas sterblichen Überresten ins Panthéon.

20. Juli: In einer feierlichen Zeremonie in der *École militaire* wird Alfred Dreyfus zum Ritter der Ehrenlegion ernannt.

25. Oktober: Clemenceau, der nun Ratspräsident ist, beruft General Picquart ins Kriegsministerium.

1908

19. März: Die Abgeordnetenkammer stimmt für die Mittel, die für die Zeremonie der „Panthéonisierung" Émile Zolas benötigt werden.

4. Juni: Zeremonie der „Panthéonisierung" in Anwesenheit des Staatspräsidenten Armand Fallières. Attentat von Louis Grégori auf Alfred Dreyfus.

10. bis 11. September: Prozess gegen Grégori vor dem Pariser Schwurgericht. Der Angeklagte wird von den Geschworenen freigesprochen.

Bibliografie

Im Folgenden geben wir die Referenzen der Bücher und Artikel an, auf die sich die Ausführungen in den einzelnen Kapiteln stützen. Wir schließen mit einer Liste von Filmadaptionen. Diese Angaben können durch die Bibliografien von Michel Drouin in seinem *Dictionnaire de l'affaire Dreyfus* (*Wörterbuch der Dreyfus-Affäre*, Flammarion, 2006) und Philippe Oriol in seiner *Histoire de l'Affaire Dreyfus de 1894 à nos jours* (*Geschichte der Dreyfus-Affäre von 1894 bis heute*, Les Belles Lettres, 2014) ergänzt werden. Die französischen Titel werden in eckigen Klammern ins Deutsche übersetzt. Liegt der Text in deutscher Fassung vor, erfolgt eine vollständige bibliografische Angabe in eckigen Klammern.

Gedruckte Quellen

L'Affaire Dreyfus. Le Procès Zola devant la Cour d'Assises de la Seine et la Cour de Cassation (7 février-23 février – 31 mars-2 avril 1898). Compte rendu sténographique « in extenso » et Documents annexes [*Die Dreyfus-Affäre. Der Zola-Prozess vor dem Pariser Schwurgericht und dem Kassationsgericht (7. Februar-23. Februar – 31. März-2. April 1898). Stenografischer Bericht „in extenso" und beigefügte Dokumente*], Paris: Aux Bureaux du « Siècle » & P.-V. Stock, 1898, 2 Bde.

Livre d'hommage des Lettres françaises à Émile Zola [*Hommage an Émile Zola durch die französischen Geisteswissenschaften*], Paris: Société libre d'Édition des Gens de Lettres/ Brüssel: G. Balat, 1898.

La Révision du procès Dreyfus. Enquête de la Cour de cassation [*Die Wiederaufnahme des Dreyfus-Prozesses. Untersuchung des Kassationsgerichtshofs*], Paris: P.-V. Stock, 1899, 2 Bde.

La Révision du procès Dreyfus. Débats de la Cour de cassation [*Die Wiederaufnahme des Dreyfus-Prozesses. Debatten des Kassationsgerichtshofs*], Paris: P.-V. Stock, 1899.

Conseil de guerre de Rennes. Le procès Dreyfus devant le Conseil de guerre de Rennes (7 août-9 septembre 1899). Compte rendu sténographique « in extenso » [*Der Kriegsrat von Rennes. Der Dreyfus-Prozess vor dem Kriegsrat von Rennes (7. August – 9. September 1899). Stenografischer Bericht „in extenso"*], Paris: P.-V. Stock, 1900, 3 Bde.

L'Affaire Dreyfus. La Révision du procès de Rennes (15 juin 1906 – 12 juillet 1906). Mémoire de Me Henry Mornard pour M. Alfred Dreyfus [*Die Dreyfus-Affäre. Die Wiederaufnahme des Prozesses*

von Rennes (15. Juni 1906-12. Juli 1906). Gesuch des Rechtsanwalts Henry Mornard für Herrn Alfred Dreyfus], Paris: Ligue française pour la Défense des Droits de l'Homme et du Citoyen [Französische Liga zur Verteidigung der Menschen- und Bürgerrechte], 1907.
L'Affaire Dreyfus. La Révision du procès de Rennes (15 juin 1906 – 12 juillet 1906). Réquisitoire écrit de M. le Procureur Général Baudoin [Die Dreyfus-Affäre. Die Wiederaufnahme des Prozesses von Rennes (15. Juni 1906 – 12. Juli 1906). Schriftliches Schlussplädoyer des Generalstaatsanwalts Baudoin], Paris: Ligue française pour la Défense des Droits de l'Homme et du Citoyen [Französische Liga zur Verteidigung der Menschen- und Bürgerrechte], 1907.

Studien zur Geschichte der Dreyfus-Affäre

André Julie, Bertrand Olivier und Schaffner Isabelle (Hg.), «J'accuse» a 120 ans. Approches multidisciplinaires de l'Affaire Dreyfus [„J'accuse" ist 120 Jahre alt. Multidisziplinäre Ansätze zur Dreyfus-Affäre], Palaiseau: Éditions de l'École polytechnique, 2020.
Aynié Marie, Les Amis inconnus. Se mobiliser pour Dreyfus (1897-1899) [Die fremden Freunde: Engagement für Dreyfus (1897-1899)], Toulouse: Éditions Privat, 2011.
Bredin Jean-Denis, L'Affaire [Die Affäre], Paris: Fayard/Julliard, 1993 [1. Aufl. 1983].
Desachy Paul, Répertoire de l'affaire Dreyfus. 1894-1899 [Verzeichnis der Dreyfus-Affäre. 1894-1899], o. O., o. D. [1905].
Drouin Michel (Hg.), L'Affaire Dreyfus. Dictionnaire [Die Dreyfus-Affäre. Wörterbuch], Paris: Flammarion, 2006 [1. Auflage 1994].
Drouin Michel, Zola au Panthéon. La quatrième affaire Dreyfus [Zola im Panthéon. Die vierte Dreyfus-Affäre], Paris: Perrin, 2008.
Duclert Vincent, Alfred Dreyfus. L'honneur d'un patriote [Alfred Dreyfus. Die Ehre eines Patrioten], Paris: Fayard, 2006.
—, Dreyfus au Panthéon. Voyage au cœur de la République [Dreyfus im Panthéon. Reise ins Herz der Republik], Paris: Galaade Éditions, 2007.
Gervais Pierre, Peretz Pauline und Stutin Pierre, Le Dossier secret de l'affaire Dreyfus [Die Geheimakte der Dreyfus-Affäre], Paris: Alma éditeur, 2012.
Gervereau Laurent und Prochasson Christophe (Hg.), L'Affaire Dreyfus et le Tournant du siècle (1894-1910) [Die Dreyfus-Affäre und die Jahrhundertwende (1894-1910)], Paris: Musée d'histoire contemporaine – BDIC, 1994.
Joly Bertrand, Dictionnaire biographique et géographique du nationalisme français (1880-1900) [Biografisches und geografisches Wörterbuch des französischen Nationalismus (1880-1900)], Paris: Honoré Champion, 1998.
—, Histoire politique de l'affaire Dreyfus [Politische Geschichte der Dreyfus-Affäre], Paris: Fayard, 2014.
Marpeau Benoit, L'Affaire Dreyfus [Die Dreyfus-Affäre], Paris: Ellipses, 2017.
Oriol Philippe, Bernard Lazare, Paris: Stock, 2003.
—, L'Histoire de l'Affaire Dreyfus de 1894 à nos jours [Die Geschichte der Dreyfus-Affäre von 1894 bis heute], Paris: Les Belles Lettres, 2014, 2 Bde.

—, *Le Faux Ami du capitaine Dreyfus. Picquart, l'Affaire et ses mythes* [*Der falsche Freund des Hauptmanns Dreyfus. Picquart, die Affäre und ihre Mythen*], Paris: Grasset, 2019.
Pagès Alain, *Émile Zola. De «J'accuse» au Panthéon* [*Émile Zola. Von „J'accuse" bis zum Panthéon*], Saint-Paul: Éditions Lucien Souny, 2008.
—, *Une journée dans l'affaire Dreyfus. «J'accuse...». 13 janvier 1898* [*Ein Tag in der Dreyfus-Affäre. „J'accuse...". 13. Januar 1898*], Paris, Perrin, 2011.
—, «Mort de Zola. Un rideau de fumée» [„Der Tod Zolas. Hinter dichten Rauchschwaden"], in: Jean-Christian Petitfils (Hg.), *Les Grandes Énigmes de l'histoire* [*Die großen Rätsel der Geschichte*], Paris: Perrin/Le Figaro Histoire, 2020, S. 489–504.
Pagès Alain (Hg.), *Zola au Panthéon. L'épilogue de l'affaire Dreyfus* [*Zola im Panthéon. Der Epilog der Dreyfus-Affäre*], Paris: Presses Sorbonne Nouvelle, 2010.
Philippe Béatrice (Hg.), *Une tragédie de la Belle Époque. L'Affaire Dreyfus* [*Eine Tragödie der Belle Époque. Die Dreyfus-Affäre*], Paris: Comité du Centenaire de l'Affaire Dreyfus, 1994.
Reinach Joseph, *Histoire de l'affaire Dreyfus* [*Geschichte der Dreyfus-Affäre*], Edition Hervé Duchêne, Paris: Robert Laffont, 2006 [Erstausgabe 1901–1911].
Thomas Marcel, *L'Affaire sans Dreyfus* [*Die Affäre ohne Dreyfus*], Paris: Fayard, 1961.
—, *Esterhazy ou l'envers de l'affaire Dreyfus* [*Esterhazy oder die Kehrseite der Dreyfus-Affäre*], Paris: Vernal/Philippe Lebaud, 1989.
Vigouroux Christian, *Georges Picquart dreyfusard, proscrit, ministre. La justice par l'exactitude* [*Georges Picquart: Dreyfusard, Geächteter, Minister. Gerechtigkeit durch Genauigkeit*], Paris: Dalloz, 2008.
—, *Georges Picquart. Le choix de la vérité dans l'affaire Dreyfus* [*Georges Picquart. Die Entscheidung für die Wahrheit in der Dreyfus-Affäre*], Vorwort von Haïm Korsia, Paris: Fayard, 2020.
Weissman Élisabeth, *Lucie Dreyfus. La femme du capitaine* [*Lucie Dreyfus. Die Frau des Hauptmanns*], Paris: Textuel, 2015.

Studien zu intellektuellen Kreisen und zur Frage des Antisemitismus

Al-Matary Sarah, *La Haine des clercs. L'anti-intellectualisme en France* [*Der Hass auf Intellektuelle. Antiintellektualismus in Frankreich*], Paris: Éditions du Seuil, 2019.
Barilier Étienne, *«Ils liront dans mon âme». Les écrivains face à Dreyfus* [*„Sie werden in meiner Seele lesen". Schriftsteller gegenüber Dreyfus*], Carouge-Genève: Éditions Zoé, 2008.
Birnbaum Pierre, *Le Moment antisémite. Un tour de la France en 1898* [*Der antisemitische Moment. Eine Rundfahrt durch Frankreich 1898*], Paris: Fayard, 2015 [1. Auflage 1998].
Brodziak Sylvie und Tomei Samuel (Hg.), *Dictionnaire Clemenceau* [*Clemenceau-Wörterbuch*], Paris: Robert Laffont, 2017.
Charle Christophe, *Naissance des «intellectuels» (1880–1900)* [*Die Geburt der „Intellektuellen" (1880-1890)*], Paris: Éditions de Minuit, 1990.

Daniel Jean, *La Prison juive. Humeurs et méditations d'un témoin* [*Das jüdische Gefängnis. Stimmungen und Gedanken eines Zeitzeugen*], Paris: Odile Jacob, 2003.

Epstein Simon, *Les dreyfusards sous l'Occupation* [*Die Dreyfusarden während der Besatzung*], Paris: Albin Michel, 2001.

Guieu Jean-Max (Hg.), *Intolérance & Indignation. L'Affaire Dreyfus* [*Intoleranz & Empörung. Die Dreyfus-Affäre*], Paris: Éditions Fischbacher, 2000.

Kauffmann Grégoire, *Édouard Drumont*, Paris: Perrin, 2008.

Koren Roselyne und Michman Dan (Hg.), *Les Intellectuels face à l'affaire Dreyfus alors et aujourd'hui : perception et impact de l'Affaire en France et à l'étranger* [*Die Intellektuellen im Angesicht der Dreyfus-Affäre damals und heute: Wahrnehmung und Auswirkungen der Affäre in Frankreich und im Ausland*], Paris: L'Harmattan, 1998.

Manceron Gilles und Naquet Emmanuel (Hg.), *Être dreyfusard hier et aujourd'hui* [*Dreyfusard sein – gestern und heute*], Rennes: Presses Universitaires de Rennes, 2009.

Mollier Jean-Yves, *Le Camelot et la Rue. Politique et démocratie au tournant des XIXe et XXe siècles* [*Der fliegende Händler und die Straße. Politik und Demokratie an der Schwelle vom 19. zum 20. Jahrhundert*], Paris: Fayard, 2004.

Ponty Janine, « La presse quotidienne et l'affaire Dreyfus en 1898–1899. Essai de typologie » [„Die Tagespresse und die Dreyfus-Affäre in den Jahren 1898–1899. Versuch einer Typologie"], *Revue d'histoire moderne et contemporaine*, April-Juni 1974, S. 193–220.

—, « Le Petit Journal et l'affaire Dreyfus (1897–1899) : analyse de contenu » [„Das Petit Journal und die Dreyfus-Affäre (1897–1899): Inhaltsanalyse"], *Revue d'histoire moderne et contemporaine*, Oktober-Dezember 1977, S. 641–656.

Suleiman Susan Rubin, « Passion/Fiction : l'affaire Dreyfus et le roman » [„Leidenschaft/Fiktion: Die Dreyfus-Affäre und der Roman"], *Littérature*, Nr. 71, 1988, S. 90–107.

—, « L'affaire Dreyfus dans l'imaginaire populaire des années 1930 » [„Die Dreyfus-Affäre in der populären Fantasie der 1930er Jahre"], *Les Cahiers naturalistes*, Nr. 76, 2002, S. 157–176.

Winock Pierre, *Le Siècle des intellectuels* [*Das Jahrhundert der Intellektuellen*], Paris: Éditions du Seuil, 1997.

—, *La France et les Juifs. De 1789 à nos jours* [*Frankreich und die Juden. Von 1789 bis heute*], Paris: Éditions du Seuil, 2004.

Parallelgeschichten (über die „Geheimnisse" der Dreyfus-Affäre – siehe Kapitel 25)

Charpentier Armand, *Les Côtés mystérieux de l'affaire Dreyfus* [*Die geheimnisvollen Seiten der Dreyfus-Affäre*], Paris: Les Éditions Rieder, 1937.

Chérasse Jean A. und Boussel Patrice, *Dreyfus ou l'intolérable vérité* [*Dreyfus oder die unerträgliche Wahrheit*], Paris: Éditions Pygmalion, 1975.

Deniau Jean-François, *Le Bureau des secrets perdus* [*Die Abteilung der verratenen Geheimnisse*], Paris: Odile Jacob, 2000.

Doise Jean, *Un secret bien gardé. Histoire militaire de l'affaire Dreyfus* [Ein wohlgehütetes Geheimnis: Militärgeschichte der Dreyfus-Affäre], Paris: Éditions du Seuil, 1994.

Frandon Ida-Marie, *L'Affaire et le Grand Secret. Le secret a créé l'Affaire. Qui l'a su ? Qui l'a dit ?* [Die Affäre und das große Geheimnis. Das Geheimnis hat die Affäre geschaffen. Wer hat es gewusst? Wer hat es gesagt?], Fontainebleau: I.-M. Frandon, 1993.

Guillemin Henri, *L'Énigme Esterhazy* [Das Rätsel Esterhazy], Paris: Gallimard, 1962.

Israel Armand, *Les Vérités cachées de l'affaire Dreyfus* [Die verborgenen Wahrheiten der Dreyfus-Affäre], Paris: Albin Michel, 2000.

Lombarès Michel de, *L'Affaire Dreyfus. La clé du mystère* [Die Dreyfus-Affäre. Der Schlüssel zum Geheimnis], Paris: Robert Laffont, 1972.

Mazel Henri, *Histoire et psychologie de l'affaire Dreyfus* [Geschichte und Psychologie der Dreyfus-Affäre], Paris: Boivin et Cie, 1934.

Analysen und Berichte von Zeitzeugen

Alain [Émile Chartier], *Mars ou La guerre jugée*, gefolgt von *Quelques-unes des causes réelles de la guerre entre nations civilisées* [Einige der tatsächlichen Ursachen für Kriege zwischen zivilisierten Nationen], Paris: Gallimard, 1995 [Erstausgabe: *Mars ou La guerre jugée*, 1921; Übers. *Mars oder Die Psychologie des Krieges*, Frankfurt a. Main: Fischer, 1985].

Barrès Maurice, *Scènes et doctrines du nationalisme* [Szenen und Doktrinen des Nationalismus], Paris: Félix Juven, 1902.

Benda Julien, *La Jeunesse d'un clerc* [Die Jugend eines Intellektuellen], gefolgt von *Un régulier dans le siècle* [Ein vorschriftsmäßiger Mensch im Jahrhundert] und von *Exercice d'un enterré vif* [Übung eines lebendig Begrabenen], Paris: Gallimard, 1968 [Erstausgabe: *La Jeunesse d'un clerc*, 1936].

Bernanos Georges, *La Grande Peur des bien-pensants. Édouard Drumont* [Die große Angst der Konformisten. Édouard Drumont], Paris: Bernard Grasset, 1931.

Blum Léon, *Souvenirs sur l'Affaire* [Erinnerungen an die Affäre], Paris: Gallimard, 1993 [Erstausgabe 1935; Übers. Joachim Kalka: *Beschwörung der Schatten. Die Affäre Dreyfus*, Berlin: Berenberg, 2005].

Clemenceau Georges, *L'Affaire Dreyfus. L'Iniquité* [Die Dreyfus-Affäre. Die Ungerechtigkeit], Hg. Michel Drouin, Paris: Mémoire du Livre, 2001 [Erstausgabe 1899].

Dreyfus Alfred, *Cinq années de ma vie* [Fünf Jahre meines Lebens], Einleitung von Pierre Vidal-Naquet, Paris: François Maspéro, 1982 [Erstausgabe 1901].

—, *Carnets (1899-1907)* [Tagebücher (1899-1907)], Hg. Philippe Oriol, Paris: Calmann-Lévy, 1998.

—, *Cahiers de l'île du Diable* [Notizbücher von der Teufelsinsel], Paris: Éditions Artulis Pierrette Turlais, 2009.

Drumont Édouard, *La France Juive. Essai d'histoire contemporaine*, Paris: C. Marpon et E. Flammarion, 1886, 2 Bde [Übers. *Das verjudete Frankreich. Versuch einer Tagesgeschichte*, Berlin: Gustav Ad. Dewald, 1886–1887, 2 Bde].

Bibliografie

Faure Félix, *Journal à l'Élysée (1895-1899)* [*Tagebuch im Élysée-Palast (1895-1899)*], Hg. Bertrand Joly, Paris: Éditions des Équateurs, 2009.

Halévy Daniel, *Regards sur l'affaire Dreyfus* [*Einblicke in die Dreyfus-Affäre*], Hg. Jean-Pierre Halévy, Paris: Éditions de Fallois, 1994.

Jaurès Jean, *Les Preuves. Affaire Dreyfus* [*Die Beweise. Dreyfus-Affäre*], Hg. Madeleine Rebérioux und Vincent Duclert, Paris: La Découverte, 1998.

Labori Marguerite-Fernand, *Labori. Ses notes manuscrites. Sa vie* [*Labori. Seine handschriftlichen Notizen. Sein Leben*], Paris: Éditions V. Attinger, 1947.

Lazare Bernard, *L'Antisémitisme. Son histoire et ses causes* [*Der Antisemitismus. Seine Geschichte und seine Ursachen*], Paris: Léon Chailley, 1894.

—, *Une erreur judiciaire. La Vérité sur l'Affaire Dreyfus* [*Ein Justizirrtum. Die Wahrheit über die Dreyfus-Affäre*], Paris: P.-V. Stock, 1896.

—, *Une erreur judiciaire. L'Affaire Dreyfus (Deuxième mémoire avec des expertises d'écritures)* [*Ein Justizirrtum. Die Dreyfus-Affäre (Zweites Memorandum mit Schriftexpertisen)*], Paris: P.-V. Stock, 1897.

—, *Comment on condamne un innocent : L'acte d'accusation contre le capitaine Dreyfus* [*Wie ein Unschuldiger verurteilt wird: Die Anklageschrift gegen Hauptmann Dreyfus*], Paris: P.-V. Stock, 1898.

Paléologue Maurice, *Journal de l'Affaire Dreyfus. 1894 - 1899. L'Affaire Dreyfus et le Quai d'Orsay* [*Tagebuch der Dreyfus-Affäre. 1894-1899. Die Dreyfus-Affäre und der Quai d'Orsay*], Paris: Plon, 1955.

Péguy Charles, *Notre jeunesse* [*Unsere Jugend*], anschließend an *De la raison* [*Über die Vernunft*], Hg. Jean Bastaire, Paris: Gallimard, 1993 [Erstausgabe 1910].

Pressensé Francis de, *Un héros. Le lieutenant-colonel Picquart* [*Ein Held. Oberstleutnant Picquart*], Paris: P.-V. Stock, 1898.

Quillard Pierre, *Le Monument Henry. Listes des souscripteurs classés méthodiquement et selon l'ordre alphabétique* [*Das Henry-Denkmal. Listen der Subskribenten, methodisch und alphabetisch geordnet*], Paris: P.-V. Stock, 1899.

Sorel Georges, *La Révolution dreyfusienne* [*Die Dreyfusianische Revolution*], Paris: Marcel Rivière, 1909.

Vaughan Ernest, *Souvenirs sans regret* [*Erinnerungen ohne Reue*], Paris: Félix Juven, 1902.

Zola Émile, *La Vérité en marche* [*Die Wahrheit auf dem Vormarsch*, 1901], *Œuvres complètes* [*Gesammelte Werke*], unter der Leitung von Henri Mitterand. Band 18: *De l'Affaire aux Quatre Évangiles (1897-1900)* [*Von der Affäre bis zu den Vier Evangelien (1897-1900)*], Hg. Alain Pagès, Paris: Nouveau Monde Éditions, 2008.

Korrespondenzen

Clemenceau Georges, *Correspondance (1858 - 1929)* [*Korrespondenz (1858-1929)*], Hg. Sylvie Brodziak et Jean-Noël Jeanneney, Paris: Robert Laffont, 2008.

Dreyfus Alfred und Lucie, « *Écris-moi souvent, écris-moi longuement...* ». *Correspondance de l'île du Diable* [„*Schreib mir oft, schreib mir ausführlich...*". *Korrespondenz von der Teufelsinsel*], Hg. Vincent Duclert, Paris: Mille et une nuits, 2001.
—, *Écrire, c'est résister. Correspondance (1894-1899)* [*Schreiben heißt Widerstand leisten. Korrespondenz (1894-1899)*], Hg. Vincent Duclert et Marie-Neige Coche, Paris: Gallimard, 2019.
Mirbeau Octave, *Correspondance générale.* Tome troisième [*Allgemeine Korrespondenz.* Band 3], Hg. Pierre Michel, Lausanne: L'Âge d'Homme, 2009.
Zola Émile, *Correspondance* [*Korrespondenz*], unter der Leitung von Bard H. Bakker und Henri Mitterand. Band 9: *Octobre 1897 – septembre 1899 (L'Affaire Dreyfus)* [*Oktober 1897– September 1899 (Die Dreyfus-Affäre)*], Hg. Owen Morgan und Alain Pagès, Montréal: Les Presses de l'Université de Montréal/Paris, CNRS Éditions, 1993.
—, *L'Affaire Dreyfus. Lettres et entretiens inédits* [*Die Dreyfus-Affäre. Unveröffentlichte Briefe und Interviews*], Hg. Alain Pagès, Paris: CNRS Éditions, 1994.
—, *Lettres à Alexandrine (1876-1901)* [*Briefe an Alexandrine (1876-1901)*], Hg. Brigitte Émile-Zola und Alain Pagès, Paris: Gallimard, 2014.

Literarische Adaptionen

Arzac Jules d', *Le Calvaire d'un innocent* [*Der Leidensweg eines Unschuldigen*], Brüssel: Librairie Moderne, o. D. [1931–1933].
Falk Victor von, *Alfred Dreyfus ou Le martyr de l'île du Diable. Grand roman contemporain* [*Alfred Dreyfus oder Der Märtyrer von der Teufelsinsel. Großer Gegenwartsroman*], Brüssel (Rue St Pierre 30), o. D. [1902–1905; deutscher Originaltitel: *Auf ewig getrennt? Oder Kapitän Dreyfus und seiner Gattin ergreifende Erlebnisse, Schicksale und fürchterliche Verbannung.* Sensations-Roman, Berlin: A. Weichert, 1898].
—, *Zola et Picquart. Les Champions de la vérité et de la justice* et *Le secret de la dame voilée ou La fin des sinistres épreuves du capitaine Dreyfus. Roman sensationnel*, Brüssel (Rue St Pierre 30), o. D. [1905–1906; deutscher Originaltitel: *Zola und Picquart. Die Kämpfer für Wahrheit und Recht* und *Das Geheimnis der verschleierten Dame oder Das Ende des entsetzlichen Schicksals des Kapitän Dreifuss* (sic). Sensations-Roman, Berlin: A. Weichert, 1899].
France Anatole, *L'Anneau d'améthyste* [1899], *M. Bergeret à Paris* [1901], *Œuvres III* [*Werke*, Band 3], Hg. Marie-Claire Bancquart, Paris: Gallimard, 1991 [Übers. *Der Amethystring*, München: Musarion-Verlag, 1920; *Professor Bergeret in Paris*, München: Musarion, 1921].
—, *L'Île des pingouins* [1908], *Œuvres IV* [*Werke*, Band 4], Hg. Marie-Claire Bancquart, Paris: Gallimard, 1994 [Übers. Paul Wiegler: *Die Insel der Pinguine*, München: Piper, 1909].
Martin du Gard Roger, *Jean Barois* [1913], Hg. André Daspre, Paris: Gallimard, 2003 [Übers. Eva Rechel-Mertens, Wien: Paul Zsolnay, 1930].
Mirbeau Octave, *Le Journal d'une femme de chambre* [1900], Hg. Pierre Glaudes, Paris: Le Livre de poche, „Les Classiques de Poche", 2012 [Übers. Ronald Putzker: *Tagebuch einer Kammerzofe*, Wien: Tosa, 2006].

Bibliografie

Proust Marcel, *À la recherche du temps perdu* [1913–1927], unter der Leitung von Jean-Yves Tadié, Paris: Gallimard, 1987–1989, 4 Bde [Übers. Bernd-Jürgen Fischer: *Auf der Suche der verlorenen Zeit*, Ditzingen: Reclam, 2013–2016, 7 Bde].

—, *Jean Santeuil* [1952], anschließend an *Les Plaisirs et les Jours* [*Freuden und Tage*], Hg. Pierre Clarac, Paris: Gallimard, 1971 [Übers. Eva Rechel-Mertens, Frankfurt a. Main: Suhrkamp, 1984, 2 Bde].

Van Cauwelaert Didier, « La greffe », *Le Journal intime d'un arbre* [„Die Veredelung", *Tagebuch eines Baumes*], Paris: Éditions Michel Lafon, 2011.

Zola Émile, *Vérité* [*Wahrheit*, 1902], *Œuvres complètes* [*Gesammelte Werke*], unter der Leitung von Henri Mitterand. Band 20: *Vérité et Justice. Les Quatre Évangiles (1902-1903)* [*Wahrheit und Gerechtigkeit. Die Vier Evangelien (1902-1903)*], Hg. Béatrice Laville, Paris: Nouveau Monde Éditions, 2009 [Übers. Leopold Rosenzweig: *Wahrheit*, Grafrath: Boer, 2021, 2 Bde].

Filmografie

1899: *L'Affaire Dreyfus* [*Die Dreyfus-Affäre*]. Regie: Georges Méliès. Frankreich. Produktion: Star Film. Rekonstruierte Nachrichten (13 Min.).

1899: *L'Affaire Dreyfus* [*Die Dreyfus-Affäre*]. Produktion: Société Pathé Frères. Frankreich. Rekonstruierte Nachrichten. Besetzung: Jean Liézer (Alfred Dreyfus).

1902: *L'Affaire Dreyfus* [*Die Dreyfus-Affäre*]. Regie: Ferdinand Zecca. Frankreich. Drehbuch von Z. Rollini. Rekonstruierte Nachrichten.

1908: *L'Affaire Dreyfus* [*Die Dreyfus-Affäre*]. Regie: Lucien Nonguet. Frankreich. Drehbuch von Z. Rollini. Rekonstruierte Nachrichten (11 Min.).

1930: *Dreyfus*. Regie: Richard Oswald. Deutschland. Spielfilm (115 Min.). Drehbuch von Fritz Wendhausen und Heinz Goldberg, nach dem Werk *Der Prozess des Hauptmanns Dreyfus* von Bruno Weil (Berlin: Dr. Walther Rothschild Verlagsbuchhandlung, 1930). Kamera: Friedl Behn-Grund. Schnitt: Jean Oser. Besetzung: Fritz Kortner (Alfred Dreyfus), Grete Mosheim (Lucie Dreyfus), Erwin Kalser (Mathieu Dreyfus), Heinrich George (Émile Zola), Albert Bassermann (Oberstleutnant Picquart), Oskar Homolka (Major Esterhazy), Ferdinand Hart (Major Henry), Fritz Rasp (Major Du Paty de Clam), Paul Bildt (Georges Clemenceau), Ferdinand Bonn (General Mercier), Leopold von Ledebur (General de Boisdeffre), Bernhard Goetzke (General de Pellieux), Fritz Alberti (Godefroy Cavaignac), Fritz Kampers (Fernand Labori), Paul Henckels (Edgar Demange), Eduard Rothauser (Hauptmann Lauth), Josef Reithofer (Major Forzinetti), Bruno Ziener (Alphonse Bertillon), Sigmund Nunberg (Präsident des Schwurgerichts 1898), Bernd Aldor (Agent Dubois), Else Bassermann (eine Pariser Dame), Fritz Reiff (Jean Jaurès), Nora Mestom (Marguerite Pays), Ferry von Gorup (Offizier des Militärgefängnisses).

1931: *Dreyfus*. Regie: F.W. Kraemer und Milton Rosmer. Großbritannien. Spielfilm (90 Min). Drehbuch von Reginald Berkeley und Walter C. Mycroft nach dem Theaterstück von Wilhelm Herzog und Hans Rehfisch. Besetzung: Cedric Hardwicke (Alfred Dreyfus), Charles Carson (Oberstleutnant Picquart), George Merrit (Émile Zola), Sam Livesey (Fernand Labori), Beatrix Thomson (Lucie Dreyfus), Garry Marsh (Major Esterhazy), Randle Ayrton (Präsident des Kriegsgerichts), Henry Caine (Major Henry), Reginald Dance (Präsident des Zola-Prozesses), George Skillan (Major Du Paty de Clam), Leonard Shepherd (Georges Clemenceau), Arthur Hardy (General Mercier), Alexander Sarner (Mathieu Dreyfus), Frederick Leister (Edgar Demange), J. Fisher White (General de Pellieux), Abraham Sofaer (Agent Dubois), J. Leslie Frith (Alphonse Bertillon), George Zucco (Godefroy Cavaignac).

Filmografie

1937: *The Life of Émile Zola*. Regie: William Dieterle. USA. Spielfilm (116 Min.). Drehbuch von Norman Reilly Raine, Heinz Herald und Géza Herczeg, nach der Biografie *Zola and his Time* von Matthew Josephson (1928). Produktion: Henry Blanke. Musik: Max Steiner. Kamera: Tony Gaudio. Schnitt: Warren Low. Besetzung: Paul Muni (Émile Zola), Joseph Schildkraut (Alfred Dreyfus), Gloria Holden (Alexandrine Zola), Gale Sondergaard (Lucie Dreyfus), Donald Crisp (Fernand Labori), Henry O'Neill (Oberstleutnant Picquart), Robert Barrat (Major Esterhazy), Vladimir Sokoloff (Paul Cézanne), John Litel (Georges Charpentier), Morris Carnowsky (Anatole France), Erin O'Brien-Moore (Nana), Grant Mitchell (Georges Clemenceau), Louis Calhern (Major Dort [Major Du Paty de Clam]), Ralph Morgan (Kommandeur von Paris), Robert Warwick (Major Henry), Montagu Love (Godefroy Cavaignac), Frank Sheridan (M. Van Cassell), Harry Davenport (Stabschef), Charles Richman (M. Delagorgue), Gilbert Emery (Kriegsminister), Walter Kingsford (Oberst Sandherr), Paul Everton (Stabschef-Assistent), Lumsden Hare (Mr. Richards), Marcia Mae Jones (Helen Richards), Florence Roberts (Zolas Mutter), Dickie Moore (Pierre Dreyfus), Rolla Gourvitch (Jeanne Dreyfus).

1958: *I Accuse*. Regie: José Ferrer. USA. Spielfilm (90 Min). Drehbuch von Gore Vidal, nach dem Werk *Captain Dreyfus. The Story of a Mass Hysteria* von Nicholas Halasz (1955). Produzent: Sam Zimbalist. Kamera: Freddie Young. Schnitt: Frank Clarke. Musik: William Alwyn. Filmverleih: Metro-Goldwyn-Mayer. Besetzung: José Ferrer (Alfred Dreyfus), Anton Walbrook (Major Esterhazy), Viveca Lindfors (Lucie Dreyfus), Leo Genn (Oberstleutnant Picquart), Emlyn Williams (Émile Zola), David Farrar (Mathieu Dreyfus), Donald Wolfit (General Mercier), Herbert Lom (Major Du Paty de Clam), Harry Andrews (Major Henry), Felix Aylmer (Edgar Demange), George Coulouris (Oberst Sandherr), Peter Illing (Georges Clemenceau), Michael Hordern (Staatsanwalt), Laurence Naismith (Richter), Ernest Clark (Staatsanwalt), Eric Pohlmann (Alphonse Bertillon), John Phillips (Staatsanwalt beim Esterhazy-Prozess), Malcolm Keen (Staatspräsident Frankreichs), Charles Gray (Hauptmann Brossard).

1978: *Émile Zola ou la Conscience humaine* [*Émile Zola oder das menschliche Gewissen*]. Regie: Stellio Lorenzi. Frankreich. Fernsehserie, bestehend aus vier Folgen zu je zwei Stunden (Gesamtdauer: acht Stunden und 14 Minuten). Drehbuch von Armand Lanoux und Stellio Lorenzi, nach der Biografie *Bonjour Monsieur Zola* von Armand Lanoux (1954). Kostüme: Jean-Pierre Mayer und Monique Plotin. Bild: Jacques Manier. Ton: Jacques Merrien. Schnitt: Jacqueline Tarrit. Musik: Betty Willemetz. Besetzung: Jean Topart (Émile Zola), Maryvonne Schiltz (Jeanne Rozerot), Dominique Davray (Alexandrine Zola), François Chaumette (Fernand Labori), André Valmy (Georges Clemenceau), Alain MacMoy (Albert Clemenceau), Roland Ménard (Alphonse Daudet), Régine Blaess (Madame Daudet), Claude Bauthéac (Édouard Drumont), Georges Werler (Maurice Barrès), Jean-Pierre Lituac (General Billot), Simone Rieutor (Séverine [Caroline Rémy]), François Maistre (Anatole France), Pierre Vernier (Oberstleutnant Picquart), Gérard Darrieux

(Major Henry), Jacques Castelot (General de Pellieux), Jean Deschamps (General Gonse), Yves Brainville (General de Boisdeffre), Jacques Lalande (Major Du Paty de Clam), Yvon Sarray (General Mercier), Roger Crouzet (Paul Alexis), William Sabatier (Jean Jaurès), Paul Barge (Léon Daudet), Roger Montsoret (Alfred Dreyfus), Gilles Guillot (Bernard Lazare), Charles Millot (Major Esterhazy), Jacques Monod (Gerichtspräsident), Jacques Dannoville (Kommandant Forzinetti), André Thorent (Jean Allemane), Yves Kerboul (Louis Leblois), André Cellier (Gérard), Andrée Tainsy (Madame Bastian), José Jesús Valverde (Jules Guesde), Fred Personne (Alphonse Bertillon), Jean Reney (Toulouse), Paul Crauchet (Auguste Scheurer-Kestner), Jean-Pierre Bagot (Guérin), Marc Dudicourt (Alexandre Millerand), Guy Kerner (Staatsanwalt), Rachel Salik (Lucie Dreyfus), Jacques Galland (Fernand de Rodays), Maurice Jacquemont (Präsident der Anwaltskammer), Alain Halle-Halle (Mathieu Dreyfus), Robert Le Béal (Castro), Claude d'Yd (Lebrun-Renaud), Jacques Couturier (Jules Méline), Jean-Jacques Daubin (Perrenx), Bernard Musson (Justizbeamter), Louis Arbessier (Ernest Vizetelly), Martine Ferrière (Mistress Louise), Samson Fainsilber (Jules), Jeanne Hardeyn (Berthe), Maurice Bourbon (Cornettes), Claude Debord (Cuignet), Jean Lanier (Godefroy Cavaignac), Alain Nobis (Präfekt), Odile Locquin (Violette Vizetelly).

1991: *Prisoner of Honor* [*Der Gefangene der Teufelsinsel*]. Regie: Ken Russell. GB/USA. Spielfilm, produziert vom Fernsehsender HBO (88 Min.). Drehbuch von Ron Hutchinson, nach dem Werk *Prisoners of Honor. The Dreyfus Affair* von David Levering Lewis (1973). Produzenten: Richard Dreyfuss, Judith James. Kamera: Mike Southon. Musik: Barry Kirsch. Besetzung: Richard Dreyfuss (Oberstleutnant Picquart), Kenneth Colley (Alfred Dreyfus), Peter Firth (Major Henry), Oliver Reed (General de Boisdeffre), Jeremy Kemp (General de Pellieux), Catherine Neilson (Eloise), Brian Blessed (General Gonse), Peter Vaughan (General Mercier), Martin Friend (Émile Zola), Lindsay Anderson (Kriegsminister), Imogen Claire (Cabaret-Sängerin).

1991 *Can a Jew be Innocent?* [*Kann ein Jude unschuldig sein?*] Regie: Jack Emery. Großbritannien. Fernsehfilm. Besetzung: Derek Jacobi (Émile Zola).

1995: *L'Affaire Dreyfus* [*Die Dreyfus-Affäre*]. Regie: Yves Boisset. Frankreich. Fernsehfilm in zwei Teilen (Gesamtdauer: drei Stunden und 23 Minuten). Koproduktion France 2 und Arte. Drehbuch von Yves Boisset und Jorge Semprun, nach dem Werk *L'Affaire* von Jean-Denis Bredin (1983). Besetzung: Thierry Frémont (Alfred Dreyfus), Philippe Volter (Mathieu Dreyfus), Laura Morante (Lucie Dreyfus), Christian Brendel (Oberstleutnant Picquart), Bernard-Pierre Donnadieu (Major Henry), Pierre Arditi (Major Esterhazy), Helmut Berger (Maximilian von Schwartzkoppen), Georges Wilson (General de Boisdeffre), Gérard Desarthe (Major Du Paty de Clam), Jean-Claude Drouot (Émile Zola), Daniel Mesguich (Léon Blum), Louis Arbessier (Auguste Scheurer-Kestner), François Marthouret (Fernand Labori), Jacques Dacqmine (General Mercier), André Falcon (Oberst Sandherr), Greg Germain (Bravard), Philippe Laudenbach (Bernard Lazare), Marc

Filmografie

de Jonge (General de Pellieux), Xavier Deluc (Lucien Herr), Mathieu Demy (Marcel Proust), Henri Poirier (Edgar Demange), Rita Brantalou (Édouard Drumont), Jean-Pol Dubois (Godefroy Cavaignac), Jean Bouchaud (Émile Zurlinden), Otakar Brousek (Jacques Hadamard), Petr Popelka (Theodor Herzl), Bernard Freyd (Präsident des Geschworenengerichts), Françoise Dorner (Berthe), Yves Collignon (Kommandant des Mont Valérien).

2019: *J'Accuse* [*Intrige*]. Regie: Roman Polanski. Frankreich/Italien. Länge: 132 Min. Drehbuch von Robert Harris und Roman Polanski, nach dem historischen Roman *An Officer and a Spy* von Robert Harris (2013). Produktion: Alain Goldman. Musik: Alexandre Desplat. Kostüme: Pascaline Chavanne. Kamera: Paweł Edelman. Ton: Lucien Balibar. Schnitt: Hervé de Luze. Besetzung : Jean Dujardin (Oberstleutnant Picquart), Louis Garrel (Alfred Dreyfus), Grégory Gadebois (Major Henry), Emmanuelle Seigner (Pauline Monnier), Vincent Perez (Louis Leblois), Melvil Poupaud (Fernand Labori), Didier Sandre (General de Boisdeffre), Éric Ruf (Oberst Sandherr), Hervé Pierre (General Gonse), Wladimir Yordanoff (General Mercier), Mathieu Amalric (Alphonse Bertillon), André Marcon (Émile Zola), Laurent Stocker (General de Pellieux), Michel Vuillermoz (Major Du Paty de Clam), Vincent Grass (General Billot), Denis Podalydès (Edgar Demange), Damien Bonnard (Desvernine), Laurent Natrella (Major Esterhazy), Kevin Garnichat (Jules Lauth), Bruno Raffaelli (Richter Delegorgue), Vincent de Bouard (Gribelin), Stefan Godin (General Darras), Pierre Poirot (Justizbeamter Vallecalle), Luca Barbareschi (Philippe Monnier), Mohammed Lakhdar-Hamina (Bachir), Philippe Magnan (Staatsanwalt Brisset), Pierre Forest (Oberst Morel), Jeanne Rosa (Martha Leblois), Benoît Allemane (Georges Charpentier), Gérard Chaillou (Georges Clemenceau), Nicolas Bridet (Mathieu Dreyfus), Swan Starosta (Lucie Dreyfus), Luce Mouchel (Madame Sandherr).

Danksagung

Ich danke Jean d'Hendecourt, Laurent Theis und Benoît Yvert, die dieses Projekt von Anfang an unterstützt haben, sowie Emmanuel Hecht, der die Entstehung dieses Buches mit großer Aufmerksamkeit verfolgt hat.

Für ihre Anmerkungen, Vorschläge und Hinweise danke ich Janine Champeaux, Charles Dreyfus, Yana Grinshpun, Roselyne Koren, Olivier Lumbroso, Jean-Sébastien Macke, Nathalie Mauriac, François-Marie Mourad, Yuji Murakami, Philippe Oriol, Jean-Michel Pottier, Anne Régent-Susini, Marc Thierry, Clive Thomson, Pyra Wise.

Joëlle, der dieses Buch gewidmet ist, gilt insbesondere meine Dankbarkeit.

Schließlich richtet sich mein Dank an Fabian Scharf, der die Initiative zur Herausgabe dieses Buches in deutscher Sprache ergriffen hat, und an den Kohlhammer Verlag, der einen im Vergleich zur französischen Ausgabe überarbeiteten und um zwei bisher unveröffentlichte Kapitel erweiterten Text positiv aufgenommen hat.

Abbildungsnachweis

Abb. 1:	*Le Monde illustré*, 5. April 1890	S. 10
Abb. 2:	Bibliothèque nationale de Strasbourg, 1885	S. 15
Abb. 3a:	*Le Monde illustré*, 18. Mai 1899	S. 23
Abb. 3b:	*La Vie illustrée*, 25. Mai 1899	S. 25
Abb. 4:	*Le Monde illustré*, 19. Februar 1898	S. 32
Abb. 5:	*La Vie illustrée*, 25. Mai 1899	S. 36
Abb. 6:	Fotografie Zolas, 1898	S. 41
Abb. 7:	Titelseite *L'Aurore*, 13. Januar 1898	S. 46
Abb. 8:	Brief Zolas an Vaughan, 8. März 1901	S. 48
Abb. 9:	Postkarte von Orens (Charles Denizard), 1903	S. 79
Abb. 10:	Bibliothèque historique de la ville de Paris	S. 81
Abb. 11:	*Le Sifflet*, 1898	S. 84
Abb. 12:	Postkarte aus Deutschland, 1898	S. 86
Abb. 13:	Zeitgenössische Karikatur von Forain	S. 98
Abb. 14:	Lithographie von Hippolyte Petitjean, 1899	S. 104
Abb. 15:	Zeitgenössische Radierung von Georges Gorvel	S. 109
Abb. 16:	*Hommage des artistes à Picquart*, 1899	S. 110
Abb. 17:	Illustration aus *Le Petit Journal*, 13. Januar 1895	S. 126
Abb. 18:	Karikatur von Pépin, *Le Grelot*, 19. Dezember 1897	S. 127
Abb. 19a:	Karikatur von Victor Lenepveu, 1899	S. 130
Abb. 19b:	Karikatur von Victor Lenepveu, 1899	S. 130
Abb. 20:	*Le Progrès illustré*, 13. Januar 1898	S. 188